O selo DIALÓGICA da Editora InterSaberes faz referência às publicações que privilegiam uma linguagem na qual o autor dialoga com o leitor por meio de recursos textuais e visuais, o que torna o conteúdo muito mais dinâmico. São livros que criam um ambiente de interação com o leitor – seu universo cultural, social e de elaboração de conhecimentos –, possibilitando um real processo de interlocução para que a comunicação se efetive.

Caminhos em poéticas visuais bidimensionais

Amanda S. Torres Cunha

Rua Clara Vendramin, 58 · Mossunguê · CEP 81200-170 · Curitiba · PR · Brasil
Fone: (41) 2106-4170 · www.intersaberes.com · editora@editorainterseberes.com.br

Conselho editorial
Dr. Ivo José Both (presidente)
Dr.ª Elena Godoy
Dr. Nelson Luís Dias
Dr. Neri dos Santos
Dr. Ulf Gregor Baranow

Editora-chefe
Lindsay Azambuja

Supervisora editorial
Ariadne Nunes Wenger

Analista editorial
Ariel Martins

Preparação de originais
Gilberto Girardello Filho

Capa
Design
Cynthia Burmester do Amaral
Sílvio Gabriel Spannenberg
Imagens
Vladimir Arndt/Shutterstock

Projeto gráfico
Conduta Design

Imagem de abertura dos capítulos
Alvin Ganesh/Shutterstock

Diagramação
Bruno M. H. Gogolla

Iconografia
Palavra Arteira

Dados Internacionais de Catalogação na Publicação (CIP)
(Câmara Brasileira do Livro, SP, Brasil)

Cunha, Amanda S. Torres
    Caminhos em poéticas visuais bidimensionais/Amanda S. Torres Cunha.
Curitiba: InterSaberes, 2017. (Série Teoria e Prática das Artes Visuais)

    Bibliografia.
    ISBN 978-85-5972-268-0

    1. Arte contemporânea 2. Arte e tecnologia 3. Artes – Estudo e ensino
4. Artes visuais 5. Poesia visual I. Título. II. Série.

16-08893   CDD-709.04

Índices para catálogo sistemático:
1. Arte contemporânea: Artes visuais   709.04

1ª edição, 2017.
Foi feito o depósito legal.

Informamos que é de inteira responsabilidade da autora a emissão de conceitos.
Nenhuma parte desta publicação poderá ser reproduzida por qualquer meio ou
forma sem a prévia autorização da Editora InterSaberes.
A violação dos direitos autorais é crime estabelecido na Lei n. 9.610/1998 e punido
pelo art. 184 do Código Penal.

Sumário

Apresentação ... 9
Organização didático-pedagógica ... 15
Introdução ... 19

1. **Nós e a natureza** ... 27
    1.1 A imensidão da paisagem ... 30
    1.2 Um olhar aproximado ... 45
    1.3 A paisagem na palma da mão ... 49
    1.4 A natureza sobre a mesa ... 56
    1.5 A natureza se move ... 69

2. **Nós: corpo e movimento** ... 81
    2.1 O corpo na história da arte ... 84
    2.2 Conhecendo a si mesmo ... 84
    2.3 Olhando para o outro ... 94
    2.4 As marcas do gesto ... 104
    2.5 O homem revisitado ... 110

3. **Nós e os objetos** ... 121
    3.1 As superfícies ... 124
    3.2 Objetos do cotidiano ... 130
    3.3 Os objetos como tema ... 134
    3.4 Os objetos como suportes da memória ... 140
    3.5 Instrumentos para criar e instrumentos mediadores ... 143

4. **Nós no espaço** **153**
   4.1 Ampliação do conceito de espaço 156
   4.2 A cidade 158
   4.3 As ruas 161
   4.4 Arquiteturas 167
   4.5 Os interiores 171
   4.6 A casa de cada um 174
   4.7 As relações entre espaço e obra 179

5. **As coisas que contamos: narrativas visuais** **187**
   5.1 Um diálogo com a literatura: a ilustração 189
   5.2 Uma imagem que diz tudo 197
   5.3 Histórias em sequência 199
   5.4 Fotografia: a imagem fotográfica contando histórias 208

6. **Agora é com você: a construção de um projeto pessoal** **219**
   6.1 As primeiras escolhas: o tema 222
   6.2 A pesquisa 225
   6.3 Refletindo sobre o processo 229
   6.4 A caminhada: seu processo em andamento 235
   6.5 Finalizando o trabalho 237

Considerações finais 251
Referências 253
Bibliografia comentada 267
Respostas 273
Sobre a autora 277

Apresentação

Caro estudioso de artes visuais,

É com satisfação que lhe apresentamos este material, especialmente desenvolvido para compartilhar com você aspectos importantes sobre a **expressão visual bidimensional**.

Elaboramos um diálogo entre teoria e prática, com o objetivo de contribuir para o seu desenvolvimento poético individual. Para isso, entendemos que é necessário investir em um processo de investigação e de experimentação em linguagens artísticas bidimensionais. Nesse caso, conferimos ênfase especial ao desenho e à pintura.

Como sabemos, o **desenho** e a **pintura** são as mais antigas formas de registro visual bidimensional realizadas pelo homem (Trinchão; Oliveira, 1998). Afinal, tais linguagens se destacam como a manifestação de um antigo desejo humano de representar o mundo por meio de imagens. "Por toda parte do mundo o homem deixou vestígios de suas faculdades imaginativas sob a forma de desenho, nas pedras, dos tempos mais remotos do paleolítico à época moderna" (Gelb, citado por Joly, 2007, p. 17).

Mais recentemente, temos acompanhado que os mecanismos de produção e reprodução de imagens vêm cada vez mais marcando a vida contemporânea. Isso denota a continuidade da velha vontade humana de desenhar. Esse fenômeno ocorre, inclusive, por meio de tecnologias de registro e circulação de imagens, a exemplo da fotografia, da televisão e do cinema.

Tal aspecto ressalta que é própria do homem a vontade de produzir imagens – vontade essa que o leva a criar e a recriar mecanismos de registro. A capacidade e o desejo de "desenhar" acabam por tornar as imagens bidimensionais objetos tão presentes em nosso cotidiano, sejam elas móveis (cinema, televisão etc.), sejam elas imóveis (fotografia, pintura, gravura, ilustração, colagem etc.).

Contudo, muitas vezes, não nos questionamos sobre os **processos de produção** nem sobre os **significados** dessas imagens. Por isso, destacamos a urgência de conhecermos mais profundamente as imagens, especialmente as que são fruto do processo humano de criação artística.

Quando olhamos uma imagem e percebemos a figura registrada, sabemos que o conhecimento sobre os objetos de arte não passa apenas pela mera percepção visual. Pelo contrário, essa noção está sujeita a uma experiência teórica e prática mais complexa, a qual circunda conteúdos próprios do campo da arte, como as técnicas, as linguagens e o contexto histórico.

Assim, entendemos que uma imagem guarda elementos para além do que podemos ver em sua aparência imediata. Por meio de um olhar mediado por esses conhecimentos, somos capazes de apreender e produzir imagens de modo igualmente significativo.

Diante disso, este livro se justifica pela necessidade de o estudioso de artes visuais dominar os aspectos teóricos e práticos que envolvem o desenho, com o intuito de fortalecer os processos individuais de produção em expressão bidimensional. Afinal, consideramos importante que os futuros profissionais dessa área possam experienciar a dimensão poética do fazer artístico, fortalecendo suas possibilidades de atuação, inclusive, como educadores em artes.

Nesse percurso, assumimos uma abordagem voltada à produção contemporânea, entendendo como necessária a relação poética do artista/estudante com o seu próprio tempo, na medida em que, como destaca Pareyson (1989, p. 26), "uma poética é eficaz somente se adere à espiritualidade do artista e traduz seu gosto em termos normativos e operativos, o que explica que uma poética está ligada ao seu tempo, pois somente nele se realiza aquela aderência e por isso opera aquela eficácia".

Por essa razão, buscamos respeitar as multiplicidades das experiências agregadas pela arte contemporânea. Por isso, mencionamos aspectos referentes aos modos como os artistas têm desenvolvido seus processos poéticos. Nesse sentido, concordamos com Sandra Rey (2008, p. 9), quando destaca que

> é preciso considerar que muitos processos artísticos contemporâneos não partem mais de um saber fazer técnico e específico das artes plásticas – regulamentado pela aprendizagem do ofício do desenho, da pintura, da escultura, da gravura – mantido e transmitido pelas escolas de belas-artes até meados do século XX.

Logo, além de considerarmos o valor da técnica, pretendemos ainda ampliar suas possibilidades de ação, visitando variadas experiências contemporâneas da arte.

Para isso, selecionamos temas que oportunizarão experiências conceituais, técnicas e poéticas por meio da produção bidimensional. Nossos estudos são sustentados por teóricos que se debruçam em aspectos filosóficos dos processos poéticos, como Luigi Pareyson (1989), René Passeron (1997), Anne Cauquelin (2007), Sandra Rey (1996; 2008) e Cecília Salles (2004; 2007; 2008), pois entendemos que esses interlocutores contribuirão com nossas reflexões a respeito da poética e do fazer artístico.

Ainda, apresentamos alguns relatos de artistas sobre os próprios processos criativos, os quais também cooperarão com as nossas pesquisas, na medida em que seus escritos "também elucidam questões e posicionamentos do próprio artista, muitas vezes sugeridos ou colocados abertamente pelo trabalho. Fornecem indicações sobre a proposta, a genealogia e a trajetória da obra. Situam movimentos, tendências e referências artísticas adotadas" (Rey, 2008, p. 11).

Contamos também com as contribuições de autores que se dedicam aos aspectos técnicos da criação em arte contemporânea, como Helen Birch (2015), Betty Edwards (2002), Ralph Mayer (1999) e Lawrence Zeegen (2009). Eles traduzem alguns embates que se dão na esfera propriamente prática do fazer artístico na atualidade.

Nesse caminho, caro leitor, também buscamos reunir as suas reflexões e vivências pessoais no percurso de criação e reflexão sobre a sua prática artística. Por isso, nesta obra, destacamos algumas abordagens poéticas que poderão auxiliar em suas escolhas conceituais e técnicas.

Apresentamos algumas propostas de trabalhos práticos com o intuito de explorar as possíveis **conexões entre as linguagens bidimensionais**, a exemplo do desenho, da pintura, da gravura, da colagem, e das demais linguagens afins. Lembramos que essas divisões entre as linguagens não são ortodoxas (isto é, fechadas) em nossos estudos, pois consideramos as interações entre diversas técnicas e materiais que vêm se estabelecendo no panorama artístico, especialmente desde o início do século XX.

O livro se divide em seis capítulos. No primeiro, destacamos possíveis experiências em práticas bidimensionais, tendo a paisagem como tema. Para isso, buscamos treinar olhares diferentes para o nosso entorno. A intenção não é reduzir essa temática à ideia de paisagem como espaço natural de beleza e contemplação, mas, sim, como um lugar de atuação social e cultural.

No segundo capítulo, refletimos sobre algumas alternativas poéticas de trabalhos bidimensionais na arte utilizando o corpo humano. Nesse momento, destacamos como caminhos a representação do corpo, o corpo como suporte e o corpo que gera imagens.

No terceiro capítulo, consideramos como mais uma forma de experiência poética as possíveis relações com objetos da vida comum, seja como tema, seja como suporte para as práticas artísticas. Assim, indicamos alguns modos de abordagem, a exemplo das aparências externas dos objetos e das cargas simbólicas que eles podem sugerir.

No quarto capítulo, o foco está em nossas relações com o espaço, pensado na condição de tema, suporte e lugar expositivo na arte. Além disso, ressaltamos também outros diálogos entre a arte e os espaços público e privado.

No penúltimo capítulo, com base em literatura especializada, avaliamos algumas possibilidades de aplicação da imagem por meio do estudo da ilustração. Essa opção também envolve o uso de linguagens bidimensionais, como a pintura e o desenho. Problematizamos esse tipo de relação entre o texto e a imagem de arte no contexto profissional.

No último capítulo, focamos mais especificamente em pontos relativos à elaboração de um projeto poético pessoal. Por isso, apresentamos aspectos teóricos e filosóficos do processo artístico, além de refletirmos sobre as escolhas pertinentes à construção de um projeto (o tema, como será a apresentação do trabalho e quais serão as relações com espaço expositivo), considerando sua trajetória pessoal. Além disso, indicamos variadas possibilidades de processos artísticos, os quais podem ser encarados como estratégia ou, mesmo, como obra propriamente dita. Por fim, destacamos a pesquisa sobre o próprio fazer poético como um caminho para o conhecimento e a reflexão de seu próprio trabalho.

Ressaltamos que a pesquisa se trata de um fundamental ingrediente em toda essa caminhada, pois não pretendemos limitar sua perspectiva sobre os temas aqui trabalhados. Por isso, cabe a você, caro leitor, a constante busca de informações nas mais diversas fontes, o que ampliará o seu repertório acerca da expressão bidimensional em arte. Então, além de acessar os textos de nossas bibliografias sugeridas, desenvolva o hábito de pesquisar informações em *sites*, bem como em bibliotecas, acervos, espaços culturais e museus.

Enfim, é importante que você desenvolva um caminho particular de pesquisa e produção em expressão bidimensional. Esperamos contribuir com sua formação profissional, fortalecendo suas decisões em escolhas pessoais.

Bons estudos!

Organização didático-pedagógica

Esta seção tem a finalidade de apresentar os recursos de aprendizagem utilizados no decorrer da obra, de modo a evidenciar os aspectos didático-pedagógicos que nortearam o planejamento do material e o modo como o leitor pode tirar o melhor proveito dos conteúdos para seu aprendizado.

Introdução do capítulo

Logo na abertura do capítulo, você é informado a respeito dos conteúdos que nele serão abordados, bem como dos objetivos que a autora pretende alcançar.

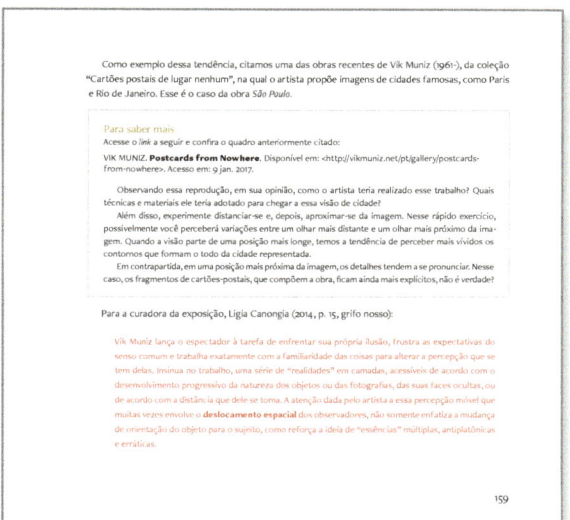

Para saber mais

Você pode consultar as obras indicadas nesta seção para aprofundar sua aprendizagem.

Ideia de trabalho

Nesta seção a autora convida você a realizar atividades práticas relacionadas ao conteúdo do capítulo, desafiando-o a transpor os limites da teoria.

Síntese

Você conta, nesta seção, com um recurso que o instigará a fazer uma reflexão sobre os conteúdos estudados, de modo a contribuir para que as conclusões a que você chegou sejam reafirmadas ou redefinidas.

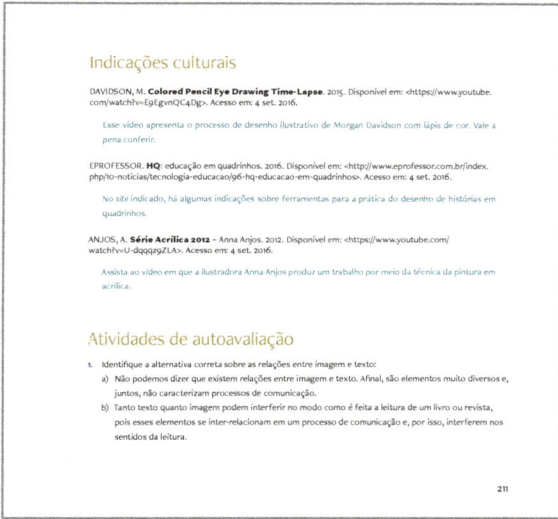

Indicações culturais

Nesta seção, a autora oferece algumas indicações de livros, filmes ou *sites* que podem ajudá-lo a refletir sobre os conteúdos estudados e permitir o aprofundamento em seu processo de aprendizagem.

Atividades de autoavaliação

Com estas questões objetivas, você tem a oportunidade de verificar o grau de assimilação dos conceitos examinados, motivando-se a progredir em seus estudos e a se preparar para outras atividades avaliativas.

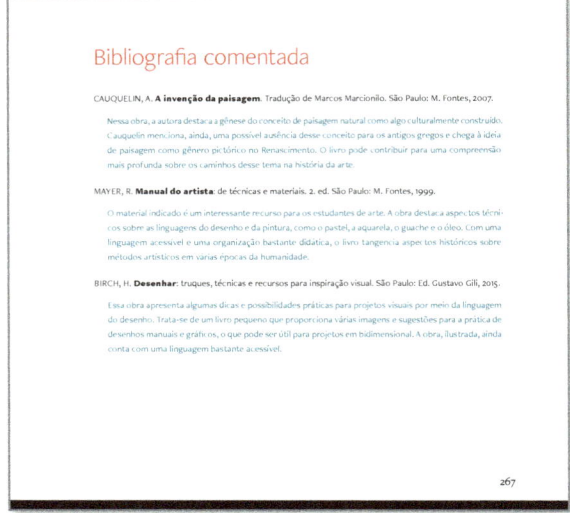

Atividades de aprendizagem

Aqui você dispõe de questões cujo objetivo é levá-lo a analisar criticamente determinado assunto e a aproximar conhecimentos teóricos e práticos.

Bibliografia comentada

Nesta seção, você encontra comentários acerca de algumas obras de referência para o estudo dos temas examinados.

Introdução

Como discutimos rapidamente na apresentação desta obra, exploramos aspectos referentes ao universo do bidimensional na arte. Isso significa que nos aprofundamos na composição visual de que se constituem alguns trabalhos bidimensionais.

De modo simplificado, sabemos que uma **composição visual** pode ser genericamente entendida como a forma pela qual se organiza um conjunto de elementos em uma imagem.

Assim, queremos destacar que, ao observarmos um desenho enquanto uma composição, consideramos não apenas o todo, ou seja, aquilo que vemos e até podemos reconhecer, mas também analisamos a imagem a partir da noção de que certos elementos a compõem. Uma imagem, portanto, é o resultado da combinação de seus elementos visuais, como linha, superfície, volume, luz e cor.

Eles se entrecruzam de modos diversos. Não é raro haver, inclusive, proeminência de alguns: por exemplo, no caso da linha, na maioria dos desenhos, ou da cor, que normalmente aparece de forma marcada na pintura.

As composições visuais podem ser de dois tipos: bidimensional ou tridimensional. O primeiro se refere aos trabalhos que utilizam principalmente as duas dimensões do plano: a altura e a largura, conforme ocorre geralmente em desenho, pintura, gravura, colagem, fotografia etc.

Já o segundo caso diz respeito àquelas ocasiões em que o trabalho de arte se destaca pelas três dimensões do volume: altura, largura e profundidade, a exemplo de esculturas, móbiles, instalações e *ready-mades*[1].

Nosso estudo se ocupa principalmente do primeiro caso, ou seja, de composições do tipo bidimensional. Assim, realçamos algumas possibilidades poéticas na produção de trabalhos que empregam especialmente as superfícies planas. Para isso, apresentamos algumas experiências por meio de linguagens que frequentemente se utilizam desse tipo de suporte, como a fotografia e a gravura, com especial ênfase para o desenho e a pintura.

Contudo, sabemos que essas linguagens também podem se "contaminar" em um trabalho de arte, característica dos casos em que o artista relaciona pintura e colagem, desenho e escultura; enfim, trabalhos em **técnica mista**.

A arte vem validando as conexões entre as linguagens artísticas, especialmente desde a segunda metade do século XX. Pois, como Michael Archer (2001, p. 1) ressalta: "Depois de 1960 houve uma decomposição das certezas quanto a este sistema de classificação. Sem dúvida, alguns artistas ainda pintam e outros fazem aquilo a que a tradição se referia como escultura, mas estas práticas agora ocorrem num espectro muito mais amplo de atividades". Por isso, dizemos que na arte contemporânea não existem barreiras para as experiências a partir dos materiais[2] e dos suportes.

---

[1] A expressão em inglês *ready-made* significa "já feito" e diz respeito a algo que já existe e que está inserido no contexto da arte como objeto artístico. Esse tipo de trabalho se destaca na obra do artista francês dadaísta **Marcel Duchamp** no início do século XX. Naquele momento, em uma posição marcadamente crítica, Duchamp propôs a apropriação de objetos comuns, como um porta-garrafas, por exemplo, e os deslocou para o contexto da arte, discutindo, inclusive, o próprio *status* do objeto artístico. Na primeira dessas experiências, o artista tomou uma roda invertida de bicicleta, em 1912, e a montou sobre um banco. Nesse caso específico, trata-se de um *ready-made* do tipo retificado, como o artista chamava os trabalhos compostos por mais de um objeto cotidiano. Um dos *ready-mades* mais famosos é *A fonte*, de 1917, trabalho que o artista assinou com o pseudônimo de R. Mutt. Essa obra pode ser vista na Figura 3.1 deste livro.

[2] A esse respeito, Archer (2001, p. 9) pontua que, na arte contemporânea, " não parece haver mais nenhum material particular que desfrute do privilégio imediatamente reconhecido como material da arte: a arte recente tem utilizado não apenas tinta, metal e pedra, mas também ar, luz, som, palavras, pessoas, comida e muitas outras coisas".

Pretendemos explorar temas que contribuam para a reflexão sobre várias experiências em processos artísticos. Isso pressupõe considerarmos não apenas aspectos técnicos em sua produção em artes visuais, mas, ainda, a **dimensão poética** que a prática artística requer. Vamos entender isso melhor?

Genericamente, podemos considerar que um olhar poético se reflete sobre as coisas do mundo para além de suas funções práticas, comuns ao cotidiano. Entretanto, esse modo de olhar não se trata de uma dádiva – aquela velha noção que considera a produção artística destinada a gênios criativos natos –, mas pode ser entendido como fruto da sensibilidade, da pesquisa e do trabalho.

O objeto de arte, enquanto resultado de um olhar poético, não é algo que serve ao simples propósito da vida prática, mas que busca despertar uma experiência ligada à **sensibilidade estética**[3] do observador. Como afirma Justino (1997, p. 201): "a arte não é útil porque não tem função prática ou, ainda, porque seu fazer ou prática perturba a ordem social". Ou seja, na opinião dessa autora, a arte não se destina a uma função comum, prática, útil, mas está sujeita a questões da sensibilidade.

Além disso, o ato poético procede também de uma visão que ressignifica as coisas comuns, pois olhar poeticamente implica uma invenção de novos sentidos para o mundo. Passamos de uma definição objetiva, literal, denotativa, para um sentido conotativo, simbólico, sobre as coisas cotidianas.

A partir dessa ressignificação, conduzimos também nossas escolhas técnicas em uma linguagem individual, pois "a obra será uma luta entre a subjetividade do artista e as necessidades do material", como destaca René Passeron (2004, p. 109). Isso quer dizer que o trabalho de arte parte da poética e da prática, as quais são traduzidas em objetos artísticos.

Diante disso, é essencial que você, caro leitor, amplie sua visão para além de um olhar corriqueiro, desenvolva a observação sensível do mundo e domine conhecimentos técnicos e teóricos necessários para desenvolver de modo consistente seus processos artísticos.

---

3 *Grosso modo*, podemos considerar que a sensibilidade estética refere-se ao prazer que a criação ou a fruição (observação) de um trabalho de arte produz. A palavra *estética* vem do grego *aisthesis*, que significa a propriedade de sentir. Para Passeron (1997, p. 104), "toda ccisa natural ou cultural, artística ou científica, corporal ou espiritual pode desencadear em nós sensações emocionais, dignas de se integrarem a uma meditação estética." Isto é, várias experiências no mundo estão sujeitas à nossa sensibilidade estética. Além disso, o autor complementa que os sentimentos (a admiração, o ódio, o amor, a esperança, o ludo) que dão um sentido à vida por vezes condicionam a conduta criadora (Passeron, 1997).

Mas o que vêm a ser os **processos artísticos**? Segundo Pareyson (1989, p. 32),

> A arte não é somente executar, produzir, realizar e o simples "fazer" não basta para definir sua essência. A arte é também invenção. Ela não é execução de qualquer coisa já ideada, realização de um projeto segundo regras dadas ou predispostas. A arte é um tal fazer que, enquanto faz, inventa o por fazer e o modo de fazer.

O que Pareyson quer dizer com essa definição da arte? Sabemos que, de certo modo, a produção artística está vinculada à prática. Por isso, como destaca o autor, consideramos que a arte também é um ato que depende de um fazer, ou seja, de um realizar.

Concordando ainda com Pareyson (1989), a arte também procede de um pensamento que cria e, assim, inventa enquanto realiza (produz, efetiva um determinado trabalho de arte). Esse procedimento de criação/invenção na construção de um trabalho pode ser definido como *processo artístico*.

A reflexão sobre esse fazer constitui o ato da pesquisa em **poéticas visuais**. No cenário artístico contemporâneo[4], vivenciamos um momento em que se pressupõe que os artistas também sejam teóricos de sua produção poética, conforme destaca a artista brasileira Helena Freddi (2011). Isto é, espera-se que o autor de uma obra tenha também a capacidade de falar de seu trabalho, ou seja, de teorizar sua produção. Como ainda pontua Freddi (2011, p. 2, grifo nosso): "A pesquisa em arte e sobre a arte traz em si o paradoxo da subjetividade como fio condutor de um pensamento estruturado pela objetividade".

Portanto, quando falamos em pesquisas em poéticas visuais, precisamos considerar que a produção de um trabalho de arte implica escolhas pessoais; assim, existe um caminho de construção de um estilo individual – por isso, subjetivo.

---

[4] Lembramos que podemos considerar **arte contemporânea** o contexto artístico que vem se desdobrando da arte pós-moderna a partir da segunda metade do século XX até os dias de hoje. Por isso, quando falamos em *arte contemporânea*, referimo-nos também à arte de nossos dias.

Por outro lado, também é importante que nossas escolhas sejam fundamentadas teoricamente, ou seja, que avaliemos certos elementos objetivos envolvidos. Por isso, neste estudo, consideramos tanto os aspectos poéticos quanto os intelectuais que as práticas em artes visuais abrangem.

Por exemplo: se você faz um trabalho no qual "o corpo" é o tema, precisa considerar, inclusive, os antecedentes históricos por trás dessa escolha: os artistas que já trabalharam com essa temática na história da arte e no tempo atual, bem como os conceitos, ou seja, as ideias relacionadas a essa opção.

Assim, você passa a relacionar sua prática às referências históricas e conceituais, e não apenas a um mero fazer descontextualizado. Precisamos considerar que um objeto artístico, conforme Pareyson (1989), pode ser entendido ao mesmo tempo como forma (aparência externa, modo pelo qual se organiza) e conteúdo (questões, conceitos, ideias). Estamos nos referindo às ideias ou aos conceitos por trás de nossos trabalhos, pois esses nos "permitem traçar relações com obras da história da arte, com produções contemporâneas e com disciplinas transversais" (Rey, 2008, p. 14).

Ao considerar esses aspectos, sua produção passará a ser mais consistente, pois o exercício reflexivo contribui para uma produção visual cada vez mais significativa. É por isso que, para os assuntos trabalhados neste livro, precisaremos considerar parte do que já foi construído a respeito deles na história da arte, além das possibilidades que ainda podem ser exploradas por meio de pesquisas.

Logo, discutimos algumas referências e também sugerimos possibilidades práticas de ação artística, em especial, por meio das "ideias de trabalho". Tais sugestões, que aparecem distribuídas nos capítulos deste livro, são exemplos práticos para estimular sua exploração em termos de materiais e técnicas possíveis.

Dessa forma, trabalhamos por meio de alguns exercícios teóricos e também práticos, considerando as relações possíveis entre as linguagens bidimensionais, como o desenho, a pintura, a colagem e a fotografia.

Assim, experimentamos essas linguagens com vistas a novas possibilidades em poéticas visuais. Para isso, propusemos alguns materiais comuns como opção para o início dos trabalhos: lápis 6B, nanquim, carvão, giz de cera, pastel seco e a óleo, rotuladores (pincel atômico), tinta a óleo, aquarela, acrílica etc. Além disso, você também poderá usar materiais alternativos para desenvolver seus trabalhos.

O uso de celular ou câmera fotográfica para capturar imagens também poderá ser um recurso para registrar os processos de trabalho ou para a captura de imagens que servirão como referências visuais. Ainda, aconselhamos que você possua uma prancheta portátil para papel A3 (29,7 × 42 cm) própria para desenho técnico de arquitetura, a fim de que possa executar com mais conforto os trabalhos de observação, inclusive os trabalhos externos.

Como opção, sugerimos que você faça a sua prancheta artesanal. Para isso, será necessário adquirir um pedaço de MDF nas dimensões aproximadas de 45 × 34 cm. Esse material pode ser encontrado em marcenarias ou casas de marceneiro. Prendedores de papel tipo grampomol, que podem ser encontrados em papelarias, também poderão ser utilizados para fixá-lo na prancheta. Ainda, será importante ter em mãos uma pasta colecionadora no tamanho A3 para preservar o seu portfólio de trabalho.

Enfim, essas são as nossas primeiras orientações. Vamos iniciar discutindo a natureza como possibilidade para sua produção poética em trabalhos bidimensionais como tema.

Nós e a natureza

Neste capítulo, discutiremos possibilidades de trabalhos bidimensionais tendo a **paisagem** como tema. Para isso, buscaremos olhares diferentes para o nosso entorno, uma vez que não precisamos nos restringir ao conceito de paisagem como espaço de beleza e contemplação exclusivamente natural. Assim, consideraremos outras possibilidades poéticas a partir de um olhar sensível sobre o que podemos entender como a paisagem urbana contemporânea.

Pensaremos a paisagem como um ambiente natural. No entanto, ela também será encarada como um lugar de atuação social e cultural. Isso significa que nos importam as ações do homem sobre o meio, as quais resultam em pequenas paisagens, a exemplo dos jardins, ou em canteiros de praças, além da arquitetura urbana e das intervenções sobre ela, entre outros muitos detalhes que, por vezes, para nós permanecem invisíveis. Por meio desse olhar, exploraremos a paisagem de diversos modos – na condição tanto de tema e quanto de suporte da prática artística.

1.1 A imensidão da paisagem

> Esta paisagem é dinâmica. Preocupa-me a natureza do solo, por isso me imponho certa unidade de flora e fauna, uma ligação mineral, as articulações meteorológicas. Mas a paisagem move-se por dentro e por fora, encaminha-se do dia para a noite, vai de estação para estação, respira e é vulnerável. Ameaça-a o próprio fim de paisagem. Pela ameaça e vulnerabilidade é que ela é viva. **E é também uma coisa do imaginário, porque uma paisagem brota do seu mesmo mito de paisagem.** Aquilo que lhe firma a existência situa-se nas condições do desejo: o movimento entre nascença e morte. A tensão criada pela ameaça destruidora afiança-lhe a vitalidade. A árvore da Carne. (Helder, 2006, p. 133-134, grifo nosso)

Ao lermos essa citação, notamos que o poeta destaca a paisagem como um espaço natural de energia e transformação. Porém, ele também a enfatiza como "coisa do imaginário" que "brota do seu mesmo mito de paisagem". O que isso quer dizer?

Helder destaca que a paisagem é também um espaço pensado pelo homem. Assim, ela é uma ideia humana.

Isso significa que é também coisa inventada. Por isso, como Cauquelin (2007, p. 154) ressalta, "Se a árvore fosse apenas uma árvore e simplesmente uma árvore, se o rochedo fosse apenas uma massa pedregosa de formas atormentadas, se o regato fosse água apenas, não contemplaríamos uma paisagem, mas uma sucessão de objetos justapostos". Dessa forma, o conceito, ou seja, a ideia de paisagem nasce de uma visão que avalia certo recorte do espaço como algo especial.

Em artes visuais, a paisagem é considerada também um gênero pictórico. Ela se liga historicamente ao conceito de espaço natural digno de contemplação humana. Nesse caso, em um dado momento[1], passou-se a considerar a paisagem como um território natural de experiência estética para o espectador que a contempla e a representa por meio de imagens, como ocorre em uma pintura. Assim, como afirma Tiberghien (2001, p. 17, tradução nossa):

> O sentimento da natureza não data do romantismo: ele existe há muito tempo em nossas sociedades, e as religiões de épocas antigas são testemunhas deste fato. Porém, o gosto pela paisagem, este produto especial, veio tardiamente, porque sua criação, justamente, exigiu a separação desse sentimento unitário da grande natureza.

A paisagem como tema na arte ganhou maior autonomia especialmente no século XV, com a renascença, mediante a noção de especialistas em gêneros da pintura (Laneyrie-Dagen, 2006, p. 9). Notadamente, o romantismo no século XIX assistiu ao fortalecimento do gênero paisagem entendido como algo puro e idealizado, na medida em que o homem moderno acabava por sentir-se progressivamente distanciado dela (Pereira; Favero, 2014).

---

[1] Isso teria ocorrido na China do século IV, a partir do primeiro tratado de paisagem, intitulado "Introdução à pintura de paisagem" (Pinto, 2015), que destacava o espaço físico e belo como tema para as representações pictóricas. Desde então, vimos a paisagem como gênero passar por várias transformações. Ela tomou lugar importante, sobretudo, na Europa do século XVI e XVII, com a ideia da perspectiva inaugurada pelo Renascimento (Cauquelin, 2007). Em particular, referimo-nos à pintura holandesa, com a especialização dos gêneros pictóricos iniciados no século XV. Nesse contexto, o conceito sobre o gênero paisagem seguia a tendência do seguinte discurso: "aquele que faz paisagens com perfeição está acima, por exemplo, de um outro que só pinta frutas, flores ou conchas" (Félibien, citado por Lichtenstein, 2006, p. 40). Assim, o autor seiscentista destacava a importância da paisagem sobre a pintura de natureza-morta, avaliada como inferior dentro da hierarquia dos temas. No contexto do século XVIII, acompanhamos a mitificação da paisagem pela pintura neoclássica. Já no século XIX, a paisagem foi destacada na pintura vanguardista. Nos séculos XX e XXI, assistimos ao alargamento do conceito de paisagem na arte, como na *land art* nos anos 1960 e 1970, na qual a obra enfatiza o lugar natural em que se situa.

Em outro sentido, na arte de nossos dias, uma paisagem não se restringe à ideia de espaço natural, mas passou a incorporar também os **espaços urbanos**, marcados pelo dinamismo. Conforme Pereira e Favero (2014, p. 115) ainda pontuam:

> Os artistas contemporâneos começam a evidenciar novamente os elementos que constituem a paisagem. Anteriormente ao Modernismo, notávamos com facilidade as diferenças entre a paisagem natural e a urbana; [...] Hoje, essa paisagem perde-se num emaranhado de situações que, de um momento para outro, pode modificar-se por completo.

Figura 1.1 – Paisagem urbana

Andrekart Photography/Shutterstock

Como podemos notar, a ideia de paisagem, para a arte, variou ao longo das épocas. Logo, é possível considerar que esse conceito vem de uma compreensão pessoal, mas também depende dos aspectos culturais e históricos de cada contexto.

Em nossos dias, por exemplo, quando estamos diante de um panorama natural e passamos a admirá-lo como paisagem, a exemplo das Cataratas do Iguaçu, entendemos que, nesse caso, as grandes quedas-d'água, de algum modo, satisfazem nossa expectativa pessoal do que seria uma bela cena erigida pela natureza, não é mesmo?

Contudo, também admitimos que é possível encontrar curiosas e, por que não, admiráveis imagens na arquitetura da cidade, como pode ser verificado na Figura 1.1.

Provavelmente, você concorda que esse tipo de imagem também nos desperta uma atmosfera de encanto e beleza, não é mesmo? Assim, além dos espetáculos naturais, também podemos nos sentir atraídos por paisagens urbanas como essa.

Dentro de uma perspectiva relativamente recente, podemos considerar que as paisagens, no sentido de artefatos de beleza, também podem partir das intervenções do homem sobre o espaço natural. Basta que tenhamos um olhar voltado para essa possibilidade.

No contexto contemporâneo, tomamos uma perspectiva mais ampla sobre a paisagem, entendida como algo além de uma bela composição natural. Assim, podemos enfatizar a paisagem na condição de espaço urbano e, sobretudo, como uma invenção do olhar poético.

Desse modo, nosso trabalho dependerá de uma visão sensível para o nosso entorno. A seguir, visitaremos algumas possibilidades de abordagem para a produção em trabalhos bidimensionais tendo como tema a paisagem vista em sua imensidão e em seus detalhes, além da natureza-morta e da natureza em movimento.

1.1.1 Um olhar para os grandes horizontes

Primeiramente, gostaríamos de destacar a paisagem como tema de trabalhos bidimensionais a partir de uma **vista panorâmica dos espaços**, ou seja, de uma visão mais ampla de um ambiente.

A representação de espaços naturais abertos não é algo recente na arte, pois, como sabemos, essa possibilidade vem sendo explorada há séculos. A paisagem enquanto gênero artístico propriamente dito toma maior destaque a partir do século XVI com a pintura renascentista e, em especial, com a pintura nos Países Baixos (atual região da Holanda) durante o século XVII (Laneyrie-Dagen, 2006, p. 9). Naquele momento, interessava ao artista fazer uma pintura realista do mundo. Entretanto, a pintura holandesa nesse contexto também apresentava tendências estéticas determinadas, como a definição do espaço na imagem. Por exemplo, observe a pintura de **Jan Van Goyen** (1596-1659), de 1642 (Figura 1.2).

Figura 1.2 – *Moinho à beira de um rio*, de Jan van Goyen

VAN GOYEN, Jan. **Moinho à beira de um rio**. 1642. 1 óleo sobre madeira: color.; 25,2 × 34 cm. National Gallery, Londres, Reino Unido.

Figura 1.3 – *The Burning of the Houses of Lords and Commons*, de William Turner

TURNER, Joseph Mallord William. **The Burning of the Houses of Lords and Commons**. 1835. 1 óleo sobre tela: color.; 92 × 123,2 cm. Museu de Arte de Cleveland, Ohio, Estados Unidos.

Observe que a divisão do espaço foi definida a partir da seguinte equivalência: 2/3 da tela composta é pelo céu, e 1/3, pelo seu entorno. Essa era uma tendência da pintura de paisagem na velha Holanda do século XVII.

A paisagem não deixou de ser representada na arte com o passar dos anos, a exemplo das vanguardas modernas de meados do século XIX e início do XX, que romperiam com uma visão da pintura considerada tradicional, isto é, dentro dos moldes renascentistas.

Como exemplo disso, observe, na Figura 1.3, a pintura romântica do inglês **William Turner** (1775-1851).

Essa aquarela destaca a força da natureza e representa uma tendência geral na pintura de paisagem inglesa no período romântico. Percebemos isso, especialmente, se compararmos essa pintura, marcada pelo furor das labaredas que parecem engolir o parlamento, com a calmaria sugerida pela pintura do barroco holandês, a exemplo de *Moinho à beira de um rio*, visto na Figura 1.2.

Ainda, nesse caso, a iluminação conseguida com as cores e o movimento das manchas amplia ainda mais o efeito de dramaticidade na pintura de Turner.

Além desse tipo de perspectiva na pintura de paisagem, no final do século XIX, outro olhar para os grandes horizontes foi marcante na história da arte. Estamos falando da obra pós-impressionista de **Vincent van Gogh** (1853-1890), exemplificada na Figura 1.4.

Figura 1.4 – *Noite estrelada*, de Vincent van Gogh

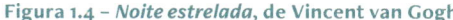

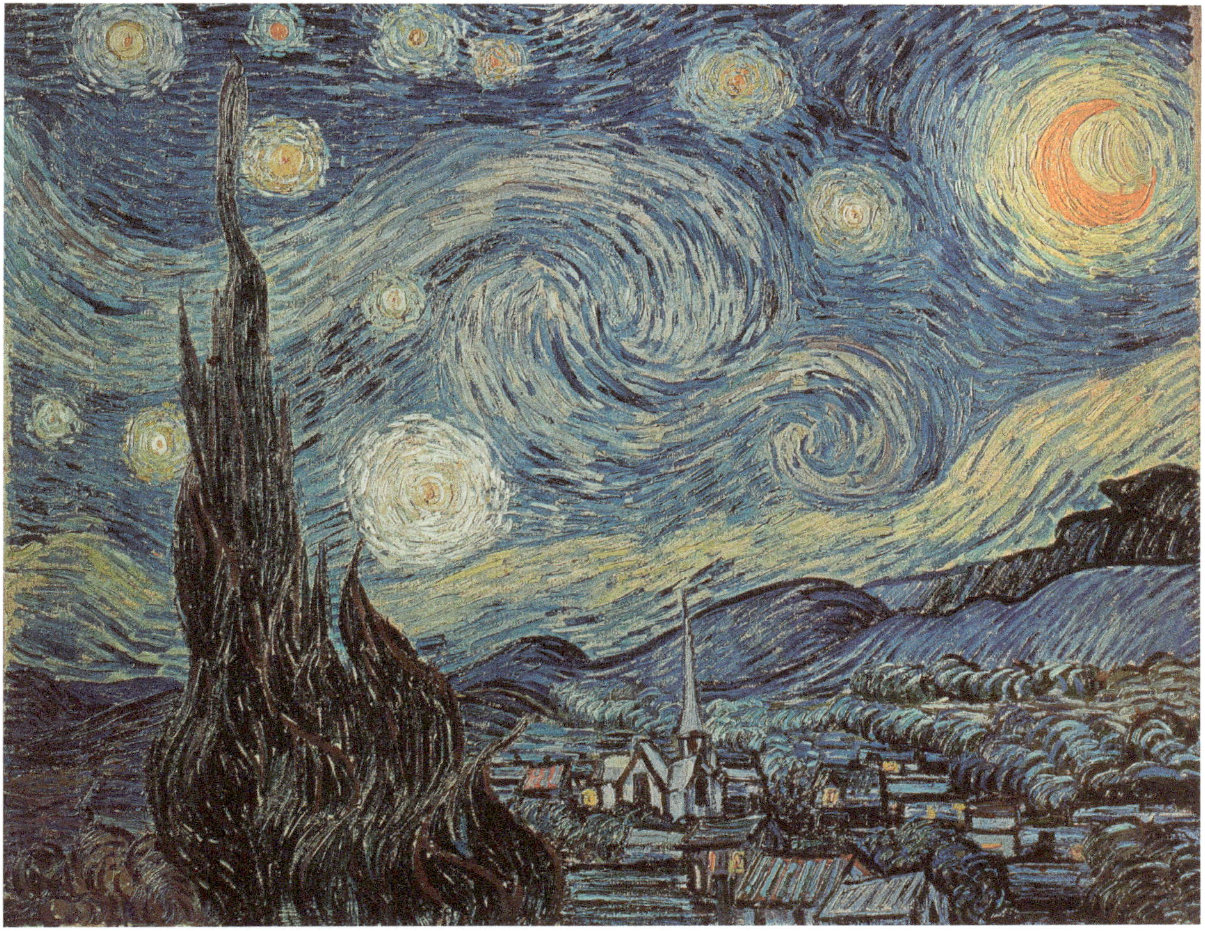

akg-images/Akg-Images/Latinstock

VAN GOGH, Vincent. **Noite estrelada**. 1889. 1 óleo sobre tela: color.; 73,7 cm × 92,1 cm. Museu de Arte Moderna, Nova York, Estados Unidos.

Observe o movimento na imagem. Como você pode notar, a pintura não se confunde com uma tentativa de apresentar os detalhes da natureza com realismo. Afinal, em *Noite estrelada*, a paisagem do sul da França não busca representar uma visão convincente da paisagem real. Isso se dá inclusive pelo uso de pinceladas circulares, que agregam o movimento, a inquietação no ato da pintura. Além disso, as cores foram usadas de modo pouco objetivo, quer dizer, sem se prender à representação da cor local, ou seja, a cor natural dos objetos reais, como seria adequado no Renascimento.

Essas escolhas representam a valorização da subjetividade, isto é, a demonstração do olhar do pintor em detrimento da apresentação da noção de realismo da paisagem, como interessaria aos renascentistas. Enfim, a pintura representa a busca do artista pela expressão de sentimentos e sensações.

Ainda nesse contexto, podemos citar as pinturas de paisagem de **Paul Cézanne** (1839-1906), que igualmente rompiam com uma visão considerada tradicional para o Renascimento. Como exemplo, observe uma de suas obras, intitulada *La montagne Sainte-Victoire* (Figura 1.5).

Figura 1.5 – *La montagne Sainte-Victoire*, de Paul Cézanne

CÉZANNE, Paul. **La montagne Sainte-Victoire**. 1892-1895. 1 óleo sobre tela: color.; 73 × 92 cm. The Barnes Foundation, Filadélfia, Estados Unidos.

Essa pintura também representa uma região do sul da França. Observe que o artista trabalha destacando os elementos como marcas quase geométricas, concretas. Cézanne preferia perceber as estruturas das coisas, ou seja, a matéria. Assim, organizava o espaço por meio de formas volumosas (Gooding, 2002).

Nessa obra, Gombrich (1999, p. 540) ressalta que a paisagem "está banhada em luz e, no entanto, é firme e sólida". Assim, a pesquisa de Cézanne influenciaria de modo marcante a primeira fase do cubismo no início do século XX, especialmente **Pablo Picasso** (1881-1973) e **Georges Braque** (1882-1963). Como exemplo, observe uma das obras de Braque na Figura 1.6.

A exemplo do mestre Cézanne, Braque também destacava as formas sólidas dos objetos de sua observação. A pintura *Casas em L'Estaque* caracteriza um tipo de composição própria da primeira fase dessa corrente, o cubismo analítico (1909-1912). Nesse caso, os artistas procuravam evidenciar a fragmentação das formas em planos. A paisagem moderna, agora também despreocupada com a representação realista da natureza, propõe outro olhar para o espaço.

Enfim, como você pode observar, o gênero paisagem passou a se apresentar de diversas formas na história da arte. Mas foi especialmente com os

Figura 1.6 – *Casas em L'Estaque*, de Georges Braque

BRAQUE, Georges. **Casas em L'Estaque**. 1908. 1 óleo sobre tela: color.; 73 × 59,5 cm. Museu de Belas Artes, Berna, Suíça.

Art Images Archive / Glow Images
© Braque, Georges/AUTVIS, Brasil, 2017.

novos sentidos da arte pós-moderna[2], na segunda metade do século XX, que percebemos ainda mais as várias abordagens na ideia de paisagem. Como exemplo disso, podemos citar um trabalho contemporâneo que se apropria dessa possibilidade temática.

A pintura *We Will be Gone When They Come*, da sueca **Karin Mamma Andersson** (1962-), mostra uma espécie de vista ampla de uma região montanhosa. A infância no norte da Suécia serviu como referência visual para a artista em sua paisagem panorâmica. Nesse caso, as imagens pintadas são fruto de sua vivência e memória.

A propósito, esclarecemos que, quando falamos em referências, destacamos o conjunto de informações visuais que são nossas bases para a produção artística. As **referências visuais** podem ser de memória e de observação e, obviamente, podem ser mescladas em um trabalho.

Sabemos que as imagens de memória partem principalmente de nossas lembranças e experiências pessoais, como no trabalho de Andersson. No caso de um desenho ou de uma pintura de memória, normalmente não nos ocupamos com os mínimos detalhes da imagem lembrada, mas, de modo geral, reproduzimos traços das figuras. Em *We Will be Gone When They Come*, a artista trabalhou basicamente com manchas de cor e não se inquietou em desvendar cada pequena minúcia da paisagem de sua infância. Além disso, Andersson se dedicou a revelar uma aparência total do ambiente, como em uma espécie de sonho.

Os trabalhos de observação, por sua vez, podem ser realizados a partir do processo de análise direta dos objetos, ou mesmo utilizando-se de uma fotografia como referência.

De qualquer modo, as referências visuais, sejam de memória ou observação, são fundamentais em nosso trabalho. Por isso, é importante que em nossos processos de criação tenhamos também o hábito de coletar imagens, no que se entende um exercício de pesquisa constante. Assim, indicamos que você tenha em seu computador um banco de imagens de vários espaços naturais para servirem de referência em suas atividades.

---

2   É interessante lembrar que, nas décadas de 1960 e 1970, com as experiências em *performances*, vídeos e fotografias, por exemplo, a pintura e as demais linguagens consideradas tradicionais ficaram, em parte, suspensas. Isso significa que essas linguagens tomavam menor destaque se comparadas a tais experiências, as quais foram retomadas especialmente na década de 1980, no Brasil e no exterior.

Por exemplo, podemos coletar referências na internet de cenas panorâmicas de florestas, montanhas, campos etc. Também é possível fotografarmos um parque ou uma praia. Não podemos nos esquecer, ainda, de cenários urbanos como praças, largos, jardins, parques, ruas, avenidas, prédios históricos, pontes e monumentos. Enfim, esses lugares também podem nos render interessantes imagens do corpo da cidade.

Ideia de trabalho
Desenvolvendo processos em linguagens bidimensionais com base na paisagem panorâmica

Para os desenhos de observação, é importante desenvolver o hábito de fazer esboços, isto é, desenhos iniciais. Para isso, é necessário ter um caderno só para esse fim. Lembre-se de que para esboçar não é preciso estar com uma borracha, apenas lápis e papel são necessários, pois não há motivo para apagar suas primeiras impressões – o exercício constante o fará desenvolver melhor seus esboços.

Se estiver em um espaço aberto, como uma rua, você poderá desenhar sua paisagem escolhendo as partes para compor a cena. Isso significa que estudará o espaço e fará esboços dele antes que conclua a cena em seu trabalho final.

Após a coleta de referências visuais, faça um estudo das formas encontradas. As paisagens panorâmicas podem nos trazer formas mais orgânicas ou mesmo geométricas, além de figuras e texturas atraentes.

Com as imagens já desenhadas, ou mesmo retiradas de livros, revistas, jornais ou da internet, inicie sua pesquisa individual.

Se você tiver o domínio de alguns programas de criação e edição de imagem, como CorelDRAW ou Adobe Photoshop, pode utilizá-los para alterar as imagens e criar outras possibilidades.

O objetivo é que você estude novas composições a partir das suas referências, que poderão servir para os processos de criação de trabalhos bidimensionais.

Para isso, você poderá preferir, por exemplo:
- Pintar uma aquarela a partir da observação de uma paisagem panorâmica e retrabalhar a pintura já seca com outros materiais, a exemplo da caneta nanquim. Você pode trabalhar com pinceladas mais soltas ou com mais detalhes.
- Criar, em papéis coloridos, esboços dos ambientes abertos e finalizá-los com giz de quadro-negro e carvão.
- Desenvolver um desenho de observação de um espaço aberto com pastel. Trabalhar e criar novas texturas.

- Fotocopiar uma fotografia em preto e branco de uma paisagem. Em seguida, trabalhar essa figura com lápis de cor, pastel ou sanguínea, por exemplo.
- Com lápis ou caneta, marcar sobre a imagem as linhas encontradas, criando um desenho sobre a figura. Passar o "resumo" dessas linhas para um papel mais denso. Criar novos detalhes, fotocopiar e retrabalhar com cores etc.
- Recortar partes de uma imagem e remontá-la para, em seguida, reproduzir a nova combinação sobre outro suporte, como uma colagem sobre papel. Em seguida, desenhar a nova imagem com lápis 6B, ou carvão, e realizar o acabamento.
- Unir partes diferentes de imagens diversas, criando uma espécie de figura híbrida com figuras de espaços marcadamente urbanos e rurais.
- Alterar a imagem com efeitos de programas de edição de imagem e criar uma pintura em acrílica ou aquarela, por exemplo, tendo como referência a imagem alterada.

Lembramos que essas são apenas algumas possibilidades de atividades tendo como referência a paisagem panorâmica. Afinal, é possível explorar muitos outros caminhos de expressão bidimensional a partir desse tema.

1.1.2 Paisagens vistas de cima

Com o desenvolvimento de mecanismos de captura de imagens aéreas, a exemplo do programa de computador Google Earth e dos equipamentos conhecidos como *drones*[3] munidos de câmeras fotográficas, ampliam-se as nossas possibilidades de acesso às referências visuais de paisagens vistas do alto.

Algumas delas também são realizadas pelo próprio fotógrafo a partir de um sobrevoo de helicóptero, como pode ser observado, por exemplo, na imagem aérea de Cássio Vasconcellos (Figura 1.7).

Essa vista de uma praia brasileira destaca-se pela presença de cores vibrantes. Semelhante a uma estampa, os guarda-sóis e as cadeiras espalhadas compõem unidades mínimas da imagem. De cima, os objetos revelam novos ângulos. A geometria fica mais marcante pelo distanciamento do observador.

3   *Drones* são aeronaves não tripuladas controladas à distância.

Figura 1.7 – *Enseada*, de Cássio Vasconcellos

VASCONCELLOS, Cássio. **Enseada**. 2007. 1 fot.: color.

    Partindo desse tipo de fotografia, podemos desenvolver projetos de trabalhos figurativos ou abstratos em desenho, colagem ou pintura, por exemplo. Assim, apropriamo-nos da visão do fotógrafo para desenvolver nossa composição bidimensional.

Figura 1.8 – *Cidade*, de León Ferrari

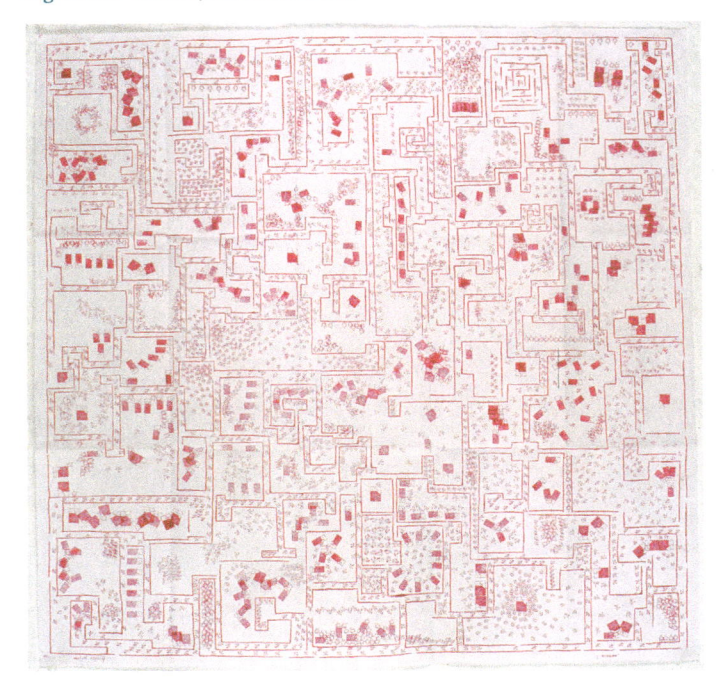

FERRARI, León. **Cidade**. 1980. Cópia heliográfica. 100 × 100 cm. Coleção Família Ferrari.

Além disso, utilizando a ideia de visão aérea, podemos criar trabalhos sem a referência fotográfica. Algumas obras do argentino **León Ferrari** (1920-2013) se utilizam dessa lógica. A partir do desenho técnico, nas décadas de 1970 e 1980, esse artista desenvolveu no Brasil obras experimentais em heliografia, um método de reprodução de imagens de plantas arquitetônicas em papel sensível à luz. Um de seus trabalhos pode ser visto na Figura 1.8.

Você percebe que as plantas imaginárias de estruturas arquitetônicas formam uma espécie de estampa? Nesse caso, o artista cria outras possibilidades para uma visão aérea do espaço, sendo essa mais uma forma de trabalho possível de se explorar.

1.1.3 A paisagem como suporte da ação artística

Se o espaço pode servir como referência em artes visuais, ele também pode ser o próprio suporte de um trabalho. É o caso do **site specific** (lugar específico), uma espécie de intervenção artística que sai dos lugares convencionais, como os museus, e aparece sob a forma de instalações e esculturas, tanto ao ar livre quanto em espaços fechados. Esse tipo de trabalho guarda uma relação fundamental com o espaço para o qual é pensado – no caso, específico para o planejamento da intervenção. Pode aparecer em locais variados na natureza e em ambientes urbanos.

Quando realizado em espaços naturais, essas intervenções podem ainda ser identificadas como *land art* ou *Earth art* ("arte ambiental" ou "arte da Terra"). Tal tendência se destaca no contexto do final nos anos 1960[4], especialmente nos Estados Unidos, tendo como inspiração a natureza, a exemplo dos desertos, como na obra *Displaced/Replaced Mass*, do americano **Michael Heizer** (1944-). Nesse trabalho, o artista desloca uma massa rochosa para um grande buraco na areia (Hovenkamp, 2013).

A respeito de artistas como Heizer, Katia Canton (2009b, p. 18) ressalta que: "Na tentativa de transformar o espaço de 'fora', em oposição aos espaços institucionais das paredes museológicas, o espaço de 'dentro', eles se lançaram ao espaço externo, que muitas vezes coincidia com o espaço da natureza". Essas intervenções em espaços naturais podem ser chamadas ainda de *landscape art* ("arte paisagem").

Outro exemplo desse tipo de trabalho é a obra do alemão **Dietmar Voorwold** (1957-). Nela, há um desenho composto por pequenas pedras e conchas marinhas, organizadas como em um mosaico de motivo geométrico. A exemplo dessa obra, a sensação de equilíbrio nos trabalhos de Voorwold é alcançada por meio de materiais naturais ordenadamente dispostos, como folhas e pedras. O artista interfere no espaço natural na medida em que se apropria das formas orgânicas dispersas na natureza e as dispõe para criar esse tipo de imagem.

A *land art* pode ser permanente (fixa) ou efêmera (passageira). No segundo caso, a fotografia é um meio fundamental para o registro das ações que podem se perder com a ação do tempo.

Além disso, alguns artistas documentam suas intervenções criando um diário das mudanças da obra e colhendo fotografias como parte de seu projeto, o que poderá se tornar um livro ou caderno de artista. Nesse caso, os processos de ação do tempo e da própria natureza sobre a intervenção também fazem parte do trabalho.

Você percebe que essa tendência não pretende representar a paisagem como tema, mas que a natureza é o próprio suporte da ação do artista? Dessas ações, podem derivar outros desdobramentos, como as fotografias e os livros ou cadernos de artista.

---

[4] O artista americano **Robert Smithson** (1938-1973) é uma das primeiras referências dessa corrente. Em sua obra *Plataforma espiral*, de 1970, o artista criou uma enorme espiral feita de areia, sal e pedra "desenhada" no Lago de Utah, nos Estados Unidos.

Ideia de trabalho
Produzindo um caderno ou livro de artista

Conforme Julio Plaza (1982, p. 3), "Se livros são objetos de linguagem, também são matrizes de sensibilidade". O autor reflete sobre o livro em seu potencial estético, mas, especificamente, trata do livro de artista.

O livro ou caderno de artista caracteriza-se por uma preocupação formal com a materialidade desse objeto enquanto obra de arte. Esse livro não precisa seguir a lógica utilizada para obras comuns. Você pode criar o seu próprio livro com os mais diversos materiais, por exemplo: papel, tecido, plástico, vidro etc. As possibilidades são ilimitadas, especialmente se considerarmos a obra do artista português **Artur Barrio** (1945-), intitulada *Livro de carne* (1977), feita com essa matéria orgânica, ou ainda os trabalhos do alemão **Anselm Kiefer** (1945-), que desenvolve estudos desse gênero a partir de arame e livros queimados.

Figura 1.9 – Fragmento de *Caderno de insônia*, de Fabianna Strumiello

STRUMIELLO, Fabianna. **Caderno de insônia**. 2010. Aquarela e colagem sobre papel: 28 × 21 cm.

Para trabalhar a ideia do livro de artista, a princípio, você deverá produzir artesanalmente esse objeto ou, mesmo, apropriar-se de um livro comum e criar diálogos com ele a partir de intervenções. Além disso, é recomendável colecionar suas ações no livro, as quais poderão ser em forma de textos, desenhos, pinturas, colagens ou gravuras, por exemplo. Assim, as linguagens podem se misturar em seu trabalho.

1.2 Um olhar aproximado

Quando nos aproximamos dos elementos da natureza, podemos encontrar formas interessantes. Por exemplo, a imagem ampliada de um floco de neve nos permite perceber um atraente fractal, como ilustra a Figura 1.10.

Como nesse caso, podemos deparar com imagens interessantes em uma teia de aranha, em uma colmeia ou em uma estrela-do-mar, entre muitos outros elementos naturais que podem ser fontes de referência visual em nossa produção.

Por isso, interessa-nos o **exercício de observação dos espaços e dos elementos** ao nosso redor, além da pesquisa em outras fontes, como

Figura 1.10 – Imagem ampliada de um floco de neve

Heaven Man/Shutterstock

livros e a própria internet. Contudo, cabe-nos interpretar essas formas. Para isso, precisamos considerar cada referência, ou seja, cada imagem que colhemos como um exemplo de composição visual.

Isso significa que é necessário analisar os objetos de nossa observação do ponto de vista composicional da imagem, relacionando-os com os elementos visuais, a exemplo da linha, da forma, da luz e das cores que usaremos em nossos projetos.

1.2.1 Um emaranhado de linhas

A **linha** é o elemento visual básico do desenho. Em um trabalho, ela representa, muitas vezes, os contornos dos objetos, além de suas texturas. Com esse elemento, podemos representar vários aspectos da paisagem. Como exemplo, em um diálogo entre o desenho e o espaço real, **Daniel Caballero** buscou explorar as "linhas" encontradas na natureza, transferindo-as para seu trabalho em *Não pise na grama ou Arcádia*.

45

Essa obra consiste em uma instalação feita em uma casa na cidade de São Paulo. Na exposição coletiva intitulada "Aluga-se", Caballero apropriou-se de um banheiro da casa. Neste trabalho, as linhas parecem brotar do chão coberto pela grama, como ramos que crescem tomando todo o cômodo. Esse trançado negro sobe até o teto, passando pelos azulejos da parede. A forte sensação de movimento se dá pelo deslocamento das linhas em todos os sentidos ao redor do espaço.

> ### Para saber mais
> Na página de Daniel Caballero, além de conferir diversos textos do artista, você pode visualizar algumas de suas exposições. Indicamos a postagem a seguir, que trata da coletiva "Aluga-se" e traz imagens da obra *Não pise na grama ou Arcádia*.
>
> CABALLEROLAND. **Coletiva, "Aluga-se"**. 5 abr. 2010. Disponível em: <http://caballeroland.blogspot.com.br/2010/04/aluga-se.html>. Acesso em: 3 jan. 2017.
>
> Nesse caso, você percebe que há uma relação entre o desenho, marcado pelo traço do artista, e os elementos naturais? Como se dá essa relação, em sua opinião?

Essa referência destaca-se ainda como uma das várias possibilidades de diálogo entre as linguagens predominantemente bidimensionais, como o desenho, a pintura e a paisagem em espaços fechados.

1.2.2 Os personagens da paisagem

As paisagens são panoramas repletos de objetos. Elas podem ainda ser habitadas por **personagens**, que se apresentam de modo real ou imaginário. No primeiro caso, referimo-nos àquelas cenas em que aparecem figuras coerentemente dispostas em seu contexto, a exemplo da conhecida pintura pontilhista de **Georges Seurat** (1859-1891), intitulada *A Sunday on La Grande Jatte* (1886), a qual representa pessoas reais em uma paisagem composta por pequenos fragmentos de cor, como pode ser percebido na Figura 1.11.

Figura 1.11 – *A Sunday on La Grande Jatte*, de Georges Seurat

SEURAT, Georges. **A Sunday on La Grande Jatte**. 1886. 1 óleo sobre tela: color.; 207,5 × 308,1 cm. Instituto de Arte, Chicago, Estados Unidos.

Ao observar a imagem, não lhe parece possível a presença desses personagens na paisagem? Eles não nos são comuns?

Já no segundo caso, destacamos exemplos em que aparecem personagens considerados improváveis em uma cena, como no caso da Figura 1.12, que mostra uma pintura da artista brasileira **Carla Barth** (1975-).

Além disso, em uma composição, os personagens podem estar em uma posição de destaque ou de discrição. Sua presença pode ainda ser centralizada e clara ou dispersa. Tudo depende das intenções do autor em cada caso.

1.2.3 Paisagens imaginárias

A paisagem pode ser resultado de uma observação detalhada do espaço representado e, ainda, uma composição elaborada pela imaginação, como no caso da pintura *Gato do mato*, de Carla Barth, um de seus trabalhos apresentados na exposição "Estranhos", ocorrida em São Paulo, no ano de 2010.

Figura 1.12 – *Gato do mato*, **de Carla Barth**

BARTH, Carla. **Gato do mato**. 2009. 1 acrílica sobre tela: color.; 50 × 80 cm. Coleção particular. Fotografia de Luciano Scherer.

A imagem apresenta uma espécie de floresta fantástica na qual o gato de olhos espantados encontra-se com a estranha banda marcial de pintinhos. Observe ainda que as figuras são bem definidas. Em sua paisagem, Carla Barth explorou as texturas, o que pode ser observado nos detalhes nas pequenas folhas e no pelo do gato, precisamente elaborado.

Desse modo, abre-se mais uma possibilidade na valorização dos detalhes, quer seja em paisagens possíveis ou mesmo nas improváveis, como a da Figura 1.12.

1.3 A paisagem na palma da mão

O gênero paisagem pode ser pensado como representação de grandes espaços abertos. Nesse caso, estamos nos referindo às vistas panorâmicas de um lugar, conforme já abordamos. Contudo, também podemos explorar a paisagem em seus pequenos detalhes.

Observe a Figura 1.13. Essa fotografia nos mostra pequenas bolhas de orvalho em movimento sobre o que parece ser uma folha. Ao fundo, destacam-se luzes e cores desfocadas em um jogo de transparência e opacidade.

Essa composição nasce da apropriação de um ligeiro recorte da natureza, pois faz um registro de uma ínfima parte do ambiente natural.

Para atingir tais resultados, é preciso que o fotógrafo utilize uma lente do tipo macro, que amplia a imagem várias vezes. Esse tipo de equipamento permite que cada recorte feito pelo artista alcance detalhes considerados pequenos para a percepção do olho humano.

Figura 1.13 – Fotografia de detalhe

Valentin Valkov/Shutterstock

Para saber mais

As minúcias da natureza são objetos de pesquisa poética dos fotógrafos gaúchos **Cristiano Sant'Anna** e **Flávia de Quadros**.

Em seus processos, os artistas capturaram imagens nos seguintes municípios do Rio Grande do Sul: São José dos Ausentes, Cambará do Sul e Bom Jesus, nos Campos de Cima da Serra. As "quase paisagens" e "micropaisagens" dos fotógrafos ressaltam essas delicadas imagens dos cenários naturais. Você pode conferir parte do trabalho dos fotógrafos no *link* a seguir:

GALERIA LUNARA. **Exposição fotográfica mostra os campos de cima da Serra sob uma nova ótica**. 14 fev. 2013. Disponível em: <http://galerialunara.blogspot.com.br/2013/02/exposicao-fotografica-mostra-os-campos.html>. Acesso em: 6 jan. 2017.

Figura 1.14 – *Lebre jovem*, de Albrecht Dürer

DÜRER, Albrecht. **Lebre jovem**. 1502. 1 aquarela e guache sobre papel: color.; 21,1 × 22,6 cm. Museu Albertina, Viena, Áustria.

A observação dos **detalhes** da natureza pela arte não é algo recente na história das artes visuais. Exemplos estão nos famosos estudos realistas de plantas e animais em aquarela do artista alemão **Albrecht Dürer** (1471-1528), como na minuciosa pintura *Lebre jovem*, de 1502 (Figura 1.14).

Na Figura 1.15, você pode verificar um dos olhares da arte contemporânea para as pequenas coisas.

O desenho chama atenção pelo detalhamento. A perspectiva foi utilizada como recurso para atingir tal realismo, além das texturas que contribuem para essa impressão no trabalho. Nesse caso, a artista empregou a **perspectiva linear**, que produz a sensação de tridimensionalidade pelo uso de um ponto para o qual seguem as linhas do desenho, o ponto de fuga. Mas, além disso, a artista utilizou a **perspectiva tonal**, ou seja, o recurso de sombreamentos em variações de tons que geram a noção de volume nos objetos.

Para a produção desses elementos, podemos utilizar as variadas cores de nanquim, encontradas em casas especializadas em desenho e pintura. Também podemos explorar materiais mais comuns, como as canetas hidrográficas, facilmente encontradas em papelarias.

Sabemos que as **dimensões**, ou seja, o tamanho do trabalho, também nos trazem resultados diferentes. Enquanto a representação de uma pequena pinha reproduz um recorte da paisagem para ser olhado, uma instalação em uma sala inteira (no caso de Caballero, em um banheiro de uma casa) nos permite uma espécie de imersão corporal na obra. Nesse segundo exemplo, o artista propõe ao espectador outro tipo de contato com o trabalho. Por isso, é importante considerarmos também a dimensão física de nossos projetos, de acordo com as nossas intenções.

Figura 1.15 – Detalhe de uma pinha

KaterinaTschertkova/Shutterstock

Ideia de trabalho
O desenho como possibilidade

Quando nossa intenção é trabalhar com a linguagem do desenho, as possibilidades são muitas. Entretanto, os lápis continuam sendo materiais importantes para os esboços ou para o próprio trabalho finalizado.

Por isso, em seu livro *Desenhar: truques, técnicas e recursos para a inspiração visual*, Helen Birch (2015) apresenta uma gradação de pontas que conferem dureza ou suavidade ao lápis, dentro do sistema aceito no Reino Unido e na Europa.

Esse sistema também é utilizado no Brasil e segue a gradação entre o lápis 10B (mais suave) e o 10H (mais duro).

Nesse caso, o *H* significa duro (*hard*), *B* representa o preto (*black*), e *F* indica fino ou firme (*fine*, *firm*). Dos mais duros aos mais macios, temos os traços dos lápis 2H, H, HB, B, 2B, 3B, 4B, 5B e 6B, como exemplifica a Figura 1.16. De modo geral, quanto mais duro for o lápis, mais claro será seu traçado, e quanto mais macio, mais escuro.

Figura 1.16 – Traços dos lápis por tipo

Fernando Vivaldini/Fotoarena

Com relação aos papéis, existe uma infinidade deles: desde a folha sulfite no tamanho A4 a modelos mais sofisticados, como o *dessin* (*desenho*, em francês), conhecido popularmente como papel canson, por ser fabricado pela marca Canson.

Também existe o papel do tipo jornal, que é um pouco pardo em virtude do número de fibras visíveis. De modo geral, ele pode ser encontrado com facilidade em papelarias. Além de papéis coloridos, existem, ainda, os isométricos, indicados para criar desenhos em perspectiva por terem linhas que representam as três dimensões (altura, largura e profundidade).

Outro exemplo é o papel *couché*, mais liso que o jornal e o sulfite (ambos são mais porosos) e, por isso, indicado para certos tipos de impressão, além do papel seda, bastante fino e delicado. Além desses, há o papel reciclado, que, como os demais, também pode variar em sua gramatura (proporção entre a massa e a área do papel).

Por fim, contamos ainda com diferentes tamanhos de papel. Do maior para o menor, temos do A0 (A zero) ao A4 (A quatro), o mais usado em escritórios.

O Quadro 1.1 exemplifica os diferentes tamanhos de papel.

Quadro 1.1 – Dimensões dos papéis

Identificação	Dimensões
A0	1.189 × 841 mm
A1	594 × 841 mm
A2	594 × 420 mm
A3	297 × 420 mm
A4	297 × 210 mm

Explore as possibilidades entre os suportes e os materiais considerando suas intenções em cada projeto.

1.3.1 Coletando fragmentos

Toda composição é uma seleção de partes que queremos mostrar em um todo. Quando exploramos os detalhes em nosso trabalho, a seleção das partes necessita ser mais precisa. Por exemplo, podemos nos dedicar ao desenho de um fragmento arquitetônico da paisagem urbana ou de uma folhagem em um canteiro.

Uma das formas de conseguir isso é através de uma "janela", uma espécie de visor de tamanho variado, que serve para ajudar a definir quais serão as partes a compor o trabalho, conforme mostraremos a seguir.

Ideia de trabalho
Composição seletiva – fazendo uma janela

Para fazer uma janela, você precisará de algum material mais denso, como papelão ou cartolina, de aproximadamente 20 × 25 cm. Nele, faça uma abertura retangular de 15 × 18 cm, conforme o modelo a seguir. É através dessa abertura que você fará as observações do seu entorno.

Lembramos que a janela pode também variar em tamanhos e formas, apresentar uma abertura em retângulo, círculo, quadrado, triângulo etc.

Com esse recurso simples, é possível selecionar os fragmentos diretamente por meio da observação.

1.3.2 Um olhar atento: percorrendo cada detalhe

Uma das possibilidades de recorte da paisagem está também na observação das **texturas** que aparecem nos elementos. Assim, também podemos selecionar para estudo uma determinada folhagem ou qualquer outro pequeno fragmento.

Como exemplo de trabalho, na sequência, citamos os métodos *frottage* e **ampliação de imagens**, a fim de explorar ainda mais as minúcias naturais em nossas pesquisas.

Ideia de trabalho
Produzindo a partir da *frottage*

A *frottage*, utilizada pelo artista alemão **Marx Ernst** (1891-1976), é um método que consiste no ato de friccionar uma "substância pigmentada, transferindo-se assim o desenho para o papel" (Mayer, 1999, p. 610). Isso pode ser feito normalmente com um lápis em uma superfície com texturas, como as das folhas. Como material alternativo, Ralph Mayer comenta, ainda, o uso de ceras de sapateiro para transferir o desenho; porém, elas apresentam o inconveniente de serem muito pegajosas.

Figura 1.17 – Exemplo de imagem com técnica *frottage*

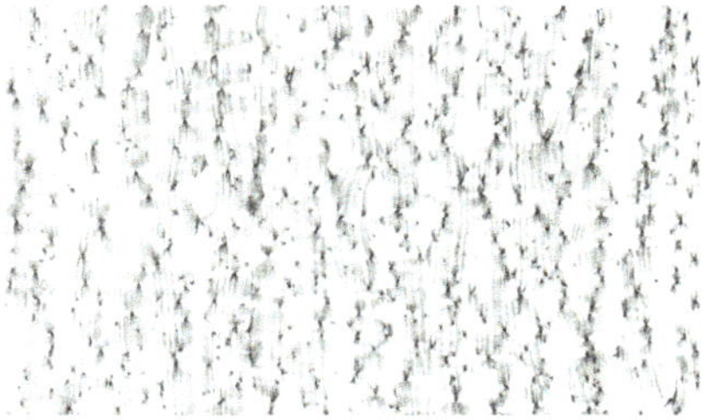

A princípio, pode-se cobrir uma folhagem com um papel de grão muito fino, como o de seda. É interessante passar um lápis macio, como o 6B, para reproduzir as delicadas texturas. Por isso, de preferência, escolha folhas que apresentem tramas em relevo mais marcado.

A partir do resultado da *frottage*, torna-se possível fazer a ampliação em outro papel, de tamanho A3 ou A2. Esse estudo permite estabelecer outras relações com os materiais escolhidos. Também é possível trabalhar as nervuras criadas no papel, inserindo a inscrição de palavras ou de outras imagens por dentro do desenho. Essas imagens podem ser de memória ou de observação.

Além disso, por meio dessa prática, outros padrões de textura podem ser desenvolvidos para aplicação em outros suportes, como paredes, criando uma espécie de estampa, por meio das quais se podem desenvolver outras intervenções com diferentes tipos de material.

> **Ideia de trabalho**
>
> O detalhe do detalhe: as formas escondidas da paisagem
>
> Quando prezamos pela precisão no tratamento de imagens, podemos ampliar os minúsculos detalhes da paisagem. Por exemplo, é possível utilizar uma lupa para fazer a observação direta de texturas menores, bem como fotografar os objetos que nos interessam para, depois, passarmos as imagens para o computador a fim de aumentá-las por meio da ferramenta de ampliação do visualizador.
>
> Assim, desde uma pequena erva a um curioso inseto, nosso trabalho pode ser facilitado por esses simples métodos de ampliação da imagem. A partir da amplificação das formas, abrimos espaço para outras possibilidades em nossas pesquisas poéticas.

1.4 A natureza sobre a mesa

A exemplo da paisagem, a **natureza-morta** é um gênero caracterizado pela representação de objetos inanimados. Essa forma tomou destaque especial também nos séculos XVI e XVII, na Europa (Gombrich, 1999). Tais pinturas tinham o objetivo de agradar uma burguesia em ascensão desde o período da Renascença.

Como Gombrich (1999, p. 430) ressalta, naquela época "Os artistas podiam escolher livremente, nessas naturezas-mortas, quaisquer objetos que lhes aprouvessem pintar e dispô-los sobre uma mesa segundo a sua fantasia. Assim, tornaram-se um estupendo campo de experimentos para certos problemas especiais dos pintores".

Naquele momento, prevalecia a ideia de hierarquia entre os gêneros artísticos. A natureza-morta situava-se no lugar de menor destaque, se comparada à pintura histórica, considerada a forma mais nobre de representação naquele contexto.

Contudo, esse gênero não desapareceu na história da arte, mas se modificou com os novos sentidos assumidos pelas tendências vanguardistas na virada dos séculos XIX e XX, a exemplo da natureza-morta de Paul Cézanne, de 1888, que pode ser vista na Figura 1.18.

Figura 1.18 – *Kitchen Table (Still Life with Basket)*, de Paul Cézanne

CÉZANNE, Paul. **Kitchen Table (Still Life with Basket)**. 1888. 1 óleo sobre tela: color.; 65,1 × 81 cm. Musée d'Orsay, Paris, França.

De modo geral, esses trabalhos são marcados pela presença dos objetos em cena, os quais podem aparecer mais ou menos idealizados.

Figura 1.19 – *A Wave of Refreshment*, de Jason de Graaf

A Wave Of Refreshment (2009) by Jason de Graaf

Na contemporaneidade, também deparamos com trabalhos que dialogam com esse gênero tradicional da arte. Como exemplo disso, citamos a pintura hiper-realista de **Jason de Graaf** (1971-), intitulada *A Wave of Refreshment*, reproduzida na Figura 1.19.

Apesar de a obra reproduzir realisticamente os efeitos visuais de uma cena em movimento, trata-se de uma pintura feita em acrílica, que engana nossos sentidos pelos detalhes vigorosos.

Também podemos explorar a natureza-morta como tema em nossos trabalhos. Por isso, a princípio, é interessante considerar a observação de objetos cotidianos na busca de um diálogo com esse gênero.

Ideia de trabalho
Montando a sua natureza morta: um exercício de observação

Escolhendo os objetos

A primeira coisa a se fazer para criar uma composição de natureza-morta é escolher os objetos que farão parte do trabalho. Como exemplo, citamos elementos naturais (frutas e flores, por exemplo), os quais podem servir de modelo para atraentes formas, cores e texturas. Também alguns alimentos, como pães, podem ser convenientes. Ainda, utensílios domésticos com formas interessantes, a exemplo de vasos, cestos, garrafas, taças, castiçais e velas. Além disso, uma toalha de mesa poderá trazer certo movimento visual para a imagem.

Contudo, também é possível criar uma composição com materiais de trabalho, como tintas, pincéis, cavaletes, telas ou, até mesmo, instrumentos musicais, livros, partituras, bijuterias e materiais de marcenaria. Em suma, podemos selecionar e combinar:

> - objetos de cozinha (cesto, talheres, taças, louças, velas, tecidos etc.);
> - alimentos (frutas, legumes, vegetais, carnes, peixes, bebidas, queijos etc.);
> - objetos domésticos (eletrodomésticos, móveis etc.);
> - objetos de jardim (flores, vasos, plantas, material de jardinagem etc.);
> - objetos de trabalho (tela, tinta, instrumentos musicais, bijuterias etc.);
> - objetos de escritório (livros, cadernos, canetas, tesoura, peso de papel etc.).

Organizando a composição

Agora, é preciso dispor cada elemento criando uma composição sobre uma mesa. Por isso, os objetos devem ser organizados em **planos**.

O início se faz no último plano, com os elementos mais altos, para que não encubram os menores nos primeiros planos (mais à frente do espectador), como na Figura 1.20, que apresenta um objeto mais ao fundo. Assim, os objetos menores podem aparecer mais próximos do espectador, para serem mais bem visualizados. Já os objetos maiores ou mais altos podem se localizar mais atrás no desenho.

Figura 1.20 – Exemplo de diferentes planos

Konstantin Solodkov/Shutterstock

Assim, por exemplo, garrafas podem ser arranjadas mais atrás e pequenas frutas, mais à frente. Contudo, ainda é possível colocar os objetos maiores no primeiro plano, o que diminuirá a visão dos outros objetos, se essa for a intenção.

Também podemos escolher a **iluminação**, que poderá ser natural ou artificial. No caso da luz natural, a iluminação própria do sol, o trabalho deve ser desenvolvido durante o dia, próximo a uma janela, por exemplo. Nesse caso, em geral, a luz será mais suave e bem distribuída, com presença de sombras sutis nos objetos.

Já quanto à luz artificial, é possível criar uma composição iluminada por velas ou, mesmo, lâmpadas de um abajur à noite. Nesse exemplo, a luz será mais pontual e, em geral, mais dramática, como também as sombras serão mais contrastantes.

Estratégias de desenho

Depois de formada a composição, o desenho de observação deve ser iniciado pelo primeiro plano. Isso significa que você poderá iniciar pelos objetos mais próximos de você, para, em seguida, passar aos planos subsequentes.

Nesse projeto, você também poderá começar imaginando que cada objeto tem o poder de ser reduzido às formas básicas dos sólidos geométricos (esfera, cone, cilindro, paralelepípedo etc.). Por exemplo, uma maçã pode ser representada como uma esfera e, posteriormente, ser trabalhada no esboço para se aproximar da imagem.

Enfim, a ideia é partir das formas mais simples para as mais complexas. É possível também explorar as sombras dos objetos. Lembre-se de observar as áreas de sombra e luz. Por exemplo, imagine uma esfera exposta a uma iluminação superior. A luz intensa criará um ponto de destaque na parte superior da esfera e, por consequência, uma área mais sombreada na parte inferior, em oposição à iluminação. Também é possível criar na superfície ou no amparo (como uma mesa, por exemplo) as projeções das sombras dos objetos.

Ainda, os detalhes, como as texturas, a luz e a sombra, também podem ser explorados. Em um desenho, é possível simular visualmente a textura tátil, ou seja, o toque dos objetos, ao simular as texturas de algodão, plástico, metal polido e metal escovado, por exemplo.

Materiais

Com relação ao material, nessa atividade, você poderá usar lápis mais duros (por exemplo, HB) para criar os esboços, e outros mais macios para as sombras (por exemplo, 6B). Os papéis podem ser variados, mais ou menos lisos, de acordo com os seus interesses. Você poderá, por exemplo, preferir explorar as texturas do papel.

Com base nesse desenho, será possível experimentar algumas soluções para finalizar, ou seja, fazer o acabamento de sua composição bidimensional utilizando, inclusive, materiais que destacaremos a seguir. Lembramos que esses são alguns exemplos que poderão ajudar em suas escolhas de trabalho, pois as possibilidades são inúmeras e partem também de sua pesquisa pessoal.

Ideia de trabalho
Construindo alternativas práticas: conhecendo os materiais para desenho e pintura

Existem vários materiais que podem ser usados na produção de trabalhos bidimensionais, especialmente se combinados entre si. Entretanto, citamos alguns considerados básicos no estudo de desenho e pintura:
- Meio secos: lápis de cor, giz de cera, pastéis secos e pastéis a óleo.
- Meio úmidos: canetas hidrográficas, nanquins, tintas acrílicas, aquarelas e guaches.

A seguir, destacamos as principais características desses recursos facilmente encontrados em papelarias ou em casas especializadas em desenho e pintura, para que você inicie o processo de pesquisa sobre os materiais que melhor se adaptem às suas expectativas e ao seu modo do trabalho. Primeiramente, vamos iniciar pelos corriqueiros lápis de colorir.

- **Lápis de cor**: É feito basicamente a partir de uma goma pigmentada. Atualmente, existe uma infinidade de modelos, de marcas nacionais e internacionais, como os neons, os aquareláveis (diluíveis) e os metalizados. Genericamente, são caracterizados por um traço preciso e pela variedade de cores. Além disso, podem ser misturados entre si, criando novas nuances, além de manterem intactos por muito tempo os pigmentos. Na prática, de modo geral, indicamos que se inicie a pintura com esse tipo de material usando movimentos circulares suaves e partindo das cores mais claras para as mais escuras.

    Contudo, sabemos que não existem regras para a exploração do material, cabendo ao desenhista escolher o melhor método em seu caso.

Figura 1.21 – Ilustração com lápis de cor

Evgeniya Fashayan/Shutterstock

- **Lápis misturadores incolores**: São recursos vendidos em *sites* de internet e em casas especializadas destinados a ajudar nas misturas das cores dos lápis de cor e criar novas nuances, além de selar e dar brilho no acabamento das imagens.

    Entretanto, nesse caso, também podemos usar o lápis de cor branco ou mesmo os de cores mais claras – o amarelo e o rosa, por exemplo – que também apresentam essa característica de servir como base de mistura entre os pigmentos e também como veículo selador das cores. Para se conseguir esse efeito, o ideal é aplicar as cores mais escuras e, em seguida, as cores claras sobre elas, criando uma camada seladora.

- **Pastéis secos e pastéis a óleo**: Tais materiais são encontrados normalmente em barra e em estojos de vários tamanhos. Alguns desenhistas recomendam o uso de luva para trabalhar com eles, pois podem soltar pigmentos nas mãos. Os pastéis são adequados para criar efeitos esfumaçados que podem ser atingidos com os dedos, um esfuminho ou uma haste flexível. De modo geral, sugere-se a aplicação dos tons mais escuros para os mais claros, com o objetivo de se atingir efeitos de luz e sombra, por exemplo. Esses materiais apresentam a possibilidade de mesclar as cores, porém é necessário tomar alguns cuidados para não retirar os pigmentos já aplicados.

    O pastel seco caracteriza-se por um resultado mais opaco e mostra-se com os pigmentos mais soltos. Por isso, pode criar traços menos definidos. Alguns artistas raspam os pigmentos e trabalham com os dedos ou um pano. Já o efeito do pastel a óleo tende a ser mais brilhante e apresentar uma maior fixação, em comparação com o pastel seco.

    No mercado, existem diversos tipos de papéis em branco, creme e coloridos. Para técnicas envolvendo esses papéis, em geral, sugerimos os mais rugosos, que preservam as texturas no desenho. Entre as marcas, citamos a Canson e a Debret.

    Eles podem variar com relação à granulação (grão) e à gramatura (espessura do papel). Além disso, é importante usar fixadores em *spray* próprios para essa técnica, que também são encontrados facilmente em casas especializadas.

    Como exemplo, observe este desenho realizado com pastel na Figura 1.22. Note que a artista manteve as texturas do papel. Perceba também que a parte superior dos cavalos foi trabalhada com maiores detalhes, conferidos pelo jogo de luz e sombra.

Figura 1.22 – Ilustração feita com pastel

Julia Shepeleva/Shutterstock

    Você também pode precisar de fita crepe para esticar o papel em qualquer técnica de desenho, além de pincel para ajudar a retirar resíduos de lápis de cor e *spray* fixador para finalizar o trabalho.

    Além dos materiais de meio seco, você também pode lançar mão de materiais de meio úmido em seus trabalhos poéticos, como canetas hidrográficas, nanquins, aquarela, guache e acrílica.

- **Canetas hidrográficas**: É um material tão popular quanto os lápis de cor. Em geral, as canetas hidrográficas são de baixo custo e se apresentam em número variado de cores e espessura de pontas. Caracterizam-se pelo bico de feltro, o que facilita a aplicação da tinta, e podem ser usadas para criar cores vibrantes.
- **Canetas de nanquim**: Trata-se de uma versão mais moderna da tradicional técnica de pintura e escrita japonesa e chinesa, caracterizada por bastões de tinta que são diluídos em água (Mayer, 1999).

  Normalmente em tinta preta, as canetas de nanquim se caracterizam pela variação de espessura das pontas e pela fluidez controlada, possibilitando maior leveza no traçado das linhas. Por isso, são preferidas para criar delicadas texturas no desenho.

  Algumas canetas são descartáveis, o que as tornam mais práticas. Outras têm um compartimento para recarregar a tinta depois que ela acaba. Além das canetas, o desenhista pode preferir as tradicionais penas com a tinta nanquim líquida.

  Retomando a Figura 1.18, com um desenho de Daniel Caballero, percebemos que o artista utilizou o nanquim colorido, o qual normalmente é apresentado nas cores elementares, como vermelho, amarelo, azul, branco e verde.
- **Giz de cera**: É muito utilizado para a finalização de trabalhos. Além do baixo custo, esse tipo de material apresenta, como vantagem, um acabamento fosco, em geral, por sua composição encerada. Contudo, o giz de cera pode ser inconveniente por ser pouco preciso na decomposição sobre o suporte (por exemplo, papel), pois normalmente comporta-se de modo escorregadio, graças às bases oleosas que o compõem. Entretanto, vale a lembrança: o que importa é a experiência de cada desenhista com o material. Por isso, experimente as possibilidades de ação em cada caso. Talvez, você encontre uma maneira interessante de explorar as características desse recurso.
- **Aquarela e guache**: São tintas formadas pela mistura de pigmentos aglutinados com a goma arábica, uma resina vegetal. Contudo, o que as diferencia é a concentração dos compostos. O guache é uma tinta mais encorpada que a aquarela. Esta, por sua vez, pode se apresentar ainda mais fluida e transparente.

  Os papéis mais indicados para o guache e a aquarela precisam ter uma boa gramatura, pelo menos 300 g/m², para suportar a umidade. Normalmente, são encontrados em lojas especializadas em pintura e em papelarias. Existem várias maneiras de trabalhar com essas técnicas, explorando efeitos diversos, como transparências, veladuras (capa de cor transparente ou semitransparente aplicada sobre uma cor mais clara ou mais escura para misturar a cor ou o tom da pintura) e mesclas cromáticas (misturas entre as cores) na aquarela.

- **Acrílica**: Esse tipo de tinta, vendido normalmente em bisnagas, é produzido à base de ácidos acrílicos. A acrílica tem como vantagem a capacidade de manter sua coloração, o que a torna diferente da aquarela e do guache, que perdem mais intensidade com a secagem. Essa tinta se caracteriza pela baixa toxicidade, se comparada à tinta a óleo. Como recurso para ajudar a fixar as imagens, pode ser necessário o uso de verniz acrílico.

Dos papéis possíveis para desenho ou pintura, mencionamos a popular cartolina, o papel Canson para tinta a óleo e a tinta acrílica da Arches.

Figura 1.23 – Pintura em acrílica

A pintura da Figura 1.23 foi realizada em acrílica sobre papel. Tal técnica tem ainda a vantagem de manter sobre o suporte as cores vivas e com boa duração. A secagem também é relativamente rápida, o que também pode ser considerado uma vantagem.

Enfim, conforme você percebeu, as possibilidades de ação são muitas. Lembre-se de que, como Zeegen (2009, p. 148) enfatiza, "Não existe marca perfeita de pintura acrílica e nem lápis definitivo, somente materiais com os quais gostamos de trabalhar".

Por isso, além de testar essas técnicas apresentadas, busque a experiência de misturar materiais, como a tinta acrílica e a aquarela, a aquarela e o nanquim, o guache e a aquarela, os lápis de cor e as canetas hidrográficas, bem como outros materiais em seus processos de construção em bidimensionais. Lembre-se também de que o desenhista precisa se esmerar na prática e na pesquisa frequente, refletindo constantemente sobre os seus processos criadores.

1.4.1 Recombinações possíveis: um jogo de montar e desmontar

A ideia de **reconfigurar as imagens** já estava nas experiências cubistas de Pablo Picasso, Georges Braque e **Juan Gris** (1887-1927). Como exemplo, citamos os *papiers collés*, de Braque, que a partir de matérias comuns fragmentava as imagens em conjuntos de planos e as colava no suporte. O resultado desse método é uma composição que apenas sugere a imagem primária.

Também podemos citar a famosa composição cubista em colagem de Juan Gris, exposta na Figura 1.24, que apresenta uma recomposição do que seria uma cena de natureza-morta convencional.

Esse tipo de trabalho exemplifica que a partir da observação podemos trabalhar outras recombinações das imagens.

Figura 1.24 – *Still Life with Checked Tablecloth*, de Juan Gris

GRIS, Juan. **Still Life with Checked Tablecloth**. 1915. 1 óleo sobre tela: color.; 116,5 × 89,3 cm. Metropolitan Museum of Art, Nova York, Estados Unidos.

Ideia de trabalho
Subvertendo a observação

Tomando como referência um desenho de observação, é possível experimentar a recriação de objetos a partir de alguns métodos e propostas:

- Deslocar as texturas e criar uma cena improvável. Isto é, trabalhar as partes da imagem de natureza-morta com texturas diversas. Por exemplo, utilizar padrões impróprios, como peles de animais, flores, frutas e arquitetura.
- Recortar e remontar as partes da natureza-morta (colagem). Encobrir as linhas e repassar o novo desenho para outro suporte. Criar um acabamento.
- Produzir adesivos com os desenhos e aplicá-los sobre outro desenho.
- Pintar os esboços com as várias técnicas da pintura, por exemplo, guache, aquarela, acrílica ou óleo.
- Criar carimbos a partir dos desenhos com materiais diferentes, desde madeira até borracha (a Figura 1.27, indicada no item 1.5.2, apresenta um exemplo de matriz de gravura em madeira).
- Vazar o desenho, recortando-o e colando-o sobre outro fundo.

1.4.2 Metáforas e simbolismos: novos olhares sobre a natureza

Como já discutimos, a natureza-morta é um gênero tradicional da arte, no qual objetos inanimados são representados. De modo semelhante, na contemporaneidade podemos trabalhar novas configurações tendo como referência essa ideia. É o caso do quadro *In Another Room*, de Mama Anderson. A pintura representa objetos inanimados, a exemplo da natureza-morta de Cézanne. Mas, nesse caso, parece que estamos diante de um ateliê de artes desorganizado.

As possibilidades interpretativas são várias. É possível pensamos que a pintura sugere movimento, abandono, crise etc.

Enfim, pela escolha dos objetos, podemos sugerir vários significados e metáforas em nosso trabalho. Por isso, na seleção dos elementos, considere as possíveis relações que tais objetos podem simbolizar para o seu espectador.

1.5 A natureza se move

Além de nos apropriarmos dos objetos inanimados, também é possível explorar o **movimento** em nossos trabalhos. Nesse sentido, as possibilidades que o mundo animal nos traz são exemplares, como no caso da observação dos animais domésticos.

Entretanto, o movimento também pode ser interpretado como uma dificuldade que limitaria o nosso campo de ação. Por outro lado, o animal em movimento pode ser interessante para se reproduzir. Para isso, a observação e a pesquisa precisam ser constantes.

1.5.1 Capturando o movimento: o mundo animal

A observação e, por vezes, o improviso se completam no exercício de captura de imagens que servirão como referências em nossos trabalhos, em especial, no caso da captura do movimento animal.

Nos desenhos, as linhas duplas ou trêmulas são uma saída para criar efeitos de circulação do animal. Você não precisa desenhar por meio de contornos definidos para atingir tal resultado, mas pode usar a ideia de linhas mais soltas e livres, que contribuirão para o resultado de instabilidade, isto é, de movimento.

Além do desenho, a pintura pode ser uma linguagem interessante para abordar essa ideia. Como exemplo, observe a aquarela apresentada na Figura 1.25.

Figura 1.25 – Exemplo de aquarela

Pierre Venter/Shutterstock

Conforme você pode notar, o tema escolhido é uma cena com animais. A aquarela apresenta certa instabilidade ocasionada pela fluidez, pela liquidez característica da tinta. Isso também pode contribuir para o efeito de movimento no trabalho, uma vez que os contornos são menos marcados.

Além dessa técnica, podemos explorar o movimento da natureza por meio de várias outras. Em seu projeto, você poderá trabalhar com combinações entre lápis, carvão, tinta acrílica ou a óleo, além da colagem feita com tecido ou papéis e de uma diversidade de técnicas e materiais diferentes.

> ### Ideia de trabalho
> #### Trabalhando com aquarela
>
> Para trabalhar com aquarela, indicamos o uso de um papel de boa gramatura, como 300 g/m². Esse tipo de suporte é encontrado normalmente organizado em blocos. Você poderá comprá-lo em papelarias e casas especializadas em pintura, em tamanhos A3 ou A4.
>
> Além disso, a tinta da aquarela também pode ser adquirida, juntamente com os pincéis, nos mesmos estabelecimentos em que encontrará os papéis. Lembre-se de que os pincéis são numerados; para a pintura em aquarela, recomendamos os menores números, como os números 0, 1 e 2, para elaborar com mais minúcia os detalhes nos trabalhos menores. Em especial, o pincel redondo é mais apropriado nesse caso.
>
> Se você for trabalhar com essa técnica, algumas dicas são importantes. A aquarela é, em geral, muito fluida. Isso pode ser bom para conseguirmos efeitos de transparência e mistura entre as cores, como a os alcançados pela artista no trabalho presente na Figura 1.25. Mas, para criarmos detalhes, recomendamos que você utilize essa tinta pouco dissolvida em água. Apesar de perder em transparência, a pintura será mais precisa.
>
> Você poderá explorar vários efeitos, como a mistura entre as cores. Também recomendamos deixar espaços em branco no papel, caso queira criar áreas de luz em aquarela.

1.5.2 O registro do movimento

Além da observação propriamente dita de animais, podemos nos apropriar de vídeos deles disponíveis na internet, pois as formas naturais em movimento representam imagens interessantes. Nesse caso, é importante a observação do comportamento e da postura dos animais.

Como exemplo disso, o artista holandês **M. C. Escher** (1898-1972), ao integrar pássaros e peixes em *Céu e água I*, se apoiou nessa possibilidade de pesquisa em um de seus trabalhos, como pode ser verificado na Figura 1.26.

Figura 1.30 – *Céu e água I*, de M. C. Escher

ESCHER, Maurits Cornelis. **Céu e água I**. 1938. 1 xilogravura; 43,4 × 43,3 cm.

M.C. Escher's "Sky and Water I" © 2016 The M. C. Escher Company-The Netherlands. All rights reserved. www.mcescher.com

O próprio artista fala da obra:

> Da mesma forma que associamos "pássaros voando" com o "céu", também associamos água com "peixes"... O quadrado é dividido exatamente em duas metades por uma faixa horizontal central na qual os componentes branco e preto são equivalentes. As silhuetas dos peixes brancos se fundem para formar o "céu" para as aves, enquanto na metade inferior, os pássaros pretos se misturam para dar forma à "água" para os peixes. (Escher, citado por Tjabbes, 2010, p. 102)

Note ainda que os peixes e os pássaros quase se confundem no centro da tela, como uma transição de formas. Escher desenvolveu esse trabalho a partir da técnica da **xilogravura**[5], que consiste na produção de uma matriz em madeira com desenho pretendido.

---

5 A xilogravura, ou xilo, como é popularmente conhecida, é uma técnica caracterizada pela impressão de uma matriz em madeira, na qual são gravados signos e imagens, para reproduzir por inúmeras vezes uma mesma imagem.

Figura 1.27 – Matriz de xilogravura de Leda Campestrin

Acervo do Museu Casa da Xilogravura

O gravador retira a madeira com ferramentas conhecidas como *formões*, espécies de facas. As partes mais claras do trabalho final são resultado da cor do papel e correspondem aos veios (recortes), pois são as partes retiradas da matriz (base de madeira) e preservadas da cor da tinta, como exemplifica a Figura 1.27.

Já as partes escuras da imagem são resultado da madeira deixada na matriz, que é a parte mais alta do desenho. A matriz é entintada com um rolo (normalmente de borracha) e depois friccionada sobre o papel. Com a ajuda de uma colher de pau (passada em movimentos circulares atrás da matriz) ou de uma prensa, a tinta sai da matriz e é absorvida pelo papel de acordo com o desenho deixado.

O artista pode realizar várias cópias parecidas com essa matriz, reproduzindo a imagem. Normalmente ele a assina e a enumera para registrar a ordem em uma série de cópias. Por exemplo, 1/20 significa a primeira de 20 cópias feitas daquela matriz. Enfim, essa é mais uma técnica que também ilustra métodos de trabalho utilizando elementos da natureza.

1.5.3 Itinerários, pegadas e formas: as marcas dos vivos

Além das formas físicas dos animais, é possível nos inspirarmos em suas marcas no espaço. Nesse caso, referimo-nos ao estudo de seus **vestígios**, como as pegadas. A internet e os livros ilustrados podem contribuir para o acervo de referências visuais. Ou, ainda, se for do seu desejo, você pode fazer uma visita ao zoológico, com a intenção de capturar tais marcas *in loco*. Obviamente, nesse caso, o trabalho de coleta de referências será menos prático, mas poderá contribuir com sua pesquisa.

Ainda, é possível tomar as próprias formas, as peles e os pelos dos animais como elementos de referência. A partir das marcas desses seres, podemos, por exemplo, aproveitar as referências para criar estênceis, desenhos, pinturas ou outras combinações entre as formas de animais diferentes ou entre silhuetas e texturas.

Enfim, essas são algumas opções de entrada em sua pesquisa. Reforçamos que a busca constante de informações é uma importante ferramenta de trabalho na produção autoral. Nesse sentido, cabe levantar sempre novos olhares para a natureza e, consequentemente, para as formas de representá-la em seus projetos bidimensionais.

Síntese

Neste primeiro capítulo, analisamos algumas possibilidades de trabalhos a partir da paisagem como tema. Passamos por um olhar sobre a imensidão dos espaços, momento no qual consideramos as vistas panorâmicas. Também, propusemos um olhar para a paisagem em seus detalhes, destacando o estudo das minúcias escondidas no entorno.

Ainda, mencionamos o movimento dos animais como um elemento a ser explorado em nossas pesquisas e avaliamos a natureza-morta para além de um gênero do passado, encarando-a como uma possível referência a ser explorada atualmente em nossos trabalhos em linguagens bidimensionais.

Indicações culturais

HERNÁNDEZ, A. **Tudo que vejo é meu!** São Paulo, 2015. <http://caballeroland.blogspot.com.br/2015_05_01_archive.html>. Acesso em: 31 ago. 2016.

> Sugerimos que visite o blogue Caballeroland. Nele, você encontrará um interessante texto de Andrés Hernández sobre o trabalho do artista visual Daniel Caballero. A exposição "Tudo que vejo é meu", que aconteceu em 2015, no Museu de Arte de Ribeirão Preto (Marp), enfatizou a paisagem no contexto contemporâneo. Vale a pena fazer a leitura.

IPANEMA WALL CARLA BARTH. 29 abr. 2013. Disponível em: <https://vimeo.com/65069928>. Acesso em: 21 set. 2016.

> Assista ao vídeo *Ipanema Wall Carla Barth*, que traz a artista gaúcha em ação durante o projeto de pintura semestral de uma parede na cidade de Ipanema, no Rio de Janeiro. Além disso, Carla Barth fala de sua trajetória como artista visual.

Atividades de autoavaliação

1. Conforme discorremos ao longo deste capítulo, a paisagem pode ser considerada para além de um belo ambiente natural. Assim, podemos pensá-la também como:
    I) um lugar de atuação social. Assim, o artista pensa a paisagem em sua relação com o homem.
    II) um lugar de atuação cultural, pois a paisagem pode ser considerada um espaço a ser explorado pelo artista.
    III) um lugar de ação do homem sobre o meio, ou seja, o conceito de paisagem na arte contemporânea não precisa se restringir à ideia de lugar intocado pelo homem.
    IV) um lugar necessariamente isento da ação humana.

A seguir, indique a alternativa que reúne as afirmações corretas:

a) I, II, IV.
b) I, III, IV.
c) III, IV.
d) I, II, III.

2. Assinale (V) para os itens verdadeiros e (F) para os falsos.
   ( ) A paisagem não deve ser considerada suporte do artista.
   ( ) O *site specific* é uma espécie de intervenção artística que ocorre em espaços específicos, isto é, a obra é pensada especialmente para o lugar da intervenção.
   ( ) Em arte, não podemos considerar os espaços urbanos como paisagem. Afinal, nesse caso, é improvável que uma cidade moderna seja contemplada como tema pelo artista, tal como ocorria nas paisagens naturais retratadas nas pinturas dos séculos anteriores.
   ( ) A partir do século XVII, a paisagem começa a tomar maior destaque na pintura, com a ideia de autonomia dos gêneros pictóricos desde o Renascimento, especialmente nos Países Baixos.

   A seguir, indique a alternativa correta:

   a) F, V, F, V.
   b) V, F, V, F.
   c) V, V, F, V.
   d) F, V, V, V.

3. Enumere a segunda coluna de acordo com a primeira:

   (1) Intervenção urbana   ( ) Técnica que se utiliza das texturas para criar imagens.
   (2) *Land art*   ( ) Linguagem desenvolvida a partir de matriz em madeira.
   (3) Xilogravura   ( ) Ação de apropriação artística dos espaços e elementos da cidade.
   (4) *Frottage*   ( ) Espécie de intervenção artística que se apropria de espaços naturais.

A seguir, indique a alternativa correta:

a) 4, 2, 1, 3.
b) 4, 3, 1, 2.
c) 3, 1, 4, 2.
d) 4, 3, 2, 1.

4. Assinale a seguir a alternativa **incorreta**.
    a) A linha, a cor e a luz são exemplos de elementos da linguagem visual que podem se entrecruzar em uma imagem.
    b) No processo artístico, a pesquisa não é tão importante quanto o domínio da técnica. Afinal, o fazer sempre supera a ideia.
    c) O hábito de criar esboços é interessante para a produção em artes visuais, pois por meio deles temos a possibilidade de estudar e prever parte dos resultados de nossos trabalhos.
    d) O lápis 6B é mais macio que o HB. Por isso, pode ser mais interessante para criar sombras no desenho em virtude de sua porosidade.

5. Assinale a seguir a alternativa **incorreta**.
    a) Em trabalhos bidimensionais, podemos preferir a paisagem panorâmica e explorar o espaço amplo, bem como optar pelos pequenos detalhes escondidos na paisagem. Afinal, são muitas as possibilidades de atuação a partir desse tema.
    b) Com a aquarela, conseguimos efeitos inclusive de transparência, graças à fluidez do material.
    c) Na prática do desenho de memória, o artista sempre busca representar os mínimos detalhes lembrados em sua observação.
    d) A luz artificial geralmente amplia a ideia de dramaticidade da cena, em detrimento da suavidade própria da luz natural, em especial pelo contraste que pode ser criado com as sombras.

Atividades de aprendizagem

Questões para reflexão

1. Qual é a diferença entre a paisagem como referência do trabalho de arte e a paisagem como suporte da ação do artista? Comente suas impressões e observações com seus colegas.

2. Por que podemos considerar que o gênero natureza-morta não desapareceu na arte contemporânea? Em que medida ele ainda pode contribuir para sua prática e seu aprendizado em artes visuais?

Atividade aplicada: prática

Observe as imagens a seguir.

Figura 1.28 – *Van Riper's Farm*, de John Elliott

ELLIOTT, John. **Van Riper's Farm**. 1987. Nanquim sobre papel: 26,67 × 19,05 cm. Bloco de desenhos do artista.

Figura 1.29 – *Saddle River Barns*, de John Elliott

ELLIOTT, John. **Saddle River Barns**. 1983. Pastel oleoso sobre papel: color.; 30,48 × 45,72 cm. Saddle River, New Jersey, Estados Unidos.

Agora, é sua vez de produzir! Nesta atividade, você deverá coletar imagens de referência por meio da observação e, em seguida, executar um trabalho autoral a partir delas. Para isso, propomos a paisagem como tema. Como já estudamos, as possibilidades de trabalho com essa temática são muitas. Logo, não pretendemos fechar a proposta em único método de trabalho. Apenas sugerimos que você desenvolva a atividade a partir dos seguintes passos iniciais:

a) Faça um esboço de observação de uma paisagem (de vista panorâmica ou dos detalhes), como na Figura 1.28. Assim, primeiramente, você deverá propor um desenho de observação de um lugar aberto (parque, praia, cidade, jardim etc.).

b) Depois, a partir desse esboço, desenvolva o seu trabalho (veja alguns meios de ação especialmente na seção "Ideia de trabalho 1"). Como mencionamos, existem várias formas de produção utilizando uma imagem como referência. Experimente aquela que preferir para criar seu processo poético e desenvolva seu método de trabalho. Para a finalização, recorra à pintura, ao desenho, à colagem etc. Ainda, você poderá criar conexões entre essas linguagens.

c) Com relação às técnicas, você poderá utilizar somente uma, ou criar um diálogo entre elas. Utilize aquarela, pintura em acrílica ou tinta a óleo. Além disso, é possível usar o lápis em grafite, lápis coloridos comuns ou aquareláveis. Entre outras opções, também sugerimos explorar as canetas nanquim (preto ou colorido), as canetas esferográficas ou os bastões de cera, bem como pastel seco ou a óleo, conforme você pode observar na Figura 1.29. Enfim, busque soluções formais para essa temática.

d) Em seguida, imprima uma fotografia do resultado final de seu trabalho e mostre para seus colegas, explicando-lhes qual foi o método adotado.

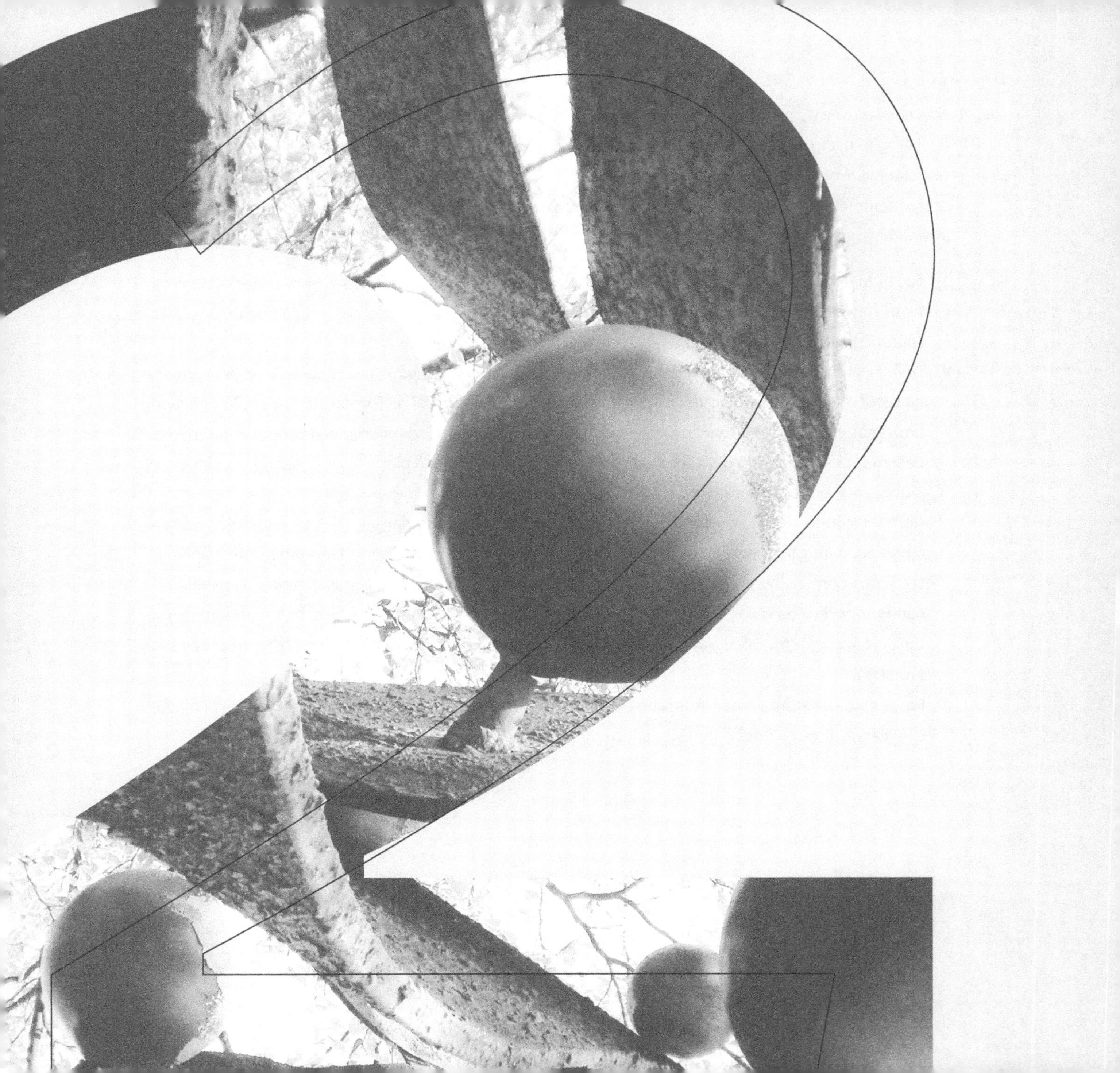
2

Nós: corpo e movimento

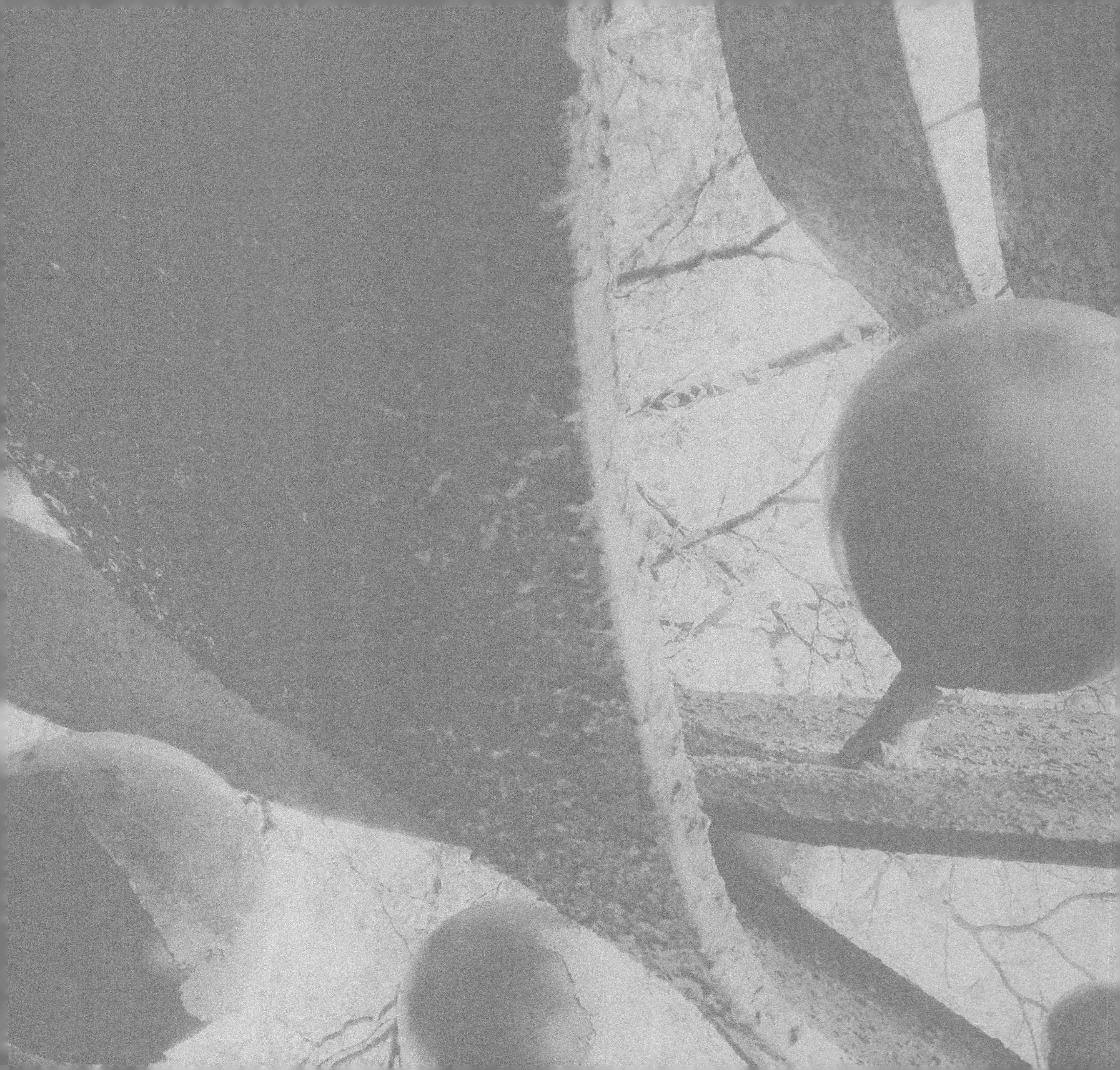

Neste capítulo, estudaremos algumas possibilidades poéticas de trabalhos bidimensionais a partir do **corpo humano**. Na arte contemporânea, muitas são as abordagens sobre esse tema. Podemos pensar no corpo como tema, suporte da obra e ferramenta do artista. Como destaca Katia Canton (2009a, p. 49):

> Diferentemente da tradição do novo, conceito-motor que engendrou uma sucessão de experiências estéticas, materializadas durante o século XX sob as vanguardas, a arte contemporânea se constitui de campos de forças que tomam corpo a partir de uma evocação ampla dos sentidos, de uma negociação constante entre vida e arte, arte e vida.

Diante das várias abordagens que se abrem à arte de nossos dias, pretendemos discutir algumas possibilidades poéticas a partir desse assunto, com o objetivo de contribuir com sua produção em trabalhos bidimensionais. Neste capítulo, estudaremos o autorretrato, a observação do corpo, o corpo em movimento e a ênfase nas marcas próprias do corpo – alguns dos modos de se considerar a existência do corpo no mundo.

2.1 O corpo na história da arte

Sabemos que, na história da arte, o corpo é um dos temas presentes desde as primeiras manifestações gráficas do homem, a exemplo das pinturas rupestres de figuras humanas em Altamira, na Espanha, datadas do período entre 15.000 e 12.000 anos a.C. (Gombrich, 1999).

Desde então, esse tema vem sendo representado de diversas formas, passando pelo acento realista nas obras da Grécia Antiga e da Renascença durante os séculos XV e XVI, e seguindo para os novos sentidos com as vanguardas modernas desde meados do século XIX.

Contudo, a partir da segunda metade do século XX, o corpo passou também a ser entendido como um objeto de arte, a exemplo dos trabalhos nas vertentes contemporâneas, como a *performance* e a *body art* ("arte do corpo"), nas quais o gesto é o campo fundamental da prática artística.

Assim, também passou a ser encarado como suporte para obras de arte, bem como objeto de pesquisa e meio de invenção artística. O corpo entrou em cena para discutir a morte, a religião, a violência, a cultura, o sexo, a dor etc. Acima de tudo, atualmente é considerado como um lugar da existência humana.

2.2 Conhecendo a si mesmo

No soneto "O autorretrato", o poeta brasileiro Mário Quintana (1976) discorre sobre a busca constante e inquietante de representar sua própria pessoa. Ele ainda esboça aspectos como o gesto no desenho e na pintura. Enquanto poeta, sua matéria é o verbo, ou seja, o texto, mesmo que o título do soneto faça referência a um dos mais tradicionais gêneros pictóricos da arte: o **autorretrato**.

Desse modo, longe de ser um privilégio dos poetas que lidam com os versos, a busca pelo ato de se autorretratar inquietou e ainda inquieta os artistas visuais nos dias de hoje.

Em termos de artes visuais, podemos considerar que a imagem é nossa matéria fundamental de trabalho. Entretanto, qual seria nosso objetivo em representar a própria imagem em um autorretrato?

O que nossas feições reproduzidas podem significar? Quais conceitos podem estar por trás de nossas proposições?

As respostas podem ser muitas, não é mesmo? Pois, enquanto autores, podemos querer expor a nossa personalidade por meio da imagem ou, mesmo, buscar expressar o nosso estado de espírito em certo momento. Também podemos pretender simplesmente exercitar as nossas habilidades de representação da figura humana por meio de nosso corpo, entre outras várias possibilidades.

Entretanto, de modo geral, consideramos que um autorretrato é um trabalho que tem por objetivo representar o próprio artista. Ou seja, em certo sentido, busca configurar uma identidade do autor proposta por ele mesmo. Nesse caso, liga-se a um processo de autorreflexão e de autorrepresentação e parte do modo pelo qual o artista deseja se deixar ver por seu observador.

Dessa forma, a partir de sua relação com o próprio corpo, você também poderá criar experiências poéticas que se traduzirão em trabalhos bidimensionais. Vamos iniciar pela ideia do autorretrato.

2.2.1 Autorretrato: desenhando o outro do espelho

Em artes visuais, o **retrato** é um dos gêneros pictóricos, como a natureza-morta e a paisagem. Há muitos séculos esse tipo de representação também vem seguindo a história da arte. Afinal, mostrou-se como gênero autônomo principalmente a partir dos séculos XV e XVI, no Renascimento.

Naquele momento, a ideia de **identidade artística** passava a se constituir pouco a pouco (Gombrich, 1999). Isso significa que a prática da assinatura das obras e o reconhecimento do artista como autor individual foram se estabelecendo gradativamente, diferentemente do que acontecia com a arte na época da Idade Média, quando não importava identificar o autor das imagens.

Em especial, o rosto era uma das partes do corpo mais representadas na Renascença. Como exemplo desse período, citamos as obras de **Albrecht Dürer** (1471-1528), que criou cerca de oito pinturas de si mesmo com um acento realista, como era próprio ao modelo renascentista de representação. Nessas pinturas, Dürer registrou sua idade, buscando reproduzir as mudanças de seu rosto de acordo com o passar dos anos (Abreu, 2011).

Figura 2.1 – *Autorretrato com colar de espinhos e beija-flor*, de Frida Kahlo

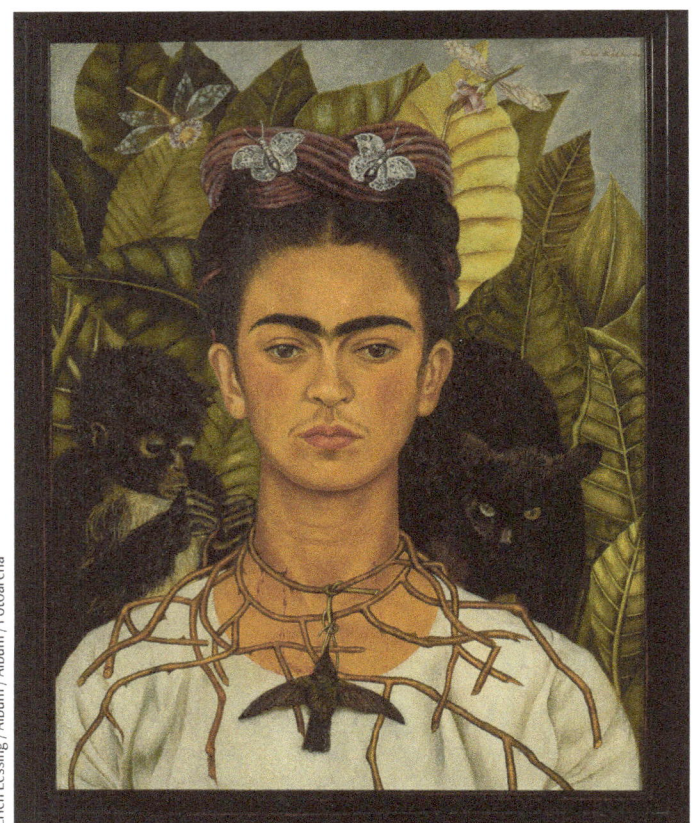

KAHLO, Frida. **Autorretrato com colar de espinhos e beija-flor**. 1940. 1 óleo sobre tela: color.; 47 × 61 cm. Humanities Research Center, University of Texas, Austin, Estados Unidos. Nicholas Murray Collection.

Além disso, do período barroco, durante o século XVII, há outros registros de autorretratos, como nas obras do pintor e gravador holandês Rembrandt van Rijn (1606-1669), que se dedicou a cerca de 100 trabalhos cujo tema era ele mesmo.

De modo geral, podemos considerar que o autorretrato não desapareceu na história da arte. Entretanto, esse gênero sofreu mudanças com as novas acepções da arte nas vanguardas modernas da Europa. Como exemplo, citamos um autorretrato de **Vincent van Gogh** (1853-1890), que propôs uma visão de marcada carga subjetiva no contexto de meados do século XIX, em detrimento da busca de uma representação fidedigna de sua própria face.

Mais tarde, uma das artistas que mais se dedicou a esse meio de expressão foi a pintora mexicana **Frida Kahlo** (1907-1954), por meio de seus mais de 50 autorretratos, realizados durante a primeira metade do século XX.

A Figura 2.1 mostra um autorretrato da artista. Kahlo também tinha a prática de registrar suas vivências em um diário, parte de seu processo poético.

Nas obras de Kahlo, é marcante a relação com o próprio corpo, na maioria das vezes, pintado em cores vibrantes. A artista começou a se retratar após sofrer um grave acidente quando tinha 18 anos, o que a fez passar por inúmeras cirurgias. Contudo, em seu diário, ela ponderou sobre essa lamentável condição, ao afirmar: "Apesar da minha longa enfermidade, tenho uma imensa alegria de viver" (Kahlo, 2012, p. 242).

Dessa forma, o processo de construção poética de Frida Kahlo partia também de um caminho de narrativa autobiográfica. Por isso, dizemos que o caráter subjetivo – ou seja, o aspecto individual – é tão marcante na obra dessa artista.

A propósito, na arte dos últimos anos, ainda notamos certa permanência do gênero autorretrato. Como exemplo, você deve conhecer o trabalho de **Vik Muniz** (1961-), que também representou a si (Figura 2.2).

Essa imagem lembra um retrato no formato 3 × 4, comum para os documentos de identificação, não é mesmo? Cada um de nós possui uma foto com esse tipo de enquadramento. Assim, quais conceitos, ou seja, que ideias podem estar por trás dessa escolha? Podemos dizer que esse enquadramento tão corriqueiro está ligado à ideia de indivíduo comum, de identidade?

Figura 2.2 – *Autorretrato,* de Vik Muniz

MUNIZ, Vik. **Autorretrato**. 2003. Série Imagens de Revista. Cópia cromogênica. 233,7 × 182,8 cm.

Figura 2.3 – *Double Take*, de Alexa Meade

MEADE, Alexa. **Double Take**. 2010.

Você deve ter notado que o rosto de Muniz foi reconstruído a partir de vários fragmentos, páginas de revistas de celebridades, feitos com furador de papel. Na sequência, a composição foi fotografada.

A partir das pequenas unidades de papel, o artista reconstituiu inclusive as luzes e as sombras da imagem original, bem como destacou a figura do fundo pela escolha das cores do material.

O que o uso de revistas cujo tema são as pessoas famosas pode querer sugerir nesse autorretrato? Precisamos pensar nisso também. Afinal, sabemos que os materiais escolhidos pelos artistas também carregam cargas simbólicas, ou seja, significados – portanto, não são neutros.

Além do brasileiro Vik Muniz, há a artista americana **Alexa Meade** (1986-), que também trabalha com o gênero do autorretrato na contemporaneidade, especialmente, atuando a partir da linguagem da pintura. Você pode ver um dos trabalhos dessa artista na Figura 2.3.

Você certamente notou que com um pincel ela pintou o fundo e o seu próprio corpo. Nesse caso, para você, o corpo da artista aqui serve como uma referência ou ele próprio é o suporte da obra? Além disso, quais conceitos podem estar por trás dessa ação, na qual o artista pinta a si mesma?

A percepção do corpo como suporte da arte tem origem nas discussões da *body art* ("arte do corpo"), tendência conceitual que apresentou suas primeiras manifestações na década de 1970, mas que tem permanecido no cenário artístico contemporâneo.

Para finalizar, Alexa Meade ainda fotografa seu movimento. Assim, você concorda que essa obra sinaliza para uma relação entre as linguagens da *performance*[1], da pintura e da fotografia?

Além dos diálogos entre as linguagens, como o desenho, a pintura, a fotografia, a gravura e a colagem, também podemos problematizar o corpo como referência, como suporte ou como suporte/referência em nossos trabalhos, não é verdade?

Desse modo, para explorar esse antigo gênero da arte, basta que o revisitemos abertamente. Isto é, temos a liberdade de experimentar várias abordagens para o mesmo tema, pensando em materiais e meios técnicos diversificados para a concretização de nossas ideias.

Outra forma de ação está no desenho. Nesse caso, pode ser fundamental praticar o estudo das formas dos nossos próprios rostos. Assim, propomos algumas ideias e dicas práticas que poderão ajudá-lo a pensar a partir de mais essa opção.

Ideia de trabalho
Desenho do próprio rosto

Uma das vantagens do autorretrato é a possibilidade de acesso ao modelo sempre que quisermos! Entretanto, o desenho de observação da própria face pode ser algo bastante desafiador. Por isso, é importante ter em mente que, de algum modo, o autorretrato é uma tentativa da captura de traços da personalidade de si mesmo.

Assim, você não precisa necessariamente se prender à representação fiel dos traços. Ou seja, não é imperativo que você faça um desenho puramente realista, quase fotográfico. Mas poderá buscar a essência da sua imagem, desenvolvendo alguns desvios na figura real como estratégia expressiva.

Para desenhar a si mesmo, você poderá seguir dois caminhos usuais: o primeiro é o desenho de sua imagem no espelho, e o segundo, com base em uma fotografia impressa como referência.

Nesse primeiro caso, a vantagem é ter a imagem sempre fixa, o que facilita o trabalho. Entretanto, isso não impede que você se observe no espelho em busca de expressões variáveis, o que pode ser até mais interessante.

---

[1] A *performance* é um tipo de ação em que o artista usa seu corpo como suporte do trabalho. Por isso, ele é, ao mesmo tempo, sujeito e objeto de sua obra (Barbosa, 2010). Esse tipo de trabalho se manifesta desde o final dos anos 1950.

Sabemos que o desenho de observação depende da prática do exercício constante. No livro *Desenhando com o lado direito do cérebro*, Betty Edwards (2002, p. 39) menciona um exercício de autorretrato que poderá ajudá-lo:

> Prenda duas ou três folhas de papel na sua prancheta ou use um bloco de desenho. (Três folhas servem para suavizar a superfície onde você desenhará – assim fica bem melhor do que trabalhar sobre uma superfície dura da prancheta.) Sente-se diante de um espelho [...]. Olhe para sua imagem no espelho e tente se retratar.

Agora, a partir do desenho de observação, sugerimos algumas possibilidades de trabalho:

- Elaborar outros desenhos dentro e ao redor do esboço do rosto (paisagens, letras, objetos, outras figuras humanas etc.).
- Desenvolver o autorretrato em papel colorido e finalizar com materiais de sua escolha, como carvão e giz de quadro-negro, por exemplo.
- Copiar várias expressões de seu rosto e sobrepô-las no mesmo desenho.
- Trabalhar os desenhos com texturas e estampas.
- Escrever palavras ou símbolos no interior ou no fundo da imagem.
- Recortar as partes do rosto e remontá-lo de formas diversas sobre uma superfície plana (bidimensional) ou volumosa (tridimensional), mantendo um diálogo entre o desenho e objeto (pode ser uma caixa, um vidro, um espelho etc.).
- Criar, em um papel grande, uma estampa pela repetição desse mesmo rosto e finalizar com lápis de cor, cera, nanquim, aquarela etc.
- Produzir um mapa com várias áreas de cores a partir do desenho da face.
- Vazar, ou seja, recortar partes do rosto e colá-las em outro suporte de cor.
- Valorizar algumas partes do rosto, por exemplo, olhos ou boca.
- Propor dois desenhos do rosto: um em cores e outro em preto e branco em paralelo. Os desenhos podem se entremear, assim os rostos parecerão transparentes.
- Utilizar, como suporte, papel *craft*, canson, tecidos, telas etc.

Ideia de trabalho
Autorretrato a partir de fotografias

Além do desenho de observação no espelho, as fotografias também podem ser um caminho de ação para trabalhos bidimensionais cujo tema seja o autorretrato. Por exemplo:

- A foto pode servir como referência para o desenho, a pintura ou a gravura.
- Além disso, a fotografia em fotocópia ampliada também pode ser uma referência para outras imagens, entre outras possibilidades.
- A foto impressa do rosto também pode ser trabalhada com a interferência de um desenho ou uma pintura, por exemplo.
- A partir das fotografias, é possível inventar outras formas de trabalhá-las. Por exemplo, você pode permanecer com a imagem figurativa; assim, deve trabalhar considerando o reconhecimento do rosto no trabalho.
- Você pode também preferir a deformação da imagem a ponto de alcançar a desconstrução das formas ou mesmo a abstração da figura de seu rosto.

2.2.2 Olhando para si: as partes do todo

Além da face, alguns artistas se dedicam à representação do corpo inteiro em um autorretrato. Algumas partes do corpo, como os pés ou as mãos, podem ser explorados, a exemplo da obra do brasileiro **Michel Groisman** (1972-).

Figura 2.4 – *Porta das mãos*, de Michel Groisman

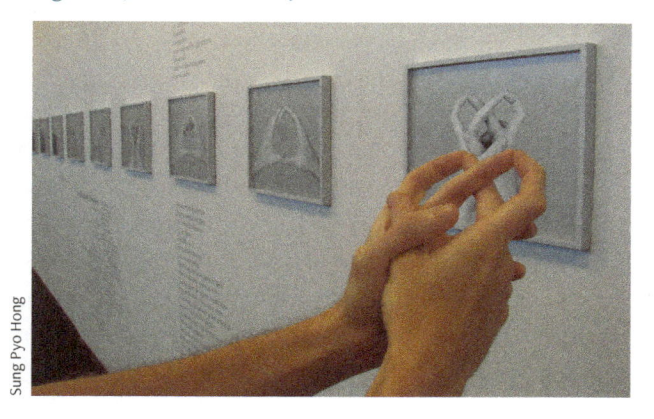

GROISMAN, Michel. **Porta das mãos**. 2007. 120 fotografias p&b e texto explicativo. Rio de Janeiro.

Em seu projeto intitulado "Porta das mãos", o artista elaborou uma coleção de mais de 120 fotografias, que revelam vários movimentos e posições de suas mãos, como pode ser visto na Figura 2.4.

Nessa exposição, o artista acabou por convidar o público a experimentar um jogo de passar as próprias mãos de uma posição para outra, sem destocar os dedos, considerando assim a participação do espectador na obra.

Dessa forma, o movimento faz parte da poética do artista. Por isso, identificamos uma relação entre as linguagens da fotografia e da *performance* ou do *happenning*[2]. Essa é mais uma possibilidade de trabalho a ser explorada em suas pesquisas.

Ideia de trabalho
Imagens do corpo inteiro

Se sua intenção for trabalhar com o corpo inteiro, será mais simples utilizar uma fotografia como referência, em comparação com o desenho a partir do espelho. Você poderá pedir auxílio de alguém para o registro prévio de sua imagem. Como opção, sugerimos que a fotografia seja feita nas posições de perfil, de costas ou deitado. Tenha atenção ao *zoom* utilizado para a captura – pode ser mais distante ou mais próximo de você. A partir da imagem, experimente fazer:

- Desenho do corpo inteiro com intervenções de outros desenhos.
- Jogo de montagem: fotografia e desenho.
- Cruzamento das imagens, por exemplo, criando uma figura a partir das partes do seu corpo.
- Impressão das fotos para, a partir de uma fotocópia, retrabalhar a imagem utilizando desenho ou pintura, entre outras possibilidades que cabe a você explorar.

Cada autor deve construir soluções próprias para seus trabalhos. Por isso, pesquise sempre!

Ideia de trabalho
Partes do todo

A partir de imagens feitas das partes do corpo, como os pés e as mãos, é possível desenvolver novas imagens:

---

2 No caso da *performance*, destaca-se uma forma de ação a partir do próprio corpo do artista em movimento. No *happenning*, também há a participação do público enquanto protagonista do momento vivido.

- Criar textos e inseri-los nos desenhos das mãos ou dos pés.
- Unir ambos os desenhos de variadas maneiras.
- Tirar uma cópia do desenho, redesenhar, fotocopiar novamente, redesenhar outra vez, e repetir esse processo por quantas vezes quiser.
- Experimentar suportes diferentes para os desenhos de anatomia do corpo, como folhas de livros antigos, tecido, papel queimado e papel pintado com aquarela.
- Criar desenhos de partes do corpo em tecidos, roupas etc.
- Desenvolver carimbos com esses desenhos.

Reforçamos que essas são apenas ideias para que você pense em seus processos poéticos em trabalhos bidimensionais. Lembramos que cabe a você refletir sobre quais poderá utilizar para trabalhar esse tema.

2.2.3 Memórias de si: um olhar para o passado

O autorretrato também pode se relacionar poeticamente com a ideia de tempo. Pensando nisso, as artistas brasileiras **Consuelo Schlichta** (1956-) e **Marília Diaz** (1955-) trabalham com versões envelhecidas de si mesmas, como pode ser conferido na Figura 2.5.

Frente à noção de tempo que transpassa e modifica o corpo, as artistas embranqueceram os cabelos e se deixaram fotografar nuas, de costas.

Como resultado, temos dois retratos femininos emoldurados de modo tradicional, mas as faces não são visíveis, pois podemos ver apenas os cabelos brancos. Perceba, ainda, que as imagens estão pouco definidas, o que realça a ideia de algo efêmero, passageiro.

Outro caminho poético que pode ser trilhado a partir do autorretrato está nas memórias, no passado. Para isso, fotografias antigas podem ajudá-lo a compor seu processo criativo. Assim, vasculhe as imagens guardadas, os álbuns de família e pense em conceitos (ideias) e soluções práticas (técnicas) para abordá-los.

Figura 2.5 – *Passé composé*, de Consuelo Schlichta e Marília Diaz

SCHLICHTA, Consuelo; DIAZ, Marília. **Passé composé**. 2010. Fotografia, moldura antiga, vidro convexo: 53,4 × 38,5 cm.

Tânia Bloomfield e Luis Carlos dos Santos

2.3 Olhando para o outro

O corpo como tema na arte não é também uma matéria recente. A prática do desenho e da pintura a partir de um modelo vivo é um dos meios mais tradicionais de representação do corpo humano na arte, muito disseminado nas academias europeias desde o século XVII, em especial na França.

Naquele momento, os jovens pintores só atingiriam essa prática depois de exercitarem as primeiras etapas de estudos. Primeiramente, desenvolviam cópias de desenhos e de pinturas; em seguida, trabalhavam com desenhos de moldes de gesso e algumas esculturas. Depois disso, finalmente podiam praticar o desenho, normalmente a partir de um modelo vivo nu.

Além disso, estudavam geometria, perspectiva e anatomia (Pevsner, 2005). Os esboços e os estudos anatômicos eram fundamentais para a prática artística, uma vez que a representação fiel do corpo era essencial. A exemplo disso, no contexto brasileiro do século XIX, a Academia Imperial de Belas Artes também investia nessa prática dos jovens pintores (Batista, 2011).

Como destaca Santos Neto (2011), desde então, vários artistas lançaram mão desse método para criar outros modos de ver o corpo: **Henri Matisse** (1869-1954), **Lucian Freud** (1922-2011), **Flávio de Carvalho** (1889-1973), **João Câmara** (1944-), **Iberê Camargo** (1914-1994), **Tunga** (1952-2016), entre outros.

Essa longa tradição no exercício de observação do corpo também pode trazer luz a seus processos poéticos, como discutiremos a seguir.

2.3.1 O corpo observado

Considerando a prática da observação do corpo, Santos Neto (2011, p. 493) destaca alguns aspectos próprios a esse exercício: "numa sessão você vai vivenciar a ansiedade, o risco, a vitalidade de se trabalhar 'ao vivo' e, no ato, vai acionar um leque de possibilidades e de escolhas muito maior do que trabalhando a partir de fotografias".

Desse modo, é importante sabermos que a observação de um corpo consiste em uma ação diferente em comparação com quando tomamos uma imagem estática como referência. Pois, de modo prático, para o estudo de um modelo vivo, é preciso contar com a disposição de alguém que aceite posar em uma sessão de observação, o que nem sempre é uma tarefa fácil.

Por isso, podemos aproveitar para fazer alguns esboços a lápis a partir de um modelo vivo espontâneo (aquele que se deixa desenhar), ou mesmo de pessoas nas ruas, desde que, obviamente, isso não lhes cause nenhum desconforto.

Por ser mais prático e rápido de ser feito, de modo geral, o esboço acaba não sendo tão cansativo para a pessoa que está se deixando desenhar. Em seguida, a partir desses esboços, é possível propor variadas formas de finalizar o projeto.

Existem alguns métodos para o exercício do desenho de figura humana. Por exemplo, um dos parâmetros utilizados na representação do corpo é a medida de oito cabeças de um modelo adulto – uma medida básica de altura.

Isso significa que o desenhista toma a medida da cabeça do modelo vivo e define as proporções dos segmentos do corpo dividindo-o em oito partes, como pode ser observado na Figura 2.6.

Figura 2.6 – Proporções clássicas na representação do corpo humano

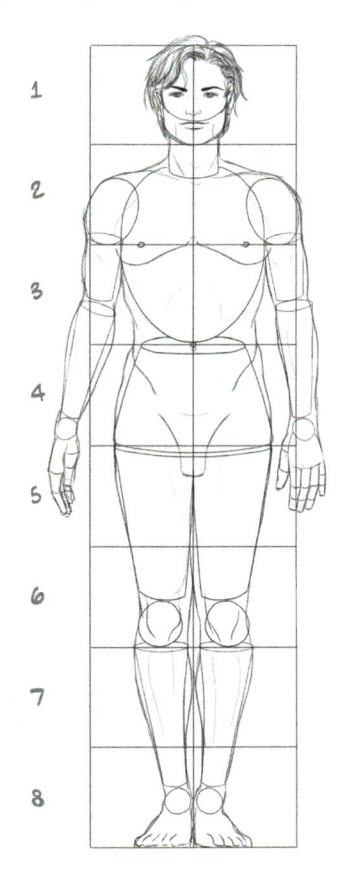

stval/Shutterstock

Ainda utilizada por alguns desenhistas, essa estratégia clássica está pautada em cânones sobre anatomia referentes à Grécia Antiga e utilizados também no Renascimento.

Além do estudo nas proporções, é possível destacar o **escorço** como mais uma das estratégias para se chegar a uma representação convincente do corpo na arte. Esse recurso, marcante no século XV, refere-se a uma espécie de deformação do corpo do personagem, a exemplo da pintura renascentista de **Andrea Mantegna** (1431-1506), como podemos ver na Figura 2.7.

Figura 2.7 – *A lamentação sobre o Cristo morto*, de Andrea Mantegna

MANTEGNA, Andrea. **A lamentação sobre o Cristo morto**. 1480. 1 têmpera sobre tela: color.; 68 × 81 cm. Pinacoteca de Brera, Milão, Itália.

O corpo do Cristo está encoberto. Na imagem, chamam atenção ainda os pés e as mãos machucados. Os pés estão mais próximos do espectador; por consequência, foram representados um pouco maiores. Tal opção aumenta a noção de tridimensionalidade do corpo nessa posição.

Observe também que o artista parece "diminuir" o tronco do Cristo, com a intenção de atingir a noção de corpo real. Possivelmente, Mantegna teria observado o corpo de um modelo nessa posição e teria percebido que não poderíamos ver todo o tronco do personagem. Essa deformação, ou encurtamento, chama-se *escorço*, termo derivado do italiano *scorciare* (encurtar).

Desde então, esse recurso foi utilizado por vários artistas na história da arte, como na pintura barroca do século XVI. Além disso, na arte contemporânea, o escorço ainda é empregado em alguns casos, como na obra do paulista **Marcos Beccari**, que você pode verificar na Figura 2.8.

Você deve ter observado o destaque que o artista deu aos pés da personagem. Eles parecem, inclusive, mais bem definidos se comparados ao restante do corpo. A ampliação dos pés é parte da estratégia de convencimento de uma visão em perspectiva, ou seja, uma tentativa de se criar a ilusão de que estamos diante da personagem. Além disso, o artista se utiliza do escorço ao diminuir a extensão das pernas da figura.

Enfim, esses são alguns aspectos em que você pode apostar para sugerir em seus projetos uma percepção natural do corpo.

Figura 2.8 – *Insônia*, de Marcos Beccari

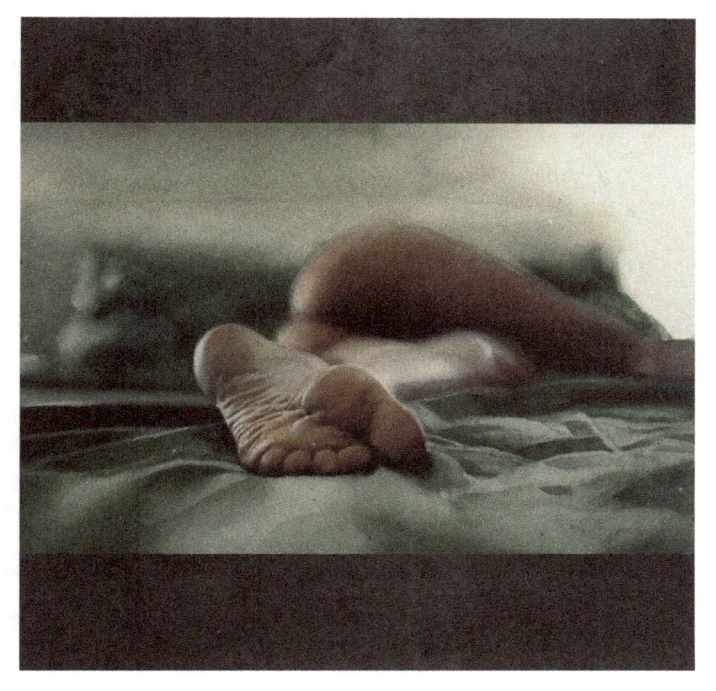

BECCARI, Marcos. **Insônia**. 2015. Aquarela sobre papel: color.; 19 × 27 cm. Curitiba-PR.

Ideia de trabalho
Projeto a partir de desenho de modelo vivo

Primeiro, defina o que você pretende com a sessão de observação. Para tanto, considere os seguintes itens:
- Você irá apenas fazer um esboço ou croqui (desenho rápido) ou pretende finalizar o trabalho a partir da observação?
- Será um trabalho a partir do estudo do corpo inteiro, de meio corpo ou apenas um retrato do rosto?
- Qual será a posição do modelo? Sentado, de costas, deitado etc.?

- Você construirá um fundo real ou imaginário para o modelo? Isto é, no trabalho, a sala utilizada irá aparecer? Ou você pretende criar outra imagem para ser usada como fundo ou, ainda, utilizar um fundo não reconhecível, como um plano?
- Quais serão os materiais utilizados (lápis, carvão, nanquim etc.)? E o suporte (papel, tela etc.)?
- E a iluminação, será natural ou artificial?

Por se tratar de um exercício de observação, é importante se concentrar muito no projeto.

Tanto o modelo quanto o desenhista precisam manter a concentração, como enfatiza Santos Neto (2011, p. 496):

> o momento da pose, não é momento para ficar tentando resolver outros problemas, listar o que vai fazer depois, etc. Mas descansar a mente, sentir o próprio corpo e o espaço, o ar que respira, sentir-se alimentado de oxigênio e de tempo, deixar-se à disposição, olhar um determinado ponto, observar os próprios pensamentos como se olhasse de fora, aproveitar aquele tempo para viver algo que normalmente não se faz: a quietude consciente. Do outro lado, o desenhista fará a mesma coisa em movimento, olhando, ouvindo, percebendo as formas e construindo formas. Se a sessão se estabelece nessas bases, mesmo se o desenho não "saia bom", a sessão será um valor em si.

Aproveite essa possibilidade em suas pesquisas.

2.3.2 A anatomia como tema

Dos artistas que mais se dedicaram ao estudo da **anatomia**, destacamos o italiano **Leonardo Da Vinci** (1452-1519), que dissecou mais de 30 cadáveres para suas análises. Um de seus esboços pode ser visto na Figura 2.9, que apresenta um estudo de perna e laringe.

Para Da Vinci, a exploração da natureza se tornaria um meio de conhecer o mundo visível (Gombrich, 1999). Seus estudos são reconhecidos por reproduzir com fidelidade as minúcias das partes internas do corpo.

No tempo presente, alguns artistas também visitam esse tema, a exemplo do norte-americano **Michael Reedy** (1980-). Um de seus trabalhos pode ser visto na Figura 2.10.

Como você deve ter notado, o artista explora as estruturas internas do corpo e cria uma espécie de figura semitransparente – e, nesse sentido, visualmente penetrável para o espectador.

No caso de Da Vinci, os detalhes internos serviriam ao propósito de criar imagens convincentes do corpo, visto de fora. Entretanto, para Reedy, as partes interiores do organismo são expostas em uma visão contemporânea da arte.

Figura 2.9 – *Estudos anatômicos (laringe e perna)*, de Leonardo Da Vinci

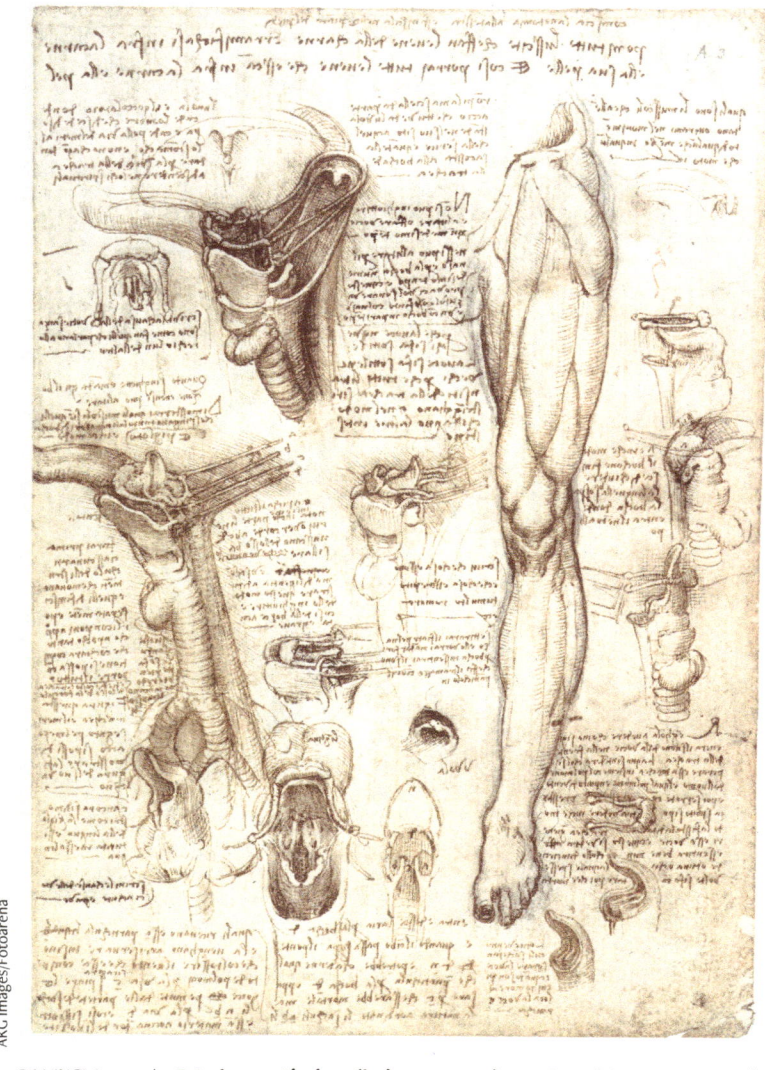

DA VINCI, Leonardo. **Estudos anatômicos (laringe e perna)**. 1510. Pena, tinta marrom e aguada sobre giz preto em papel: 26 × 19,6 cm. Biblioteca Real, Castelo de Windsor, Inglaterra.

Figura 2.10 – *Every Last One*, de Michael Reedy

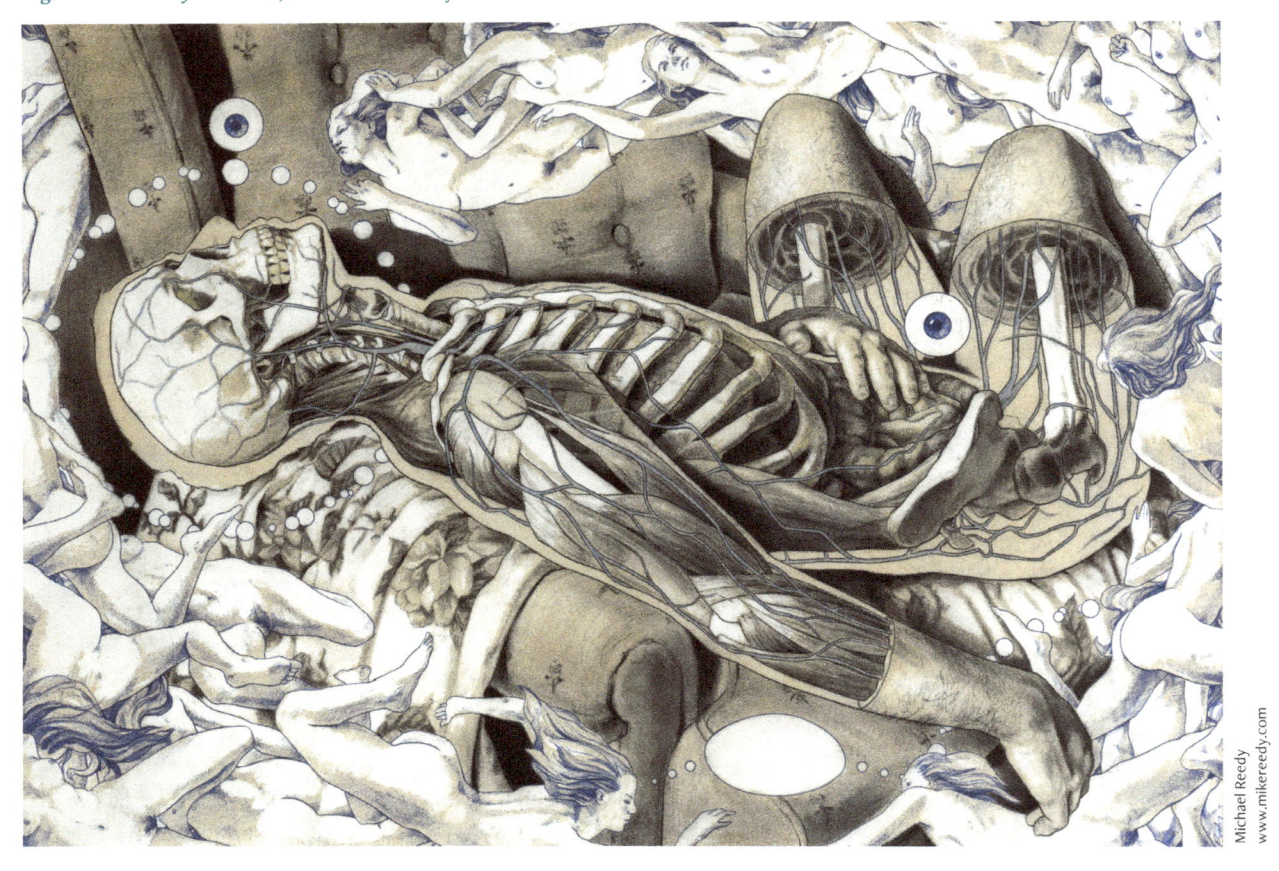

REEDY, Michael. **Every Last One**. 2016. Técnica mista sobre papel: 109 × 78,74 cm.

    Além disso, você deve ter percebido os pequenos corpos femininos nus dispersos em posições variadas, os quais criam um fundo emoldurando o personagem principal.

    A exemplo desse artista, se você pretende trabalhar com a anatomia humana, precisa considerar o estudo de materiais bibliográficos específicos, como os livros e os artigos científicos que tratam do tema, encontrados na internet. Em particular, invista na leitura de materiais com ilustrações, pois elas servirão como referências para seus projetos bidimensionais a partir da anatomia humana.

2.3.3 Modos de representar o corpo

Existem várias formas de representar o corpo, isto é, de construir imagens dele. Por exemplo, podemos citar as representações caracterizadas pelo realismo, ou seja, pela fidelidade de representação do corpo humano, como preferiam os renascentistas nos séculos XV e XVI.

Entretanto, podemos ainda considerar um modo de representação que vai além da visão natural das coisas no mundo. Estamos nos referindo ao **hiper-realismo**[3], como no caso do australiano **Ron Mueck** (1958-), que cria grandes esculturas em gesso, acrílico e fibra de vidro, pintadas com laca.

Em seu processo, Mueck revela já ter trabalhado partindo de modelos vivos. No entanto, em uma entrevista concedida a Sarah Tanguy, em 2003, ele contou que preferia trabalhar com as fotografias e tendo os livros como referência (Mueck, 2003).

O artista também destacou que conta com a imaginação para construir suas esculturas. Mueck afirmou que em alguns momentos prefere inserir e valorizar alguns aspectos do real, como as manchas, as rugas, os pelos do corpo representado (Mueck, 2003).

Assim, Mueck busca superar a realidade da referência fotográfica, criando sua outra versão do corpo, ao exacerbar os detalhes criados. Para você, o que essa "lente de aumento" direcionada aos aspectos considerados pouco estéticos pode significar no trabalho de Mueck? Podemos entender que ele estaria fugindo de uma representação idealizada[4] do corpo?

---

[3] A vertente conceitual *hiper-realismo*, como ficou conhecida na Europa, ou *novo-realismo*, no contexto de seu nascimento nos Estados Unidos na década de 1960, apoia-se em um discurso de uma arte representativa, que utiliza frequentemente a fotografia como referência (Fabris, 2013).

[4] Podemos considerar que em vários momentos a arte ocidental propôs uma representação idealizada do corpo, especialmente na Grécia Antiga, sendo revisitada no Renascimento e na arte clássica. Contudo, desde o início do século XX, como destaca Matesco (2009, p. 7-8), "a arte moderna subverte a tradição do nu, através da fragmentação e da deformação do corpo, na segunda metade do século essa crise da outrora equilibrada visão antropocêntrica é ainda mais acentuada uma vez que a matéria, a animalidade e a crueza passam a ser exploradas". Assim, a arte moderna rompe com um ideal de representação do corpo, o que segue nas abordagens pós-modernas a partir da metade do século XX.

Além desse modo de pensar o corpo, também podemos considerá-lo por meio da distância da imagem fotográfica ou real. É o caso do trabalho do norte-americano **Alex Kanevsky** (1963-), conforme podemos ver na Figura 2.11.

O artista elabora uma **pintura figurativa**[5], realizada a partir da técnica da pintura a óleo sobre madeira.

Apesar de ser possível intensificar o tema, essa obra de Kanevsky apenas sugere as formas da figura feminina, não é mesmo? Os contornos da personagem são pouco precisos, estão borrados.

Essa característica também costumava aparecer nas pinturas dos impressionistas na virada do século XIX para o XX.

Figura 2.11 – *K.B. with Kimono*, de Alex Kanevsky

KANEVSKY, Alex. **K.B. with Kimono**. 2001. Óleo sobre cartão: 61 × 61 cm.

Nesse caso, podemos perceber a referência das pinceladas marcadas, que aludem a uma breve captura do momento, como era próprio dos trabalhos de **Claude Monet** (1840-1926), por exemplo. A obra intitulada *Impressão, nascer do sol*, de 1872, indica isso.

---

5   Chamamos de *trabalho figurativo* aqueles casos em que reconhecemos uma figura, diferentemente de uma obra abstrata, a qual se revela por meio de formas indefinidas.

Figura 2.12 – ***Impressão**, nascer do sol*, de Claude Monet

MONET, Claude. **Impressão, nascer do sol**. 1872. 1 óleo sobre tela: color.; 48 × 63 cm. Museu Marmottan, Paris, França.

Observe o movimento empreendido pelas pinceladas. A imagem apenas sugere um breve momento da paisagem. Aliás, essa obra deu origem ao termo *impressionismo*, mencionado pejorativamente pelo crítico de arte Louis Leroy, na França do século XIX, ao ver essa pintura exposta.

No trabalho de Kanevsky, a imprecisão dos contornos é responsável pela ideia de movimento que a figura sugere. Assim, percebemos que o **corpo em movimento**, que atua, também pode ser considerado em nossos trabalhos bidimensionais, conforme será visto a seguir, quando abordamos a perspectiva dos gestos.

2.4 As marcas do gesto

Como visto anteriormente, a exemplo do trabalho de Kanevsky, o corpo pode ser registrado em movimento. Isso quer dizer que os gestos também podem ser interpretados como um caminho poético de construção visual, conforme veremos a seguir, ao discutirmos o corpo como matriz, suporte e veículo de ação artística.

2.4.1 O corpo como matriz

A ação de um corpo que cria imagens já aparecia nos trabalhos em *performance* nas décadas de 1960 e 1970[6]. Como exemplo disso, citamos a obra do francês **Yves Klein** (1928-1963) intitulada *Anthropometries of the Blue Epoch*.

Nesse trabalho, o artista se apropriou das marcas que os corpos nus das modelos, embebidos em tinta azul, poderiam produzir sobre uma tela esticada no chão. Nessa *performance* pública, ocorrida na Galeria Internacional de Arte Contemporânea, em Paris, em 1960, as modelos se moviam espontaneamente sobre o suporte, criando imagens por meio de seus corpos.

---

6   A *performance* nasceu da noção de quebra das fronteiras entre o artista e o público já no início do século XX. Consideramos o trabalho do dadaísta Marcel Duchamp como uma manifestação precursora desse tipo de ação, quando o artista se deixou fotografar na pele da personagem Rrose Sélavy, na década de 1920. Nesse contexto, seu trabalho já apontava para o conceito do corpo como suporte e matéria de ação artística, influenciando as tendências contemporâneas, como a *body art* e a *performance*.

O artista conseguiu imprimir uma espécie de silhueta das modelos. Tais formas materializam a ação ocorrida. Por isso, podemos sugerir que os corpos funcionaram analogicamente como uma espécie de matriz em uma gravura.

Em artes visuais, chamamos de **matriz** uma superfície cuja função é a de imprimir determinadas formas em um suporte, como ocorre no caso da xilogravura. Tal princípio também foi explorado por meio do corpo no trabalho de Klein.

De certo modo, essa foi também a escolha do artista **Richard Long** (1945-), como mostra a Figura 2.13.

Nessa imagem, quais partes do corpo foram reproduzidas? A obra de Richard Long apresenta uma espiral quadrada formada pela impressão das mãos e dos pés do artista, que foram ensopadas em lama para marcar as formas sobre o painel. Desse modo, o gesto passa a ser a matriz da obra, como uma espécie de carimbo. O artista usou como suporte um painel, mas em outros trabalhos também utiliza o chão.

Nesse caso, o artista atuou por meio de uma relação com um material natural. No entanto, em suas pesquisas, reflita: Quais materiais você poderia explorar além de tinta (sintético) e lama (natural) nesse tipo de trabalho?

Figura 2.13 – *Whitechapel Spiral*, de Richard Long

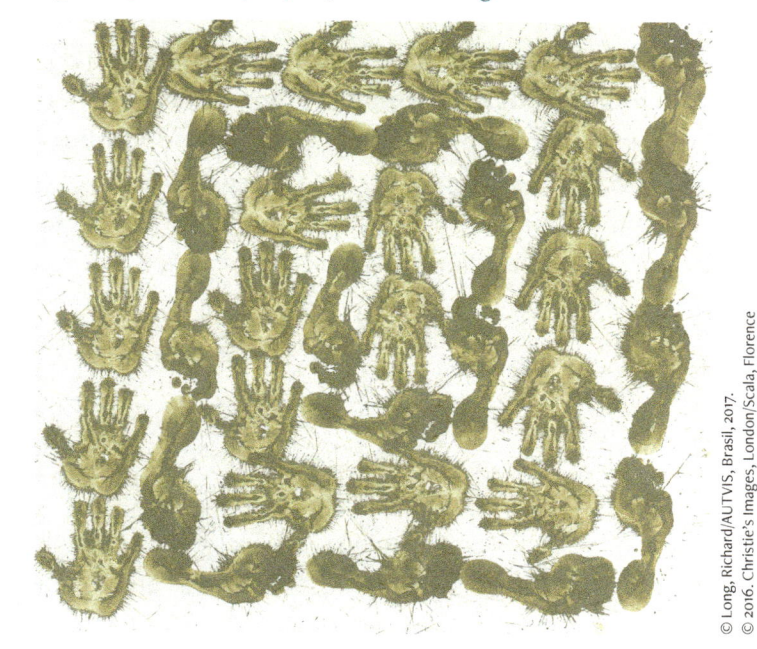

LONG, Richard. **Whitechapel Spiral**. 1987. 1 lama sobre painel: 117 × 120 cm.

2.4.2 O corpo como veículo da ação

A partir do início da década de 1950, a arte começou a experimentar a ação do corpo em um sentido de **desconstrução das formas**. A propósito, você deve conhecer uma obra, produzida nesse período, intitulada *Um: número 31*, do americano **Jackson Pollock** (1912-1956).

A tela, que tem as consideráveis dimensões de 269,5 cm × 530,8 cm, carrega uma expressiva sensação de movimento, não é mesmo? Em sua opinião, como Pollock teria desenvolvido a obra?

A esse respeito, o artista explica parte de seu processo criador:

> Dificilmente estendo minha tela antes de pintar. Prefiro abri-la na parede ou no chão. Prefiro a resistência de uma superfície dura. Sobre o chão me sinto mais à vontade. Sinto-me mais próximo, mais parte da pintura, já que dessa maneira posso caminhar à volta dela, trabalhar dos quatro lados e estar literalmente na pintura. (Pollock, citado por Chipp, 1999, p. 556)

Como você deve ter imaginado, Pollock atuava caminhando sobre o suporte. Nesse caso, ele atirava as tintas sobre a tela sem os chassis (madeiras que enquadram a tela). O resultado é esse emaranhado de linhas soltas, que acabam por registrar os rápidos movimentos do artista e a fluidez do material. Essa prática, conhecida como **action painting** ("pintura de ação") ou "pintura de gotejamento", denota a ideia de liberdade do gesto, da ação por meio do corpo do artista.

O **expressionismo abstrato** de Pollock se caracteriza por esse caminho de liberdade de ação. Na obra exposta na Figura 2.14, o artista rompe com a representação do corpo em detrimento da própria ação do corpo. A essa prática de Pollock, Harold Rosenberg (1974) preferiu chamar de "acontecimento", o que definiria melhor a ideia de ação, ao invés de percebê-la exclusivamente como uma pintura.

Diante disso, a obra passa a ser **o próprio ato do artista**. O trabalho de Pollock abriu espaço para outras manifestações a partir do corpo e do gesto, como o *happening* ou *performance* e a *body art*, já estudadas nesta obra, nas quais o corpo passa a se concretizar também enquanto obra.

> Pollock faz com que o processo de criação ganhe destaque e desperte um grande interesse. O fato de várias de suas telas serem executadas diante de uma plateia transforma o ato de pintar num evento e leva a arte visual a percorrer o caminho das artes cênicas. Dessa experiência nasce a *body art*, na qual o artista se coloca como obra viva, usando o corpo como instrumento, destacando sua ligação com o público e a relação tempo-espaço. (Pires, 2005, p. 69)

Portanto, também podemos considerar o gesto em nossos processos poéticos. Para tanto, é importante pensarmos sobre os sentidos de nossas escolhas. Afinal, os gestos podem carregar significados e, por isso, é preciso problematizá-los.

Em seu caso, que gestos podem ser apropriados? Como o conceito de movimento a partir do corpo pode gerar outras soluções estéticas, por exemplo, em trabalhos bidimensionais? Reflita a esse respeito.

Figura 2.14 – *Um: número 31*, de Jackson Pollock

POLLOCK, Jackson. **Um**: número 31. 1950. 1 óleo e esmalte sobre lona: color.; 269,5 × 530,8 cm. Sidney and Harriet Janis Collection Fund.

2.4.3 O corpo em trânsito

Conforme já discutimos, a expressão do movimento do corpo é marcante no expressionismo abstrato. Nesse caso, o artista se dispõe a agir sobre o suporte conforme sua própria circulação no espaço que delimita a obra. Contudo, também podemos pensar na ação do corpo do outro. Por exemplo, podemos refletir sobre o **corpo cotidiano**, que atua nas ruas, transita, vivencia o espaço urbano cotidiano. O corpo que corre, trabalha, circula e se apropria da cidade, consome, compra, ocupa espaços etc. Enfim, os conceitos relacionados à abordagem do corpo no espaço urbano podem ser muitos.

Pensando nisso, como referência, podemos considerar a ideia do homem das ruas e criarmos croquis urbanos como base de trabalho. Um **croqui** pode ser definido genericamente como um desenho rápido, espontâneo, e está vinculado às linguagens do desenho e da pintura. Essa é uma prática comum também para os arquitetos e urbanistas nos projetos que executam.

Em termos de artes visuais, esse tipo de trabalho liga-se geralmente à prática da observação. Observe, na Figura 2.15, um exemplo de croqui. Trata-se de um trabalho realizado a partir de nanquim. Aqui, o desenhista direcionou o foco para uma personagem da cidade, representado com um pouco mais de cuidado nos detalhes.

Os croquis são essas imagens rápidas e despretensiosas, o que é bastante próprio para a captura de imagens do corpo na rua.

De modo geral, eles são realizados no local de observação em um *sketchbook* ou uma prancheta com folhas de papel. Esse tipo de trabalho pode ser realizado ainda de modo individual ou coletivo.

Figura 2.15 - Exemplo de croqui urbano

isaxar/Shutterstock

Por exemplo, em Curitiba atua um grupo de desenhistas chamado "Croquis Urbanos", que se apropria de espaços da cidade para experimentar a prática do desenho urbano de observação. O grupo também desenvolve projetos colaborativos, nos quais seus integrantes desenham juntos uma mesma cena. Além desse grupo, também existe uma comunidade virtual de desenhistas denominada *"Urban sketchers"* (algo como "croquiseiros" urbanos), que trabalha com esse tipo de processo e troca experiências mundo afora.

Da mesma forma, você também pode desenvolver trabalhos em croquis, destacando as pessoas das ruas, o corpo na cidade, além de pensar as relações entre o corpo e a arquitetura etc.

Para isso, sugerimos algumas dicas e ideias práticas que poderão ajudá-lo nessa captura.

Ideia de trabalho
Registrando os movimentos do corpo

Para criarmos imagens a partir de registros do corpo em movimento, podemos partir da observação direta das pessoas em ação.

Você pode desenvolver um trabalho de observação no caminho para o seu trabalho, no ônibus ou no trem, sentado em algum estabelecimento ou em um parque, por exemplo. Mas saiba que nem todo mundo gosta de ser desenhado, por isso seja sensível ao ambiente e às pessoas. Alguns ilustradores preferem desenhá-las de perfil e distantes, como você pode ver nos esboços disponíveis na Figura 2.16.

Figura 2.16 – Esboço de observação de figura humana

Camila Rosa

Nesse caso, os modelos estão quase imóveis. Contudo, se o interesse for representar os movimentos do corpo, os traços poderão ser ainda mais rápidos, e você precisará ser flexível na captura dos detalhes. As linhas imprecisas também denotam a ideia de corpo em movimento, em ação, como ocorre nos esboços reproduzidos na Figura 2.17.

Figura 2.17 – Exemplo de esboço de corpos em movimento

Irina_QQQ e GN/Shutterstock

É possível exercitar essa captura rápida e, em outro momento, trabalhar os detalhes da imagem com outros materiais, finalizando o croqui.

2.5 O homem revisitado

O corpo como meio e espaço de ação poética nos permite perceber que existem muitas formas de se acessar o tema na arte contemporânea: o corpo e o espaço, o corpo e o tempo, o corpo e o movimento etc.

Por isso, vamos analisar a ideia da *performance*, em que o corpo do artista é a matéria de ação, além da arte relacional, cujo foco está na inclusão do corpo do espectador na obra por meio de sua participação direta.

2.5.1 Eu: personagem da ação artística

A *performance* é uma linguagem na qual o corpo é o veículo da ação que constrói a obra como uma espécie de cena. Como Cohen (2002, p. 28) destaca, "a performance é antes de tudo uma expressão cênica: um quadro sendo exibido para uma plateia não caracteriza uma performance; alguém pintando esse quadro, ao vivo, já poderia caracterizá-la".

Assim, você também pode pensar o corpo como um espaço de vivência, bem como meio de experiência estética para o outro que vê sua ação. Além de buscar conhecer mais sobre o tema, pesquisando referências de outros artistas que trabalham com essa linguagem, reflita: como você poderia desenvolver um trabalho em *performance*? Quais movimentos você exerceria em seu trabalho? Que conceitos estariam por trás de sua ação? Você usaria algum material? Quais? Onde seu projeto aconteceria?

Essas são algumas perguntas iniciais que podem contribuir com seu projeto.

2.5.2 Eu e o outro

Também podemos trabalhar com a ideia da arte que se relaciona com o corpo do espectador. Esse tipo de projeto encontra referências nos trabalhos dos brasileiros **Hélio Oiticica** (1937-1980) e **Lygia Clark** (1920-1988), especialmente nos anos de 1960.

Esses artistas sustentavam sua poética nas competências sensoriais da arte, ou seja, nas possibilidades que o espectador teria de **experienciar sensações** por meio das obras. Como ressalta a pesquisadora Carolina Rochefort (2010, p. 22) sobre esse contexto:

> Esse momento da arte, nos anos [19]60, é marcado por um forte apelo pelo sentido sensorial, uma crise da existência humana que se faz sentir no final do século XIX, no XX, e, que ainda parece persistir, no século XXI. Esse corpo carente de sentido, de sentir, será convidado a participar, a experienciar a prática artística: a experiência do artista, daquele que cria, pensada até aqui como um fazer especializado, e que implica processos de subjetivação, será compartilhada, ou mesmo realizada por esse outro, antes exterior aos processamentos subjetivos do fazer artístico. (Rochefort, 2010, p. 22)

Conforme a autora discute, esse tipo de trabalho se ancora particularmente em conceitos como o do corpo que participa, em um sentido de quebra das barreiras entre a arte e a vida, entre o objeto de arte e o espectador.

Segundo a artista Lygia Clark, em um trabalho como esse, a relação entre obra e espectador – antigamente virtual – torna-se efetiva (Figueiredo, 1996).

Como exemplo, você deve conhecer um dos famosos "bichos" da artista. Na concepção de Clark, essas estruturas tinham o objetivo ser manipuladas, baseando-se na ideia de interação do público, que criaria novas configurações para elas.

Além dessa obra, destacam-se os trabalhos intitulados *O eu e o tu: série roupa-corpo-roupa*, de 1967, também da artista. São macacões feitos em borracha, espuma, tecido e acrilon. Nessa proposta, um homem e uma mulher se tateiam por meio de aberturas com zíperes nas roupas, como uma experiência de reconhecimento do corpo do outro sem o sentido da visão, pois seus olhos são encobertos pelos capuzes.

Assim, criam-se diálogos para além da percepção visual em um trabalho, mas agregam-se outros sentidos, a exemplo do tato. Enfim, a autora propôs uma vivência com o próprio corpo do espectador, que não se situa exclusivamente pela visão. Esse é também o caso dos **parangolés**, de Hélio Oiticica, iniciados em 1965[7].

Os parangolés apresentam relações com o samba, bem como relacionam o interesse do artista pela dança e pelo ritmo. Nesse caso, propõe-se a participação do corpo do espectador (*happening*) na interação com o objeto de arte: as capas ou bandeiras coloridas para serem vestidas.

Oiticica (1986, p. 70) ressalta que, no caso do parangolé, "A obra requer aí a participação corporal direta; além de revestir o corpo, pede que este se movimente, em última análise, que dance. O próprio 'ato de vestir' a obra já implica numa transmutação expressivo-corporal do espectador, característica primordial da dança, sua primeira condição".

---

[7] Na ocasião da abertura da exposição "Opinião 65", realizada no Museu de Arte Moderna do Rio de Janeiro, Oiticica foi barrado ao tentar entrar com um cortejo na companhia de passistas da Escola de Samba Estação Primeira de Mangueira, como um meio de apresentar as origens de seu trabalho (Baraldi, 2013).

Desse modo, as obras participativas promovem formas diferentes de fruir, ou seja, de experienciar a obra, para além da exclusiva observação do espectador. Enfim, a noção do outro que participa e vivencia é mais um modo de pensar o corpo em seus processos poéticos.

Síntese

Com vistas à pesquisa em produção bidimensional, neste capítulo visitamos vários modos de acesso ao corpo na arte. Analisamos que, em termos de arte contemporânea, o corpo pode ser visto como tema, suporte ou matriz dos trabalhos.

Assim, discutimos conceitos como: o corpo e o artista, o corpo como espaço de memória, o corpo como veículo de ação e o corpo que se relaciona com a arte. Entretanto, existem várias outras possibilidades poéticas de abordagem desse elemento na arte.

Indicação cultural

MICHAEL REEDY. Disponível em: <http://www.michaelreedy.gallery/>. Acesso em: 23 set. 2016.

É possível conhecer mais sobre o trabalho de Michael Reedy no endereço citado.

Atividades de autoavaliação

1. Sobre o gênero autorretrato, assinale (V) para os itens verdadeiros e (F) para os falsos:
    - ( ) Na Idade Média, a identidade artista era fundamental para o público. Nesse momento, os autores já reivindicavam o reconhecimento individual de suas obras em templos e igrejas.
    - ( ) No Renascimento, a partir dos séculos XV e XVI, o autorretrato ganhou maior autonomia como gênero pictórico. Alguns autores frequentemente reproduziam imagens de si mesmos. Essa prática se tornou

um dos temas mais reincidentes na arte, e inclusive permanece até nossos dias sob outras perspectivas e técnicas.

( ) O autorretrato pode ser compreendido como um processo de autorreflexão, ou narrativa autobiográfica, como é constante nos trabalhos da artista mexicana Frida Kahlo (1907-1954). Isso significa que o artista volta-se para questões subjetivas em suas obras.

( ) Percebemos ainda nos dias atuais que esse gênero se mantém presente mediante inúmeras possibilidades e olhares sobre a representação da figura do próprio artista.

A seguir, indique a alternativa que apresenta a sequência correta:

a) V, F, V, F.
b) F, V, V, V.
c) F, V, F, V.
d) V, V, V, F.

2. Leia a citação a seguir:

> a utilização do corpo, tanto pela arte como pela publicidade, vem assinalando um importante crescimento de uma expressiva diversificação. Para alguns artistas, a partir desse momento não basta uma arte que retrate o corpo, ou que seja produzida sobre o corpo; ela tem que ser produzida com o corpo. (Pires, 2005, p. 87)

Esse trecho se refere a:

a) retrato.
b) autorretrato.
c) *body art*.
d) intervenção urbana.

3. O artista italiano Piero Manzoni (1933-1963), durante uma exposição em 1961, transformou o público em obra de arte. Na ação conhecida como *Esculturas vivas*, o artista assinou os corpos nus das modelos, conferindo-lhes *status* artístico.

   Diante dessa ação, é correto afirmar que:

   a) o corpo humano pode ser considerado suporte e obra.
   b) o corpo não pode ser considerado objeto de arte; afinal, é anterior à ação do artista.
   c) o corpo feminino tornou-se tema para a arte apenas a partir do século XX.
   d) o fato de o artista assinar o corpo estabelece uma relação entre o criador e o movimento expressionista abstrato.

4. Jackson Pollock foi um artista muito conhecido por sua pintura de ação. A respeito de sua prática, podemos afirmar que:

   I) Na obra desse artista, o gesto é registrado por meio da ação com o material, o que também pode ser explorado em nossos trabalhos.
   II) A relação do artista com o próprio corpo se evidencia na medida em que o criador atuava caminhando sobre o suporte.
   III) A prática de Pollock também é conhecida como pintura de gotejamento.
   IV) O expressionismo abstrato caracteriza-se pelo gesto contido, discreto, que produz imagens cujo estatismo predomina.

   A seguir, indique a alternativa correta:

   a) I, II e IV.
   b) II, III e IV.
   c) I, III e IV.
   d) I, II e III.

5. A respeito de trabalhos relacionais, como *Bicho caranguejo duplo*, de Lygia Clark, é correto afirmar:
   I) Na arte, podemos considerar a relação do artista com o corpo do outro, rompendo com uma ideia de observação passiva do espectador.
   II) O espectador aprecia a arte exclusivamente pelo sentido da visão.
   III) Os trabalhos não sugerem uma experiência sensorial, mas se apoiam no princípio da reflexão do espectador, enquanto um sujeito passivo e fisicamente distante da obra.
   IV) É possível pensar o corpo na arte para além da restrita ação do artista, ao considerarmos a interação do espectador que participa e completa os sentidos da obra.

   A seguir, indique a alternativa correta:

   a) I e IV.
   b) I, II e II.
   c) II, III e IV.
   d) III e IV.

Atividades de aprendizagem

Questões para reflexão

1. Jackson Pollock atuava a partir do gesto em sua pintura de ação. Como a ideia de movimento fica registrada no trabalho desse artista?

2. Sobre a obra de Yves Klein, reflita: esse é um trabalho exclusivamente performático, ou podemos dizer que nele há um diálogo com as linguagens da pintura e da gravura? Por quê? Justifique sua resposta.

Atividade aplicada: prática

Nesta atividade, você desenvolverá um trabalho tendo o corpo como referência. Para isso, trabalhará com a ideia do autorretrato na qualidade de experiência poética. Para realizar a atividade, siga algumas orientações:

a) A princípio, pense nos conceitos que sustentarão suas ações. Isso influenciará os modos pelos quais você pode se representar. Por isso, reflita: Que lado de sua personalidade gostaria de expor ou discutir neste trabalho? Observe a Figura A para ter uma ideia.

b) Pense na parte técnica. Para ajudar, você pode revisitar as duas primeiras ideias de trabalho deste capítulo, nas quais sugerimos algumas dicas.

c) A partir de sua imagem no espelho, ou de uma fotografia, você pode iniciar criando um esboço a lápis ou utilizando caneta nanquim como referência, para, em seguida, trabalhar a imagem de modo particular, como fez Gustavo Vial na imagem indicada.

Figura A – *[des]construção 2*, de Gustavo Vial

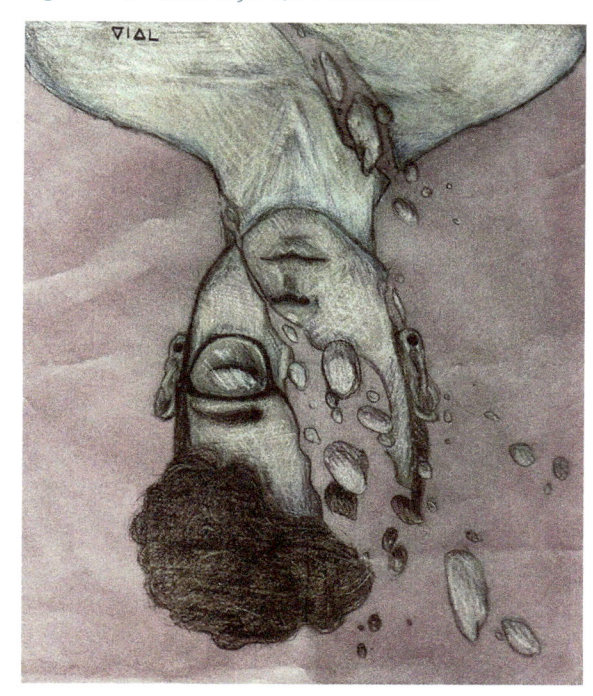

VIAL, Gustavo. **[des]construção 2**. 2014. 1 carvão e pastel sobre papel vegetal.

d) Experimente materiais diversos, como o pastel a óleo ou seco, a tinta guache, a aquarela, ou trabalhe com colagens, gravuras, vazados, relevos etc. Você poderá variar o tipo de papel: sulfite, *kraft*, cartolina, seda, reciclado, *couché*, canson etc., desde que este tenha o tamanho mínimo de uma folha A3. Você pode trabalhar também sobre tecidos, madeira, ou tela com tamanho próximo ao papel A3 (42,0 × 29,7 cm).

Enfim, sabemos que é possível explorar de diversos modos a permanência desse tema na arte atual. Aproveite essa oportunidade para descobrir, inventar e vivenciar um ou vários olhares sobre si mesmo!

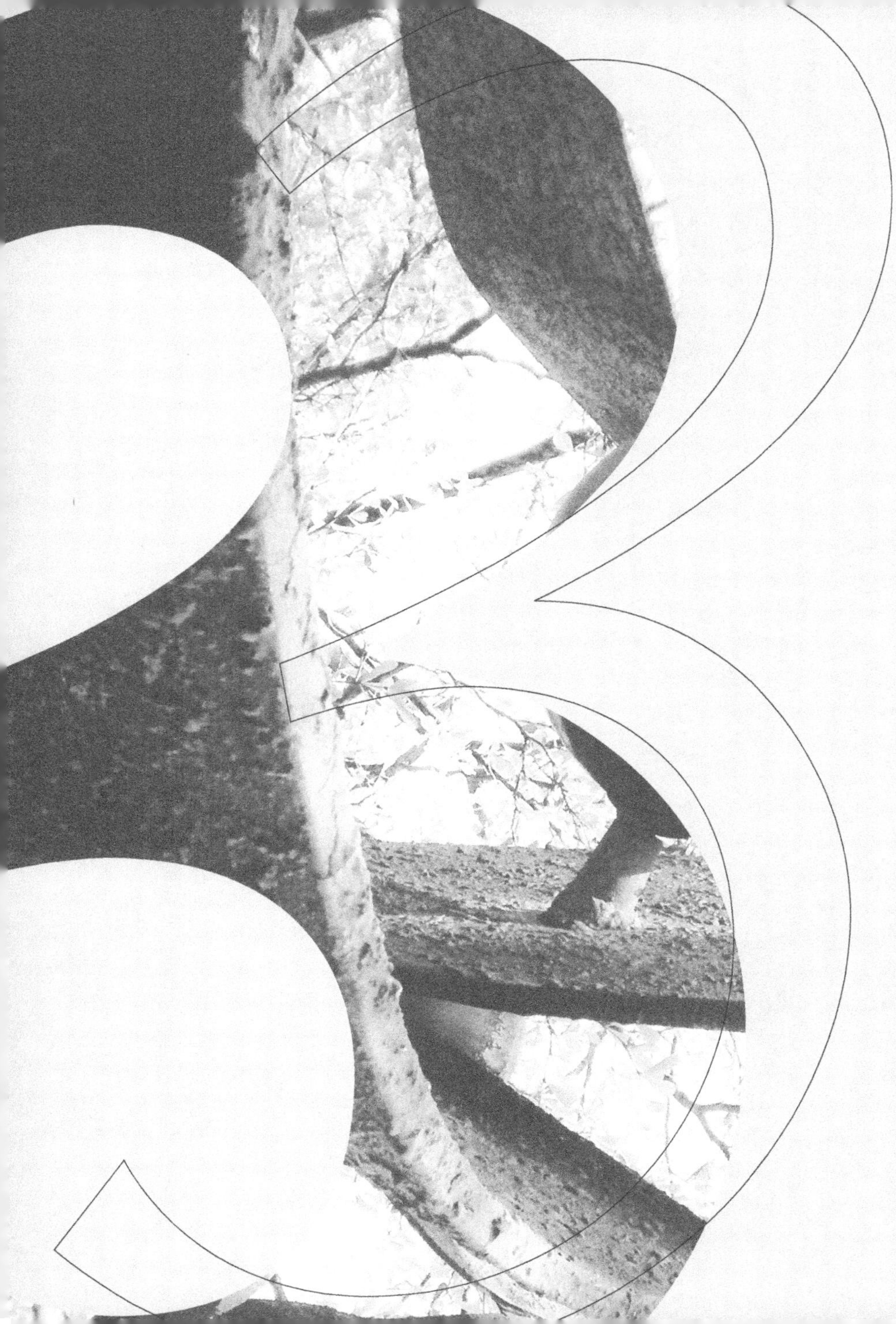

Nós e os objetos

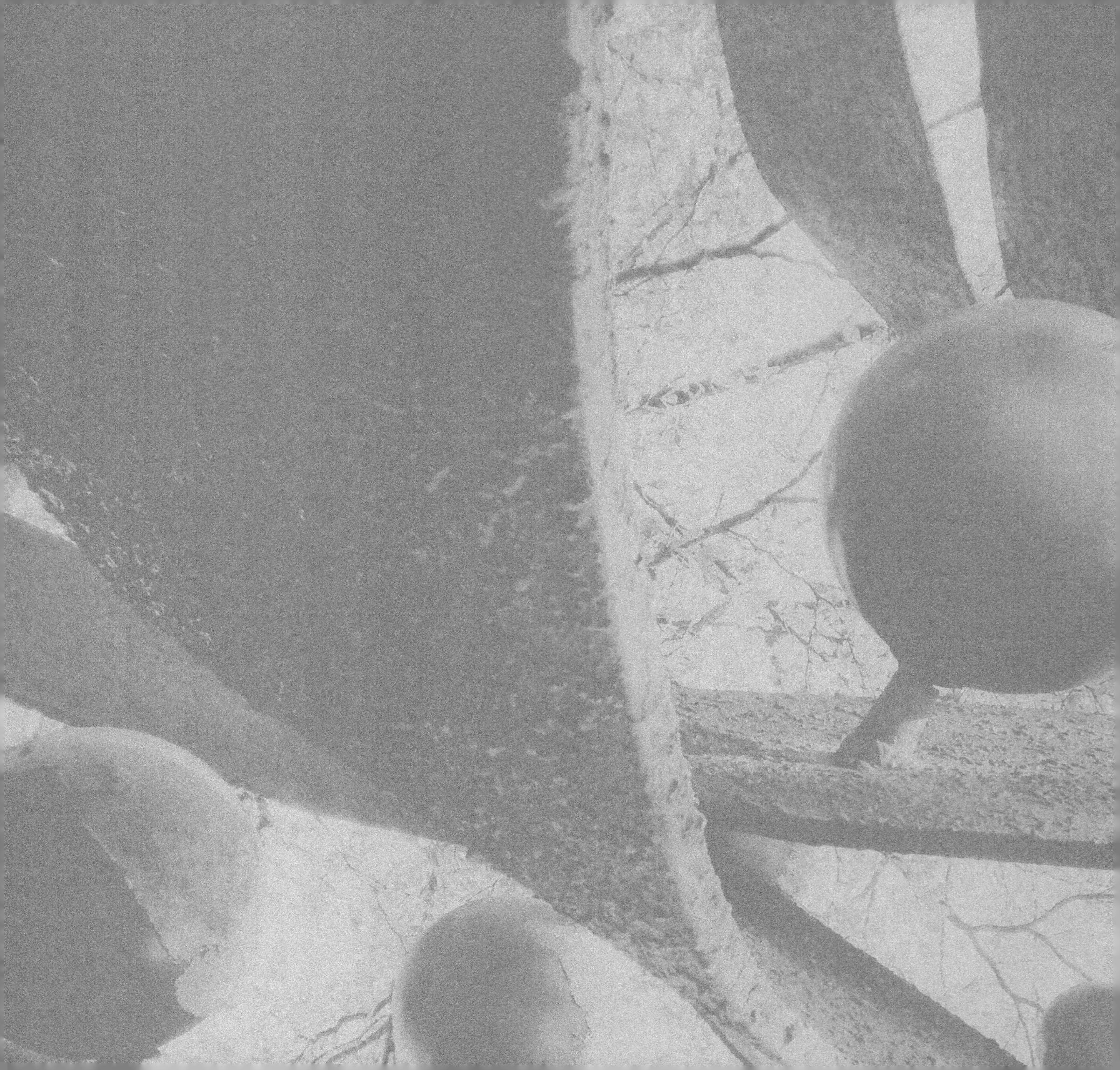

Neste capítulo, abordaremos possibilidades de pesquisas poéticas a partir da nossa relação com os **objetos**. Afinal, eles também fazem parte de nossa existência no mundo, desde o nascimento até a morte.

Enquanto artefatos que se ligam à nossa experiência no mundo, estudaremos maneiras pelas quais poderemos explorar poeticamente os objetos nos nossos processos em trabalhos bidimensionais.

Ao refletirmos sobre o tradicional gênero natureza-morta, já constatamos que, em vários momentos da história da arte, os artistas trabalharam lançando luz à presença das coisas inanimadas.

No contexto contemporâneo, consideramos as infinitas abordagens poéticas que os artistas propõem a partir dessa temática.

Pensaremos os objetos mediante suas aparências externas, como as áreas superficiais que os circundam, bem como as texturas e as formas. Além disso, exploraremos os objetos com relação à carga simbólica que podem sugerir, a exemplo do afeto, das memórias etc.

Iniciaremos pelas superfícies das coisas do mundo.

3.1 As superfícies

Segundo o Dicionário Michaelis (2016), podemos entender por **superfície**: "A parte externa e visível dos corpos; face". O mesmo dicionário aponta como uma definição para o termo uma condição de "falta de profundidade em uma análise, em um estudo, em um conhecimento". Em outras palavras, quer dizer conhecer algo apenas com base na aparência, isto é, superficialmente.

Existe mais de um significado para essa palavra. O primeiro caso que trouxemos trata de uma denotação para o termo, ou seja, do sentido objetivo, literal do vocábulo. Já o segundo refere-se a uma apresentação conotativa da palavra, na medida em que o sentido é metafórico, simbólico. Assim como as palavras podem ter sentidos diferentes, os objetos também podem. Afinal, eles carregam significados, não é mesmo?

Figura 3.1 – *A fonte*, de Marcel Duchamp

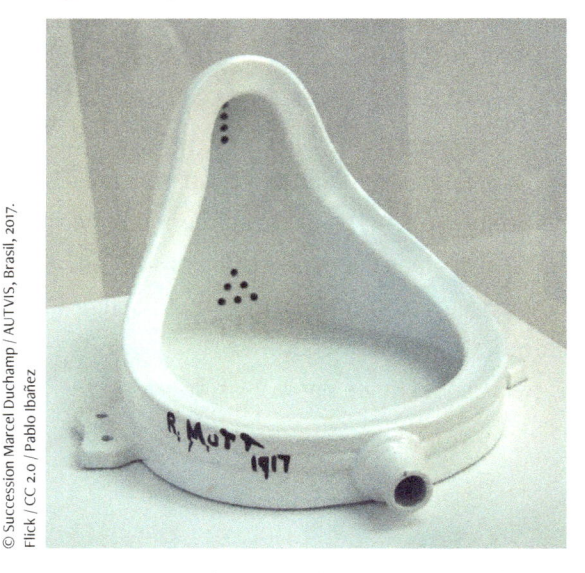

DUCHAMP, Marcel. **A fonte**. 1950 (réplica do original de 1917). 1 urinol de porcelana: 30,5 × 38,1 × 45,7 cm. Coleção Vera e Arturo Scharz, Museu de Israel, Jerusalém.

Por isso, é sempre importante considerar o contexto em que estão inseridos.

Como exemplo para ilustrar esse fato, citamos a famosa obra *A fonte*, do francês **Marcel Duchamp** (1887-1968), reproduzida na Figura 3.1.

Se compararmos a fonte de Duchamp com um urinol de louça instalado em um banheiro masculino, o que os tornarão diferentes?

Enfim, qual é a diferença entre um objeto no contexto prático-utilitário e um objeto deslocado para o campo da arte?

A princípio, podemos destacar que uma dessas diferenças reside na função de cada um. A função do *ready-made* de Duchamp seria a mesma de um urinol corriqueiro?

Na ocasião da exposição de *A fonte*, o objeto assinado pelo pseudônimo R. Mutt foi recusado no

Salão dos Independentes de Nova York, como já se poderia prever que acontecesse, em virtude da vigorante expectativa do que era até então considerado arte.

Com essa ação, Duchamp contribuiu para uma noção moderna que divorciaria o artista da necessidade de fazer propriamente o objeto de arte. Além disso, para Archer (2001, p. 3),

> Com os *ready-mades*, Duchamp pedia que o observador pensasse sobre o que definia a singularidade da obra de arte em meio à multiplicidade de todos os outros objetos. Seria alguma coisa a ser achada na própria obra de arte ou nas atividades do artista em torno do objeto? Tais perguntas reverberavam por toda arte dos anos [19]60 e além deles.

A obra de Duchamp é lembrada como fruto do espírito contestador do discurso dadaísta naquele contexto, o qual influenciaria a **arte conceitual** anos mais tarde, bem como a produção mais recente da arte contemporânea. Tanto é que no presente ainda são recorrentes os trabalhos que propõem ações de **apropriação** e **deslocamento** de objetos comuns para o universo artístico.

A apropriação significa a tomada de um objeto do contexto comum para o campo da arte. Esse procedimento se tornou recorrente especialmente a partir dos anos de 1950 e 1960, com a ***pop art*** e o **minimalismo**. Entretanto, nas obras contemporâneas, também percebemos a utilização de objetos do cotidiano.

De maneira semelhante, podemos problematizar, ou seja, questionar: que tipo de ideias ou conceitos podem estar por trás da apropriação dos objetos comuns em nossos trabalhos?

Além dos objetos propriamente ditos, como podemos nos apropriar das superfícies das coisas, dos padrões visuais e das marcas que elas apresentam?

Muitas são as possibilidades de abordagem a partir desses elementos. Por isso, exploraremos algumas delas a partir de trabalhos de artistas selecionados em nosso texto.

Comecemos pelas texturas e tramas dos objetos como elementos presentes em alguns processos poéticos.

3.1.1 Texturas e tramas

As **texturas** correspondem à sensação de toque das coisas. Mas o termo também pode se referir a um elemento visual, na medida em que corresponde a um padrão que aparece mais ou menos regular. A textura tem uma relação com a repetição de certas formas ou imagens.

Lançando foco sobre esse elemento, a artista paulista **Leda Catunda** (1961-) cria texturas em seu trabalho, conforme suas pesquisas desde os anos 1980.

Recentemente, em torno da poética da "maciez", como ela se refere, a artista tem trabalhado a partir de volumes construídos por materiais como os tecidos de *voile* (material telado como um véu) e as superfícies de plástico.

Em alguns casos, a artista trabalha a partir da repetição de formas orgânicas em *voile* ou plástico, sobrepondo elementos e criando objetos como corpos flexíveis. Por vezes, ela também pinta essas formas, incluindo em seu trabalho outros materiais, como a tinta acrílica, o que agrega aspectos da pintura ao objeto construído, como na obra *Gotas com estampas*, de 2015.

Para saber mais

Confira, no *link* a seguir, a obra citada:

CATUNDA, Leda. **Gotas com estampas**. 2015. 1 acrílica sobre tela, *voile* e plástico: 125 × 80 cm. Disponível em: <http://www.ledacatunda.com.br/portu/comercio.asp?flg_Lingua=1&cod_Artista=93&cod_Serie=35>. Acesso em: 9 jan. 2017.

Em sua opinião, esse tipo de trabalho corresponde a uma pintura ou a uma escultura? É uma obra de difícil definição em termos de linguagens plásticas, não é mesmo? Afinal, nessas composições, Catunda se utiliza de materiais e formatos que podem ser considerados inusitados para uma visão conservadora da pintura, restrita à combinação da tinta sobre a tela.

A exemplo do abandono dessa visão conservadora, a autora emprega o plástico e gera volumes por meio deles, como você deve ter conferido por meio do endereço eletrônico indicado. Você concorda que, nesse tipo de obra, é possível reconhecer diálogos com a linguagem da pintura?

A percepção das relações entre as linguagens artísticas seria proposta pela aplicação da tinta sobre o suporte, ou talvez pelo uso expressivo da cor ou ainda pelos movimentos resultantes da fluidez do material. A artista também sugere a expressão *pinturas moles* para definir esse tipo de trabalho. Nesse caso, há uma sobreposição de materiais, que criam volume e invadem o espaço, com sua "maciez", aludindo à ideia de algo confortável. Desse modo, como destaca Amaral (1988, p. 339), a artista trabalha:

> a partir dos materiais selecionados – tecidos estampados, toalhas, tecidos de plástico liso ou pregueado, capachos de piaçava ou colchões, rendas, cobertores ou cabeleiras – a artista tem operado, com recortes, costuras e sobreposição de elementos, uma transfiguração de sua fisicalidade, ao pintar sobre esses materiais figuras ou cenas aparentemente bucólicas ou ingênuas.

Catunda atua a partir da **assemblage**, um método no qual há articulação entre objetos agregados em uma composição. Assim, ela cria texturas com essas partes e rompe as fronteiras entre o bidimensional e o tridimensional em seus trabalhos. A propósito, em um vídeo indicado na seção "Indicações culturais" deste capítulo, a autora fala de seu processo poético.

Também em diálogo com a pintura, a artista **Lídia Lisboa** (1971-) propõe relações com o espaço tridimensional, como pode ser visto na Figura 3.2.

Lisboa tece algumas estruturas unindo tecidos e cordões em crochês

Figura 3.2 – *Tetas que deram de mamar ao mundo*, de Lídia Lisboa

LISBOA, Lídia. **Tetas que deram de mamar ao mundo**. 2014. Crochês de tecidos e cordões. Galeria Rabieh.

coloridos. Por meio dessa ação, a artista constrói esses objetos quase "líquidos". Assim, ela trabalha a partir da ideia de tramas de cores em um universo de valorização do gesto, do fazer repetido que cria texturas. É mais um exemplo de como os artistas podem explorar as superfícies em seus trabalhos, articulando alguns conceitos.

3.1.2 Padronagens e marcas

As **padronagens** podem ser consideradas repetições planas ou volumosas. São como estampas e podem aparecer em vários objetos, especialmente nos tecidos.

A partir dessa presença, também podemos explorar padrões de repetição em trabalhos bidimensionais, a exemplo da artista polonesa **NeSpoon**, conforme mostra a Figura 3.3.

Figura 3.3 – *The Shrine*, de NeSpoon

NESPOON. **The Shrine**. 2013. Graffiti estêncil. Varsóvia.

Como você pode conferir, a artista cria essas marcas no suporte, nesse caso na parede. Em suas intervenções, NeSpoon se apropria de padrões relativos a rendas e a crochês e realiza obras utilizando a técnica do estêncil nos espaços urbanos.

Além dessa técnica, a polonesa cria **instalações** ao intervir com as próprias peças de renda tecidas e aplicadas em mobiliários da cidade. A artista ainda cria gravuras sobre argamassa e cimento em partes da arquitetura urbana, seguindo esses mesmos padrões visuais.

A poética de NeSpoon se destaca pela ornamentação do entorno. Mas, em sua opinião, que outros significados podemos extrair desse tipo de obra?

A trabalho de NeSpoon reitera que são várias as possibilidades de apropriação dos objetos pela arte contemporânea.

Ideia de trabalho

Explorando texturas e padronagens

A princípio, como já mencionamos, podemos explorar o potencial das texturas por meio da técnica da *frottage*, método baseado na fricção de materiais pigmentados sobre uma superfície rugosa. No entanto, também podemos pensar na repetição de materiais e padronagens, conforme vimos em alguns trabalhos.

Contudo, para elaborar seus projetos, é importante considerar a noção do conceito por trás de suas escolhas. Por isso, é interessante criar relações entre a forma e o conteúdo e desenvolver estratégias formais para efetivar suas ideias.

Como exemplo, levantamos algumas possibilidades materiais que podem contribuir com a sua pesquisa em texturas e padronagens, como as calçadas, os tecidos, as folhagens, as paredes etc.

Também é possível criar padrões gráficos por meio de repetição de desenhos de objetos sobre um suporte.

Além disso, você pode dialogar com a colagem de imagens apropriadas de fontes variadas ou experimentar a criação de gravuras a partir das formas e texturas de alguns objetos.

Não custa lembrar que essas dicas não pretendem ser tomadas como receitas de como fazer um trabalho de arte, mas, sim, como sugestões, com o intuito de contribuir com suas experiências.

Evidentemente, seus trabalhos partirão de conceitos pessoais que fundamentarão seus processos poéticos.

3.2 Objetos do cotidiano

A presença dos objetos como tema na arte não é algo recente. Vamos pensar um pouco mais nessa presença.

A princípio, conforme já abordamos, o gênero natureza-morta pode ser considerado um dos modos mais corriqueiros de representação de coisas inanimadas, especialmente a partir do século XVII, quando ocorreu certa valorização desse gênero nos Países Baixos.

Naquele cenário, com a Reforma Protestante, não seriam convenientes as pinturas de temas religiosos, ao passo que as naturezas-mortas não feriam os princípios da nova ordem. Acrescentava-se a isso o fato de que tais pinturas agradavam a burguesia em ascensão desde o Renascimento, no século XV.

Os objetos como tema não desaparecem na história da arte, pois os artistas experimentaram diferentes modos de representação, em especial a partir de meados do século XIX, com as rupturas propostas pela arte moderna.

A partir do início do século XX, a ideia de apropriação de objetos cotidianos foi assinalada particularmente por três movimentos da arte moderna, que, nesse sentido, tornaram-se exemplares: o **dadaísmo**, o **surrealismo** e o **novo realismo** (Littig, 2015).

Com os desdobramentos da arte na pós-modernidade, especialmente a partir da segunda metade do século XX, o cenário artístico rompeu com a lógica da definição entre os movimentos, as escolas e os estilos, além de se afastar da ideia de demarcação entre as linguagens plásticas.

Além disso, de forma ainda mais marcada, no contexto pós-moderno (especialmente a partir dos anos 1980), são visíveis as manifestações sociais de grupos considerados minoritários, a exemplo dos negros, das mulheres e dos homossexuais. Tais manifestações também se refletem na arte, como no caso da obra de **José Leonilson** (1957-1993) – que será comentada no próximo item.

Outro exemplo desse movimento na história da arte recente está na obra do pintor **Jean-Michel Basquiat** (1960-1988). No contexto norteamericano, Basquiat criticou os "EUA contemporâneos e a posição que neles ocupam os negros" (Archer, 2012, p. 173).

As contribuições desses artistas permitiram que atualmente a arte experimente diversos modos de representação e apropriação dos objetos nas abordagens poéticas, como veremos a seguir.

3.2.1 A força simbólica dos objetos

A obra do artista contemporâneo José Leonilson se apoia na apropriação de objetos cotidianos, a exemplo do trabalho *Ninguém*, exposto na Figura 3.4.

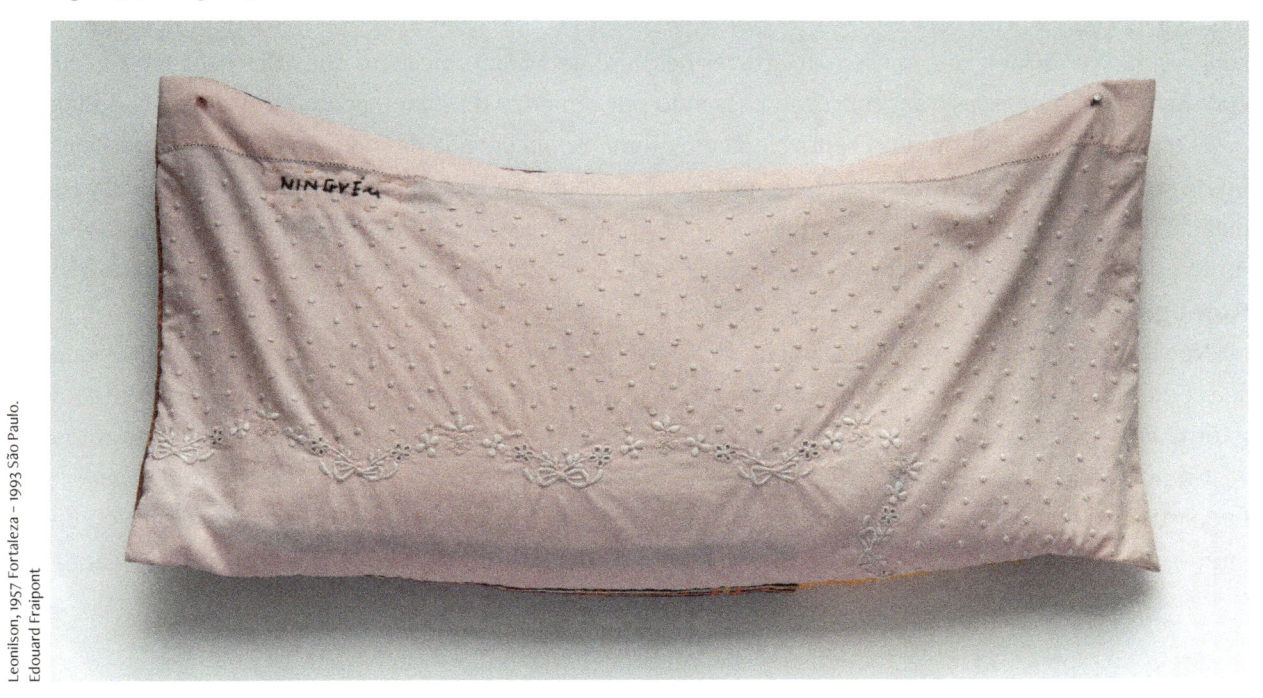

Figura 3.4 – *Ninguém*, **de José Leonilson**

Leonilson, 1957 Fortaleza – 1993 São Paulo.
Edouard Fraipont

LEONILSON, José. **Ninguém**. 1992. Bordado sobre fronha de algodão: 23,5 x 46 cm. Coleção particular.

Como podemos perceber, o artista lançou mão do próprio travesseiro e nele bordou a palavra "ninguém". Diante dessa imagem, pense: O que essa obra sugere? Quais conceitos ou ideias podem estar associados a um travesseiro, uma peça tão íntima, marcado por uma palavra de ausência?

Podemos pensar em um conjunto de relações associadas à imagem, não é mesmo?

Talvez você tenha observado conceitos como solidão e vazio; afinal, a obra parece ser autorreferencial, ou seja, destaca-se por uma dimensão autobiográfica.

O artista elabora uma narrativa marcada pela subjetividade, ou seja, por aspectos pessoais, íntimos. A esse respeito, a pesquisadora Lisette Lagnado, no filme *O legado de Leonilson*, dirigido por Cacá Vicalvi, destaca: "O que fica do Leonilson é que é uma pessoa que conseguiu trazer para a arte um campo de subjetividade enorme e que conseguiu, através dessa subjetividade, alcançar questões existenciais cruciais para muitas pessoas, mas tudo isso passando por um filtro da subjetividade." (O legado..., 2003).

O trabalho de Leonilson representa ainda um momento na década de 1980 em que a arte brasileira buscava afirmar a ideia de subjetividade, ou seja, direcionava o olhar para a dimensão privada, particular. Tal contexto ficou marcado pela exposição "Como vai você, Geração 80?", realizada em 1984, no Rio de Janeiro, e contou com artistas como Leda Catunda, **Beatriz Milhazes** (1960-) e **Sérgio Romagnolo** (1957-).

No caso de Leonilson, assuntos relativos à esfera privada, como a questão da homossexualidade e de sua condição de portador do vírus da Aids, também circundavam sua obra, o que se articula inclusive com a tomada de posição de grupos ditos minoritários, na arte pós-moderna, conforme destacamos antes.

Como você pode perceber, para propor essas relações com o privado, como na obra *Ninguém*, Leonilson deslocou objetos pessoais para o contexto da arte. Nesse sentido, o artista desviou algo de íntimo, privado, e o levou a uma dimensão pública, ao sugerir aspectos sobre sua própria identidade.

Ideia de trabalho
Construindo um inventário conceitual dos objetos que nos rodeiam

Como é possível elaborar trabalhos bidimensionais a partir dos objetos cotidianos? Conforme já discutimos, a apropriação, ou seja, a ação de deslocar um objeto comum para o contexto artístico supõe que você considere certas ideias que estarão por trás dessa apropriação. Pensando nisso, como um exercício conceitual, propomos que você produza um inventário de objetos de seu dia a dia. Assim:

1. Crie uma lista dos objetos que estão em sua casa e/ou em seu trabalho que lhes sejam interessantes.
2. Destaque e relacione o maior número de palavras ligadas a esses objetos. Se precisar, recorra ao dicionário em busca de outros sinônimos e palavras afins. Além disso, você pode trabalhar com a ideia de antônimos (cheio/vazio, frágil/rígido, bonito/feio etc.). Chegue ao máximo possível de palavras, esgote as possibilidades.
3. Categorize os objetos por temas (por exemplo: íntimo, antigo, necessário, supérfluo, ou que remete à infância, ao futuro etc.).
4. Agora, imagine de que modo você poderia apresentar esse ou esses objetos em seus trabalhos. Não se trata de tomá-los de modo inconsciente, mas de criar o hábito de gerar relações entre a forma do objeto e os significados culturalmente aceitos atribuídos a eles, considerando o que você pretende sugerir com esse novo olhar para o comum.
5. Faça intervenções propositais sobre o objeto ou fotografe-o, e, em seguida, interfira sobre a imagem a partir de pintura, colagem, desenho etc.

 Com essa prática, sugerimos caminhos para o desenvolvimento de seus processos poéticos tendo como tema os objetos na vida comum. Além disso, pesquise artistas que se apoiam em métodos de apropriação e intervenção em objetos cotidianos para aprimorar suas referências.

3.2.2 As formas das coisas

De modo geral, em artes visuais, podemos entender que a **forma** designa o contorno dos objetos. Para Vitti e Folchi (1999, p. 75, tradução nossa), "Chamamos forma a porção de superfície plana delimitada pelo contorno fechado".

Em uma imagem, a forma pode gerar a noção de algo plano, bem como sugerir a ideia de volume graças a algumas estratégias que convencem nossos mecanismos perceptivos da visão, como são os casos da perspectiva e da representação de luz e sombra nas imagens.

Em seus trabalhos, vários artistas se debruçam sobre as formas das coisas. Por exemplo, há a obra *Still Life: Vertical Structures, Three Times Three*, do pintor contemporâneo inglês **Charles Hardaker**

(1934-), que se dedica à representação de objetos bastante comuns, como garrafas e potes em caixas de papelão, empilhados em um fundo neutro.

> **Para saber mais**
>
> Acesse, no *link* a seguir, a obra de Charles Hardaker:
>
> HARDAKER, Charles. **Still Life**: Vertical Structures, Three Times Three. 1 óleo sobre tela: 122 × 92 cm. Disponível em: <http://www.tate.org.uk/art/artworks/hardaker-still-life-vertical-structures-three-times-three-t00861>. Acesso em: 9 jan. 2017.
>
> Para você, os objetos parecem idealizados na obra de Hardaker? Ou seja, há uma supervalorização dos aspectos estéticos na obra? Os objetos parecem especiais ou belos?
>
> Você deve ter notado que a pintura não pretende ser demasiadamente elaborada, ou seja, repleta de efeitos que a tornem bela. Pelo contrário, ela se destaca por sua simplicidade ou, mesmo, por certa rusticidade. Nesse caso, para o artista, interessou representar a forma simples e cotidiana das coisas do mundo comum.

Semelhantemente, de que forma você poderia tomar as formas dos objetos como pretexto para seus processos poéticos? A seguir, vamos discutir alguns aspectos a esse respeito.

3.3 Os objetos como tema

Quando tomamos algum objeto como temática em nossos trabalhos, significa que ele será o assunto principal de nossa obra. Os objetos ainda são recorrentes na arte contemporânea, e é possível explorá-lo de várias maneiras, por meio de diversos modos de representação.

Isto é, podemos escolher, por exemplo, um olhar hiper-realista sobre os objetos, como na pintura de Jason de Graaf, indicada na Figura 1.19. Nesse caso assumimos o desejo de representar as coisas de modo mais próximo de uma visão fotográfica, mesmo que supervalorizemos alguns elementos da imagem de referência.

Contudo, ainda podemos optar pelo afastamento de uma representação literal das coisas, ou seja, de um olhar que carrega em si o que há de "real" nos objetos de referência. Assim podemos tomar as formas das coisas criando efeitos diversos, como deformação e recomposição.

Para tanto, é interessante conhecermos melhor os objetos de referência, mesmo que não imitemos os efeitos reais, desenvolvendo estudos básicos de suas formas, como comentaremos a seguir. Assim, poderemos criar novos modos de ação a partir das representações mais elementares, mais simples dos objetos.

3.3.1 Conhecendo os objetos

Como mencionamos, primeiramente é importante que você estude as formas das coisas. Para isso, você pode criar um caderno de esboços. Reforçamos essa prática porque ela possui a vantagem de estimular a sua intimidade com as formas dos objetos.

Por isso, trabalhe com esboços do tipo monocromáticos (única cor) ou policromáticos (coloridos). Em busca de temáticas para seus exercícios, avalie o que há ao seu redor, como alimentos, objetos de cozinha, mobiliário etc. Você sabe que as coisas são referências visuais em potencial para seus projetos bidimensionais. Neste sentido, apresentamos algumas dicas práticas para contribuir com suas pesquisas.

Ideia de trabalho
Estudo das formas dos objetos

Como dica prática para seus esboços, sugerimos que pense os objetos como se eles fossem apenas formas geométricas tridimensionais, como esfera, cilindro, cubo, pirâmide, cone e paralelepípedo etc.

Em geral, quando imaginamos que um objeto parte de uma forma sólida básica, fica mais fácil representá-lo no desenho. Por exemplo, uma maçã pode primeiramente ser estudada em um esboço a partir da forma de um círculo e, em seguida, da esfera que está "dentro" dela. Veja o exemplo na Figura 3.5.

Figura 3.5 – Estudo de luz e sombra

Observe que a desenhista trabalhou a partir de um círculo inicial. Na sequência, ela acrescentou recursos como detalhes, textura, luz e sombra. Do mesmo modo, explore esboços dos objetos comuns em busca de familiaridade com as formas das coisas. A partir deles, você poderá desenvolver outros processos criativos, como mencionaremos a seguir.

3.3.2 Criando a partir de representações

Nossos estudos têm nos mostrado que, no contexto contemporâneo da arte, é possível investigar diversas maneiras de atuação. Sendo assim, não existem limites para experimentações.

Por isso, tendo como referências seus estudos de representação de objetos por meio de esboços, você poderá explorar variadas soluções técnicas para desenvolver seus trabalhos, por meio de um ou mais métodos que já analisamos nesta obra: desenho, pintura, gravura, decalque, colagem, colagem digital, *assemblage*, *frottage* etc.

Além disso, você poderá recorrer a materiais alternativos, orgânicos ou minerais, bem como considerar como suporte uma tela, madeiras, azulejos, o chão, paredes, tecidos, vidros, espelhos, pedras, ferro, barro, plásticos etc.

Assim, procure sempre se conscientizar sobre os conceitos por trás de seu trabalho. Pesquise os materiais e reflita sobre os diferentes modos de representação para trabalhar com o tema de sua preferência.

Desse modo, desde já tente desenvolver uma linguagem pessoal em seus processos poéticos em trabalhos bidimensionais, pensando sempre sobre o conteúdo e a forma nesse caminho.

3.3.3 Inventando objetos

Na arte, os objetos aparecem de diversas formas, pois, além de serem fisicamente apropriados da vida comum e de serem representados como tema, eles ainda podem despontar como produtos da invenção do artista.

Aliás, essa ideia de criação de novos objetos pela arte já acompanhava alguns artistas no início do século XX. Eles perseguiam maneiras de tornar visíveis objetos conduzidos pelas imagens do inconsciente.

Um exemplo desse tipo de trabalho pode ser conferido na Figura 3.6. Trata-se da obra *Lobster Telephone*, do artista catalão **Salvador Dalí** (1904-1989), uma importante referência do movimento surrealista[1], conforme denominação dada pelo também participante e líder do movimento, o escritor francês **André Breton** (1896-1966) – o qual, aliás, também foi responsável pela expulsão de Dalí, por conta de dissensões políticas.

---

[1] No manifesto do movimento, em 1924, André Breton ressalta: "SURREALISMO. s.m. Automatismo psíquico puro pelo qual se exprime, quer verbalmente, quer por escrito, quer de outra maneira, o funcionamento real do pensamento. Ditado do pensamento, na ausência de qualquer controle exercido pela razão, fora do âmbito de qualquer preocupação estética ou moral. Encicl. Filos. O surrealismo repousa sobre a crença na realidade superior de certas formas de associações negligenciadas até então, na onipotência do sonho, no jogo desinteressado do pensamento. Tende a arruinar definitivamente todos os outros mecanismos psíquicos e a substituí-los na solução dos principais problemas da vida" (Breton, citado por Nadeau, 1985, p. 55). É importante considerar, como Sandra Rey (2008, p. 12) destaca, que "Os manifestos são marcos fundadores de novos procedimentos em torno dos quais reuniam-se grupos de artistas na virada do século XX, para produzir obras por aderência teórica, metodológica e processual aos novos paradigmas neles apregoados. Eram assinados pelos artistas ou por um crítico que assumia para si a tarefa de elaborar teoricamente os postulados do grupo".

Figura 3.6 – *Lobster Telephone*, de Salvador Dalí

DALÍ, Salvador. **Lobster Telephone**. 1936. Técnica mista: 15 × 30 × 17 cm. Tate Gallery, Londres.

No caso dessa obra, como você pode perceber, o objeto chama atenção por sua improbabilidade. Trata-se de um telefone comum, com parte feita de lagosta – nesse caso, uma escultura em gesso.

De acordo com os participantes do movimento, o "Surrealismo não é um meio de expressão novo ou mais fácil, nem mesmo uma metafísica da poesia. É um meio de liberação total do espírito e de tudo o que se lhe assemelha" (Nadeau, 1985, p. 68). Tal posição, registrada na declaração do grupo, de 27 de janeiro de 1925, marcava o desejo pela liberdade da imaginação do artista.

Como Chipp (1999, p. 372) destaca, o surrealismo "dá mais valor ao livre jogo da imaginação individual do que à codificação dos ideais da sociedade ou da história". Assim, os artistas desse movimento trabalhavam criando novas e conexões entre os objetos.

Chapman (2007, p. 1572, grifo nosso) ressalta que os

> Artistas integrantes do movimento surrealista adaptavam a técnica de **livre associação** para fins de criação, como meio de burlar o intelecto para chegar à essência das coisas. A prática da livre associação ocorre quando, por meio de um estímulo, uma ideia é associada à outra e constitui uma sequência de associações.

Portanto, essa vertente também é caracterizada pelo forte apelo em favor do **onírico**, ou seja, pela subjetividade, o que remete a estados psicológicos de sonho. Ligado a essa lógica, e também ao movimento dadaísta, o artista americano **Man Ray** (1890-1976) criou objetos inusitados, conforme podemos conferir na obra *Cadeau* (em francês, significa "presente"), de 1921, replicada em 1972 (Figura 3.7).

Figura 3.7 – *Cadeau*, de Man Ray

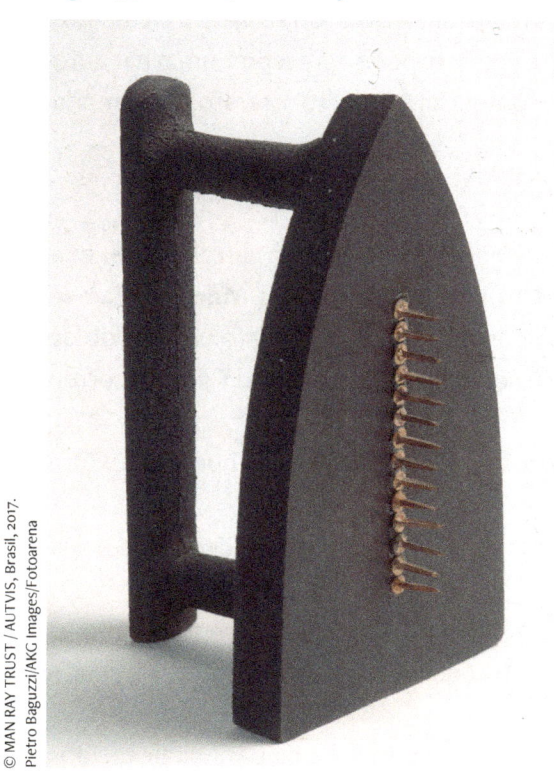

RAY, Man. **Cadeau**. 1921. Técnica mista: 15,3 × 9 × 11,4 cm. Tate Gallery, Londres.

Como você notou, o artista se apropriou de um ferro de passar roupas e desenvolveu esse objeto marcado pela inutilidade, graças às tachas afixadas que destruiriam os tecidos.

Considerando essas referências, também podemos criar novas realidades para objetos comuns em trabalhos bidimensionais. Por exemplo, como meio de produção de novos objetos, você pode considerar as linguagens do desenho, da pintura, da fotocolagem, da *assemblage* etc. As possibilidades de materiais e suporte são inúmeras, por isso pesquise outras soluções formais. Afinal, seguindo a tendência de nosso tempo,

> o artista contemporâneo vai além não só dos materiais tradicionalmente elaborados pela arte, mas também de seus procedimentos (escultura, pintura, desenho, gravura, etc.): ele toma a liberdade de explorar os materiais mais variados que compõem o mundo, e de inventar o método apropriado para cada tipo de exploração. (Rolnik, 2002, p. 271)

Diante disso, aproveite para criar novas possibilidades poéticas a partir dos objetos comuns.

3.4 Os objetos como suportes da memória

Os objetos também estão situados no tempo e no espaço. Isso significa que, por meio deles, nos relacionamos com o passado, o presente e o futuro. Em especial, certos artefatos são próprios de nossas memórias, como os brinquedos de infância e as roupas antigas, por exemplo.

Tais elementos podem carregar em si certos discursos, ideias. Sabendo disso, alguns artistas se apropriam do passado em suas obras. Nesse caso, sua poética gira em torno das memórias, das lembranças.

Em geral, esse tipo de narrativa se relaciona com aspectos muito subjetivos, ou seja, com elementos próprios do indivíduo e de sua experiência pessoal no mundo. Por isso, pode apresentar um olhar autobiográfico. Vamos discutir essa faceta dos objetos, isto é, seu potencial enquanto artefato de memória.

3.4.1 Um garimpo no passado: os objetos contam histórias

Como mencionamos, por carregarem significados, os objetos podem ser palco para narrativas, ou seja, histórias de tempos passados. A exemplo disso, as artistas **Consuelo Schlichta** e **Marília Diaz** se voltam para os objetos que carregam memórias. É o caso da obra *Poupée à habiller* (isto é, "Vestido de boneca", em francês). Essa obra esteve presente na exposição "Lugares de memória", que ocorreu entre os anos de 2011 e 2012.

Trata-se do traje de noiva de uma das artistas, disposto sobre uma parede revestida por uma textura cujo tema destaca-se por pequenos e coloridos vestidos de bonecas em papel.

Para você, a que uma cena como essa pode remeter? Quais são os sentidos do diálogo entre o vestido de noivas e as roupinhas de bonecas?

As possibilidades interpretativas são várias. Por exemplo, poderíamos destacar aspectos como os ritos de passagem, o tempo de menina e o tempo de mulher, as convenções, as memórias afetivas e o corpo feminino.

O vestido ainda foi escurecido ao ser banhado com chá, uma antiga técnica de para tingir tecidos. Essa mudança na cor para tons mais dourados também parece remeter à passagem do tempo.

Figura 3.8 – *Poupée à habiller*, de Consuelo Schlichta e Marília Diaz

SCHLICHTA, Consuelo; DIAZ, Marília. **Poupée à habiller**. 2010. Instalação. Vestido de noiva de uma das artistas engomado em chá inglês, bordado com pérolas, circundado com aproximadamente 250 reproduções de vestidos de boneca de papel sobre parede de aproximadamente 5 m.

Enfim, como podemos perceber, os artistas usam recursos diversos para conseguir os efeitos que julgam mais apropriados para seus conceitos em cada trabalho.

3.4.2 As poéticas das memórias

Como discutimos até agora, alguns artistas se aproximam do passado em suas narrativas poéticas. Nesse caso, as lembranças são o conteúdo principal deles. Como um dos objetos capazes de carregar indícios de momentos anteriormente vividos, destacamos as fotografias antigas.

Afinal, podemos concordar com Susan Sontag (2004, p. 85) que "As fotos mostram as pessoas incontestavelmente presentes num lugar e numa época específicas de sua vida; agrupam pessoas e coisas que, um instante depois, se dispersaram, mudaram, seguiram o curso de seus destinos independentes".

Por tal poder de registro da memória, as fotografias se portam como símbolos de experiências e podem levantar determinadas emoções. Diante disso, vasculhe aqueles lugares esquecidos pelo tempo, folheie os velhos álbuns de família em busca de cenários ou objetos perdidos nas lembranças.

Além das fotografias, os livros antigos podem ser valiosos recursos de rememoração. Por isso, visite acervos de bibliotecas públicas à procura de objetos esquecidos pelo tempo, em páginas de velhos livros. Os próprios livros também se apresentam como objetos de memória, recursos de preservação de textos, imagens e pensamentos. Assim, eles também podem ser explorados em suas pesquisas poéticas.

3.4.3 Dando sentido às coisas do passado

Existem vários caminhos de aproximação com as épocas vividas, os quais podem abranger nossa relação com lugares habitados, utensílios usados, roupas vestidas, imagens vistas, e assim por diante. Como você deve ter percebido, os artistas trabalham se apropriando desses objetos e lugares produzindo novos sentidos e significados, por meio de intervenções artísticas. Pensando nisso, procure fazer atividades que auxiliem você a desenvolver capacidades de ressignificação.

A partir de um olhar poético, criador, singular, é possível romper com os sentidos das coisas comuns. Concordamos com Caiafa (2000, p. 66), segundo o qual a arte produz "um trabalho criador com as formas expressivas e abre brechas nas subjetividades padronizadas, fazendo surgir singularidades".

Mediante essa possibilidade aberta pela arte, busque quebrar a lógica prevista para os objetos que fazem parte da sua história, da história de sua família ou mesmo do passado de sua cidade, e imagine outras proposições para eles.

3.5 Instrumentos para criar e instrumentos mediadores

Além de um olhar capaz de criar novos objetos e produzir novos sentidos para as coisas, também podemos fazer uso de **instrumentos mediadores** em poéticas visuais, os quais contribuem com nossos projetos práticos, como os materiais. Fazem parte dessa relação, portanto, as tecnologias, que, em um sentido amplo, podem ser entendidas conforme destaca Kenski (2007, p. 24):

> Ao conjunto de conhecimentos e princípios científicos que se aplicam ao planejamento, à construção e utilização de um equipamento em um determinado tipo de atividade, chamamos de "tecnologia". Para construir qualquer equipamento – uma caneta esferográfica ou um computador –, os homens precisam pesquisar, planejar e criar o produto, o serviço, o processo. Ao conjunto de tudo isso, chamamos de tecnologias.

Desse modo, para além dos aspectos materiais propriamente ditos, contamos com certos conhecimentos sobre as tecnologias que podem ser empregadas em nossos trabalhos. Assim, nossa ação é significada por ideias e conhecimentos, materializados por meio de aparatos técnicos que mediam nossas experiências criadoras, como discutiremos a seguir.

3.5.1 As câmeras como instrumentos

Desde a década de 1970, a **fotografia** passou a reivindicar de modo mais acentuado seu lugar como trabalho propriamente artístico (Archer, 2001). Assim, ela é considerada uma linguagem artística autônoma. Afinal, uma fotografia é produto da ação de um autor que propõe recortes da realidade a partir de um processo de seleção. Um trabalho fotográfico nasce de certas escolhas do artista, que cria uma composição, uma representação.

Contudo, a fotografia também pode ser entendida como um procedimento mediador de nosso olhar para o mundo, interferindo em nossas relações com os objetos de nosso interesse e nos auxiliando em nossas proposições poéticas.

Por essa razão, também precisamos considerar outros diálogos contemporâneos entre a fotografia e as demais linguagens da arte, como a pintura, o desenho, a gravura e a ecolagem. Como destaca Figueiredo (2012, p. 40), no contexto da arte digital, "A foto passa de produto final para matéria bruta; pode ser desenhada, riscada, marcada, recortada etc.".

Além das interferências digitais, alguns artistas intervêm diretamente na imagem fotográfica revelada ou impressa, como na pintura do paranaense **Roberto Pitella** (1959-). Em um de seus trabalhos, a partir da técnica da aquarela, Pitella interveio no negativo de um fotógrafo dos anos 1940. Na sequência, o artista utilizou um celular para refotografar essa figura. Tal abordagem apresenta-se como uma das possibilidades de diálogos entre fotografia e pintura. Contudo, as interferências podem ser atingidas ainda no próprio ato fotográfico, como mencionaremos a seguir.

3.5.2 Dispositivos de alteração do olhar

O trabalho artístico se destaca por romper com a lógica considerada corriqueira no uso dos equipamentos de produção de imagem. Assim, como destaca Machado (2007, p. 14): "O que faz, portanto, um verdadeiro criador, em vez de simplesmente submeter-se às determinações do aparato técnico, é subverter continuamente a função da máquina ou do programa que ele utiliza, é manejá-los no sentido contrário ao de sua produtividade programada".

Por isso, é interessante experimentar variadas possibilidades de ação a partir da linguagem da fotografia. Inclusive, alguns aspectos técnicos básicos podem contribuir para os desvios criadores.

Por exemplo, as câmeras fotográficas têm mecanismos que podem, mesmo durante o ato fotográfico, alterar o resultado da imagem. As lentes grande angular e teleobjetiva, por exemplo, provocam resultados diferentes.

No primeiro caso, a **grande angular** permite uma maior amplitude de captura do espaço, ou seja, ela torna maior o campo de visão do fotógrafo, mesmo que ele esteja a uma distância mais curta do objeto fotografado.

Por sua vez, a lente **teleobjetiva** é apropriada para a captura de objetos distantes, o que torna seu ângulo de visão mais limitado.

Além das lentes, os **filtros** também provocam alterações no resultado de uma fotografia. Esses equipamentos são anéis que, anexados à câmera, podem variar as cores e a luz na captura das imagens. Entre os vários modelos, citamos os seguintes filtros: de correção de cor, de subtração de cor, infravermelho de aumento de contraste, de efeitos especiais como o *star*, além do filtro sépia.

Contudo, como destaca o material do Laboratório de Ensino de Óptica da Unicamp (Unicamp, 2016, p. 45) sobre a fotografia digital, "A maioria dos efeitos especiais que são obtidos com filtros óticos criativos podem ser obtidos em editores de fotos digitais, seja como um recurso integrado a eles, seja na forma de *plug-ins* que acrescentam um novo recurso ao editor".

Portanto, também podemos considerar as alterações nas imagens por meio de programas de edição, como o Adobe Photoshop ou o Gimp, sendo este um editor de imagem gratuito.

Enfim, muitas são as opções de ação a partir da linguagem fotográfica. Por isso, cabe a você o exercício constante de pesquisa para enriquecer o seu repertório de referências.

Síntese

Neste capítulo, estudamos várias possibilidades de aproximação dos objetos cotidianos em processos poéticos. Analisamos que na contemporaneidade ainda persistem ações de apropriação e deslocamento de objetos da vida comum para o contexto artístico.

Também acompanhamos que tais noções já apareciam no movimento dadaísta no início do século XX. Com os desdobramentos desses novos sentidos estéticos, os artistas passaram a explorar, de modo mais definido, os conceitos por trás das formas das coisas, como a memória e a intimidade.

Em suma, discutimos o potencial simbólico dos objetos como mais um dos caminhos poéticos a serem explorados por você em trabalhos bidimensionais.

Indicações culturais

RIBEIRO, M. **Leda Catunda, Catálogo, de Marcos Ribeiro**. 2009. Disponível em: <z>. Acesso em: 26 set. 2016.

Conforme mencionamos no texto, é possível assistir a um vídeo no qual Leda Catunda comenta sobre o seu processo poético.

O LEGADO de Leonilson. Direção Cacá Vicalvi. Brasil: SESC TV, 2003. Documento Vídeo Brasil. 25 min. Disponível em: <http://tal.tv/video/o-legado-de-leonilson/>. Acesso em: 23 set. 2016.

Assista ao filme *O legado de Leonilson*, sob a direção de Cacá Vicalvi, documentário que lança luz à obra do cearense por meio de várias vozes, como a da crítica especializada e de familiares do artista. A obra conta, inclusive, com trechos de falas do próprio Leonilson.

Atividades de autoavaliação

1. Com base no que estudamos neste capítulo sobre a apropriação dos objetos cotidianos pela arte, assinale (V) para os itens verdadeiros e (F) para os falsos:
   - ( ) Os *ready-mades*, como *A fonte*, de Marcel Duchamp, não podem ser considerados trabalhos de arte, pois dialogam principalmente com a esfera do *design*.
   - ( ) A apropriação de objetos do mundo comum estava presente também nas narrativas do surrealismo do início do século XX.
   - ( ) Podemos experimentar a produção de novos objetos em arte por meio da apropriação e da ressignificação das coisas comuns.
   - ( ) As funções dos objetos de arte são necessariamente de caráter prático, ou seja, servem aos propósitos da vida comum.

A seguir, indique a alternativa correta:

a) V, F, F, F.
b) F, V, V, F.
c) F, V, F, F.
d) V, V, V, F.

2. Leia a seguinte afirmativa sobre o método da *assemblage* e, a seguir, marque a opção correta:

> O termo *assemblage* é incorporado às artes em 1953, cunhado pelo pintor e gravador francês Jean Dubuffet (1901-1985) para fazer referência a trabalhos que, segundo ele, "vão além das colagens". O princípio que orienta a feitura de *assemblages* é a "estética da acumulação": todo e qualquer tipo de material pode ser incorporado à obra de arte. O trabalho artístico visa romper definitivamente as fronteiras entre arte e vida cotidiana; ruptura já ensaiada pelo dadaísmo, sobretudo pelo *ready-made* de Marcel Duchamp (1887-1968) e pelas obras *Merz* (1919), de Kurt Schwitters (1887-1948). (Enciclopédia Itaú Cultural, 2016a)

a) A *assemblage* pode ser definida como a colagem que se dá exclusivamente pela sobreposição de superfícies planas.
b) Esse é um recurso considerado muito recente na arte, uma vez que diz respeito apenas aos trabalhos do século XXI.
c) Quando se unem vários objetos em um trabalho, excluindo as referências da arte dadaísta.
d) Este método se destaca pela apropriação de objetos cotidianos, deslocando-os para o contexto artístico, em especial pela composição de vários elementos no trabalho.

3. Agora, leia o trecho a seguir e, na sequência, indique a alternativa **incorreta**:

> O surrealismo despreza os limites da razão e propõe a criação artística por outros canais: os canais do subconsciente. [...] Em busca de liberdade da imaginação que caracteriza o surrealismo também

é observada na literatura e nas artes visuais. Muitos artistas participam do movimento, cada um de forma única, mas de maneira geral eles buscam retratar os sonhos, os símbolos, as associações de imagens brotadas. (Canton, 2009a, p. 46)

a) A vertente surrealista, assim denominada pelo escritor francês André Breton (1896-1966), destacava-se nas artes visuais, no cinema e também na literatura.
b) Em alguns trabalhos, somos surpreendidos pela presença de objetos improváveis, o que está de acordo com a noção onírica, ou seja, fantasiosa da arte surrealista.
c) Para os artistas ligados ao surrealismo, importa dar destaque às imagens regidas pelo subconsciente, remetendo a estados de sonho.
d) O surrealismo representa sempre o abandono da arte figurativa e destaca-se pela absoluta abstração das formas.

4. Sobre a linguagem do desenho, relacione a segunda coluna de acordo com a primeira:

(1) Textura
(2) *Assemblage*
(3) Esboço
(4) Forma

( ) Elemento visual ligado ao limite físico das partes de um trabalho bidimensional ou tridimensional.
( ) Método de composição por meio da união entre materiais.
( ) Um dos elementos próprios da linguagem visual, que pode caracterizar o aspecto da superfície das coisas, podendo esta ser áspera ou lisa, por exemplo.
( ) Técnica de estudo visual ligada aos processos preliminares do desenho.

A seguir, indique a alternativa correta:

a) 4, 2, 1, 3.
b) 4, 3, 1, 2.
c) 3, 1, 4, 2.
d) 4, 3, 2, 1.

5. De acordo com o que estudamos sobre a produção poética utilizando objetos, assinale (V) para os itens verdadeiros e (F) para os falsos:

   ( ) As poéticas em torno da memória relacionam-se exclusivamente aos aspectos propriamente públicos; por isso, destacam-se pelos temas históricos.

   ( ) Os objetos carregam sentidos e podem ligar-se a aspectos íntimos, pessoais do artista.

   ( ) A fotografia serve ao único propósito de referência para trabalhos em outras linguagens.

   ( ) Podemos nos apropriar de programas de edição de imagens para produzir novas realidades para os objetos representados.

   A seguir, indique a alternativa correta:

   a) V, F, F, F.
   b) F, V. V, F.
   c) F, V, F, V.
   d) V, V, V, F.

Atividades de aprendizagem

Questões para reflexão

1. Sobre a obra do artista José Leonilson, o pesquisador Carlos Eduardo Freitas (2010, p. 124) considera: "Importa notar o quanto para Leonilson a associação entre sua obra e a sua vida demonstrava-se imediata, de modo que, para ele, sua obra deve ter assemelhado-se sempre a um diário íntimo".

   Mediante essa afirmação, ao voltarmos à obra *Ninguém*, exposta na Figura 3.4, composta por um travesseiro pessoal bordado, confirmamos que a poética do artista é marcada por elementos subjetivos.

Em sua opinião, é possível considerar que a narrativa do artista está relacionada à produção de uma espécie de autorretrato? Por quê? Justifique sua resposta.

2. Reveja a intrigante obra *Cadeau*, de Man Ray, presente na Figura 3.7 deste capítulo, realizada a partir de um ferro de passar roupas no qual foram incrustadas tachas em metal. Agora, reflita sobre a seguinte questão: Como podemos entender a diferença entre esse objeto de arte e os objetos da vida prática?

Atividade aplicada: prática

Diante do que estudamos neste capítulo, realize um trabalho prático levando em conta a ideia de apropriação de objetos com base no conceito de identidade.

Nesta atividade, você deve partir do conceito de identidade e seguir em uma ação prática de apropriação de objetos por meio das técnicas, o que resultará em um trabalho bidimensional a partir de objeto(s) tridimensional(is). É o caso do trabalho exposto na Figura A, que representa uma peça de roupa feita com papel branco recortado com estilete e fotografado sobre papel cinza.

a) Primeiramente, você deve selecionar um ou mais objetos que, para você, falam de sua identidade. Portanto, escolha coisas de seu universo pessoal, relacionadas a *hobbies*, ao trabalho, a preferências, crenças, enfim, algo que lhe seja interessante.
b) Na sequência, fotografe esse(s) objeto(s) a partir de vários ângulos. Você pode usar o celular ou uma câmera como recurso para isso.
c) Em seguida, crie um trabalho bidimensional com base aparência do(s) objeto(s). Produza um desenho, uma colagem, uma pintura ou, mesmo, una essas linguagens na obra final.

Figura A – *Hanging Gown*, de Bovey Lee

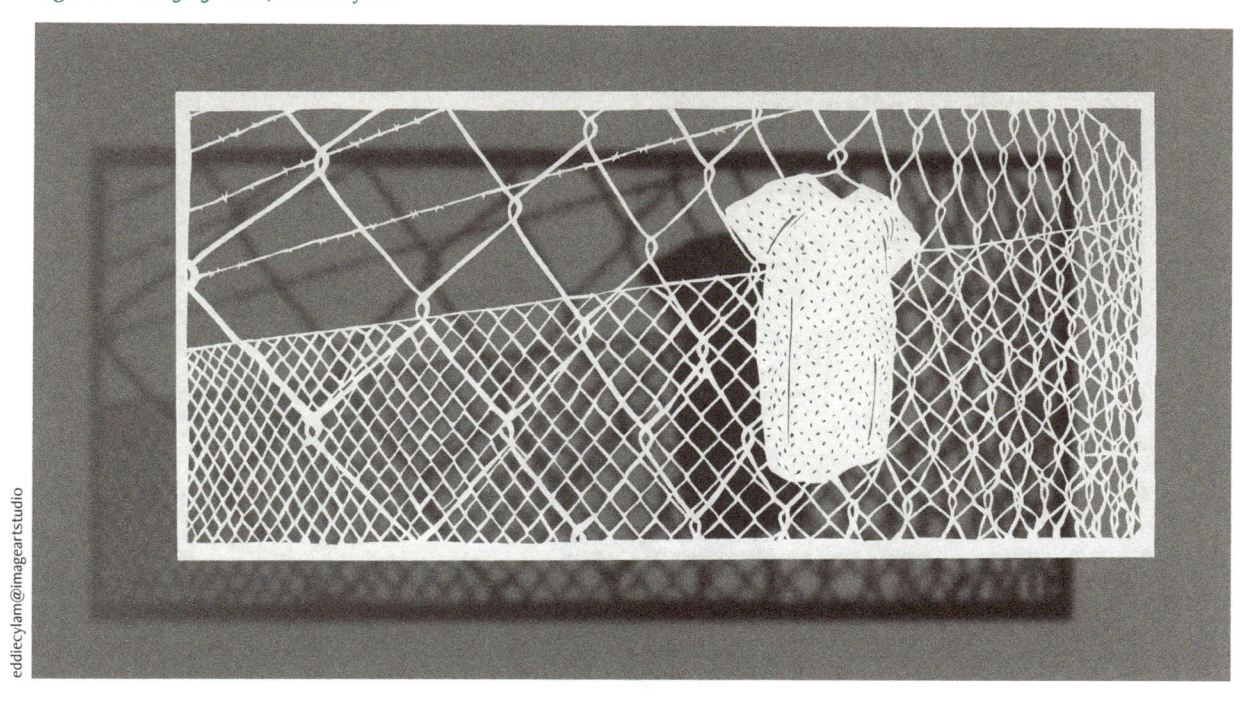

LEE, Bovey. **Hanging Gown**. 2006. Papel chinês de arroz. 35,56 × 17,78 cm.

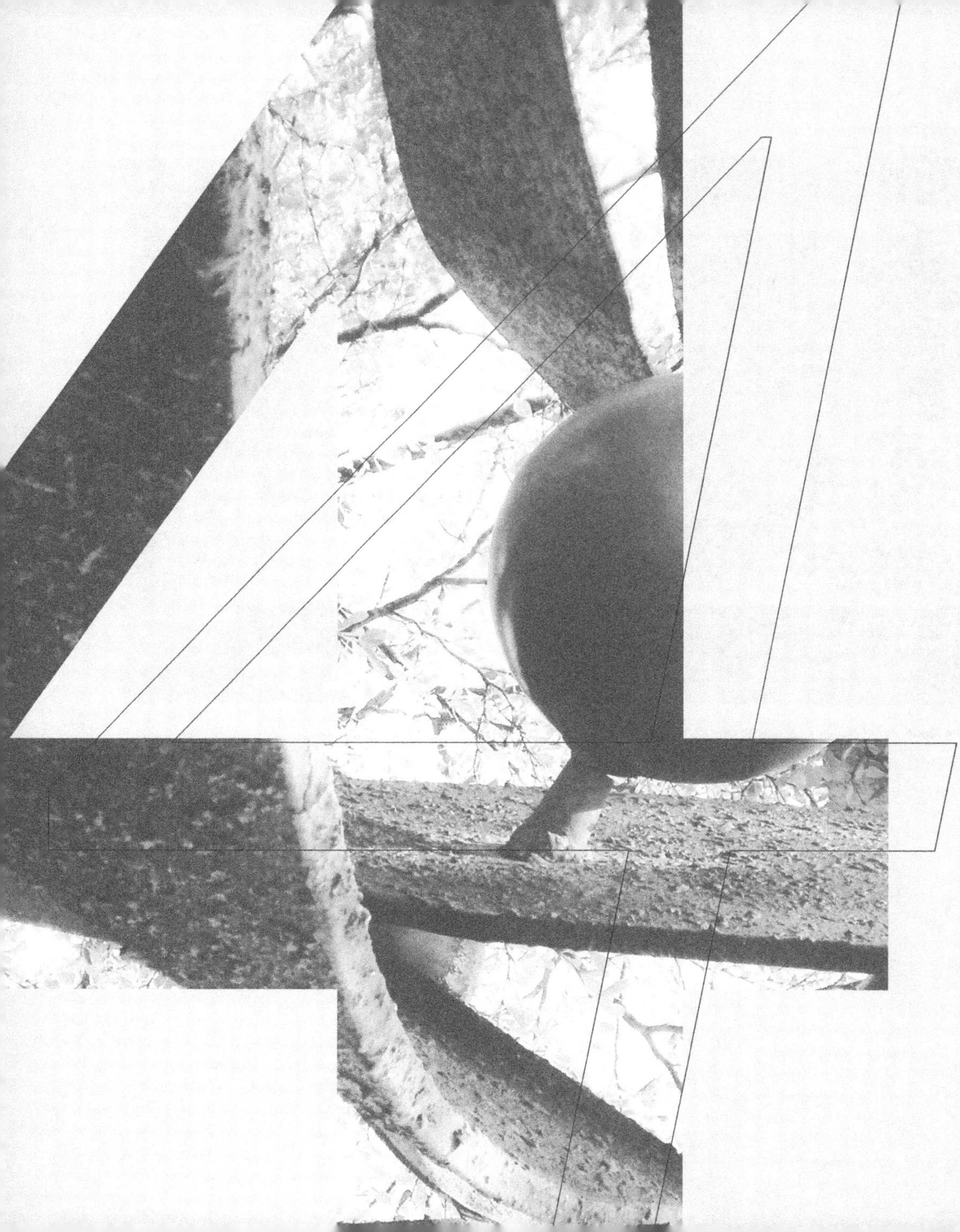

Nós no espaço

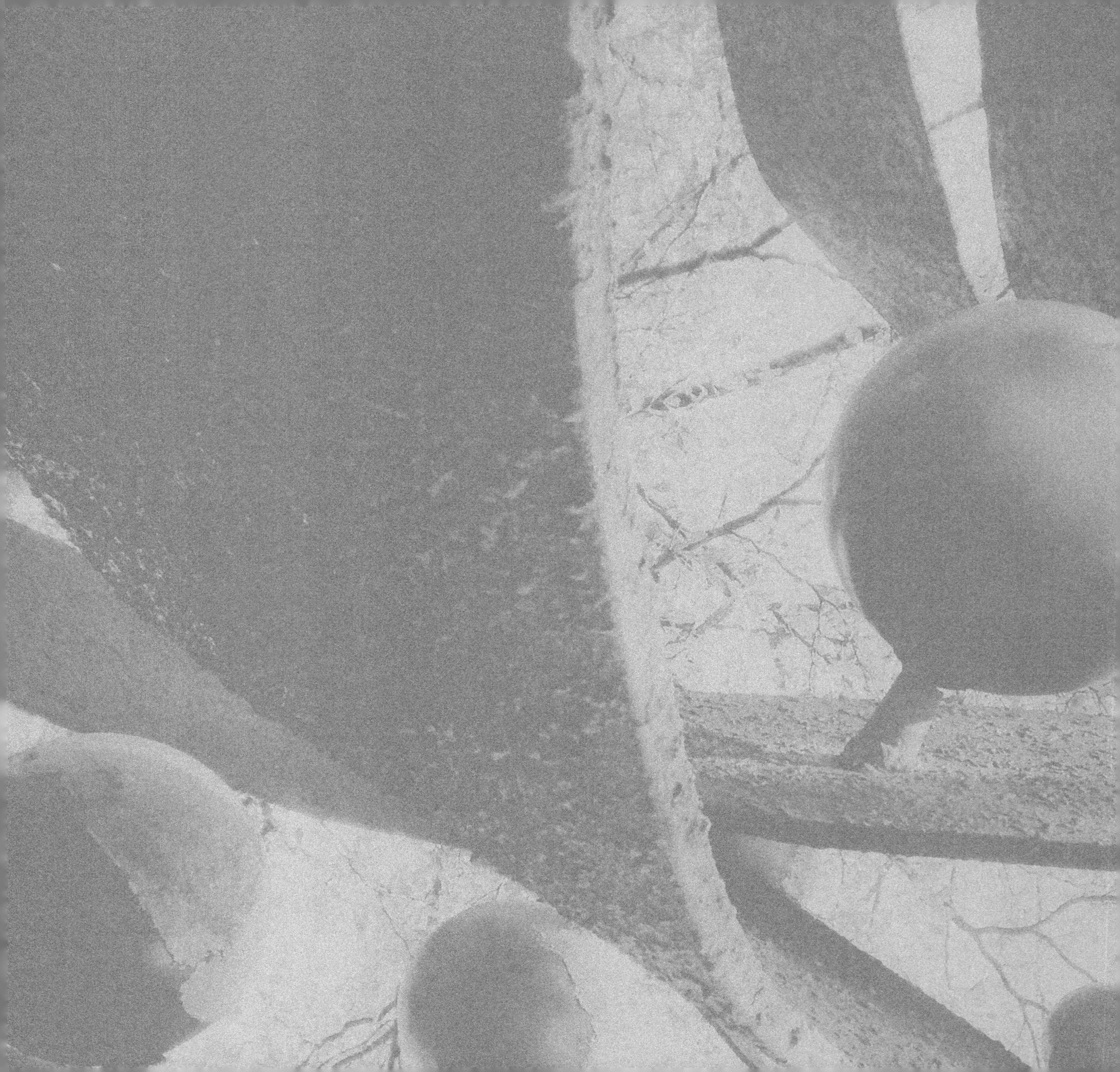

Nesse capítulo, estudaremos algumas **relações entre a arte e o espaço**. Mais especificamente, pretendemos discutir o espaço enquanto tema, suporte e lugar expositivo na arte contemporânea.

Em nossas análises, enfatizaremos, como tema e ambiente de atuação artística, a cidade e os elementos a ela correlacionados. Nesse caso, referimo-nos ao espaço público como foco. Além disso, exploraremos os lugares pessoais, como a intimidade dos cômodos de nossas casas.

Por isso, neste capítulo, também estudaremos o espaço privado como possibilidade de pesquisa poética na valorização de aspectos como a subjetividade. Antes, no entanto, vamos retomar alguns aspectos históricos que levaram a arte de nossos dias a ampliar o conceito de espaço.

4.1 Ampliação do conceito de espaço

Como sabemos, a virada do século XIX para o XX foi marcada por diversas transformações na arte, com os novos sentidos tomados pelas vanguardas modernas, distinguidas no desejo pelo novo e na busca pela ruptura com os valores da arte clássica (Canton, 2009a).

Esses sentidos da arte moderna apontavam ainda para uma flexibilidade do conceito de espaço no decorrer do século XX. Isto é, o espaço deixou de ser tratado exclusivamente como tema, ou seja, um assunto a ser representado nas obras de arte, a exemplo das pinturas de paisagem ou de interiores, como os nobres aposentos. Em vez disso, passou a ser interpretado também como elemento de composição dos trabalhos na arte do século XX em diante.

Com isso, queremos dizer que, especialmente a partir das décadas de 1960 e 1970, percebemos mudanças relevantes com relação às convenções sobre os limites físicos que o objeto de arte poderia tomar. Isso significa que a partir desse contexto passamos a observar de forma mais marcada as diferentes relações entre a obra e o espaço expositivo e, ainda, entre a obra e o espectador.

Por meio de movimentos como o dadaísmo, o surrealismo e o construtivismo, evidenciava-se o afrouxamento das categorias que definiam as obras exclusivamente como pintura ou escultura (Archer, 2001; Krauss, 1998).

Assim, os trabalhos de arte não se circunscreviam unicamente aos suportes considerados tradicionais, a exemplo das habituais telas penduradas nas paredes de museus e galerias. Pelo contrário, tomavam as estruturas físicas dos lugares expositivos dos mais diversos modos, por meio de instalações, móbiles, intervenções, *performances* etc.

As obras continuaram habitando os lugares considerados sagrados, como os museus. Entretanto, elas ainda podiam ser deslocadas para os espaços alternativos, como as ruas (no caso da arte urbana) ou ambientes naturais (a exemplo dos *site specific*).

Ainda nesse contexto, o espaço e a participação do espectador passaram a ser interpretados como complementos próprios das obras. Dessa forma, referindo-se à segunda metade do século XX, Débora Santiago (2007, p. 1, grifo nosso) destaca que

> Este período pode ser pensado como início de práticas artísticas num **campo expandido**, quando as categorias pintura e escultura tornam-se elásticas e os mecanismos que delimitam espaço e obra dissolvem-se. O mundo torna-se espaço de investigação, a inclusão do contexto amplia a possibilidade de incorporação de elementos da vida cotidiana e o espectador se relaciona de forma mais direta com a obra.

É nesse momento também que a **arte urbana** (*street art*) toma um fôlego especial. O público e o privado se fundiram. Essa arte apresentava com veemência seu caráter político e transgressor, especialmente em virtude das manifestações e dos movimentos de protesto ocorridos em Paris, em maio de 1968[1].

Desde então, temos visto as ruas como um dos territórios de expressão de uma arte que repensa os limites do espaço expositivo, atuando por meio de instalações, *performances*, cartazes, pôsteres, grafites, estênceis, adesivos etc. Nesse sentido, como destaca Cartaxo (2009, p. 1):

> Na tentativa de reavaliar os espaços institucionais, em si, idealizados, os artistas buscaram novos lugares, promovendo, consequentemente, novas manifestações estéticas. O espaço asséptico da galeria 'cubo branco', puro e descontaminado, foi substituído pelo espaço impuro e contaminado da vida real. Surgem os espaços alternativos para a arte: as ruas, os hospitais, os cruzamentos de trânsito, os mercados, os cinemas, os prédios abandonados etc.

Diante do exposto, trabalharemos a seguir o espaço como tema para os processos de criação em artes visuais. Começaremos pela cidade, enfatizando esse espaço como tema e ambiente de atuação artística. Nesse caso, nos referimos ao espaço público como foco.

---

1   Esse movimento foi iniciado por greves estudantis na França e ganhou a adesão das camadas trabalhadoras. Como destaca Ferreira (2011, p. 2): "Em Maio de [19]68, estudantes reivindicando reformulação nos currículos e criticando o autoritarismo político tomaram as ruas de Paris fazendo seus protestos. Dentre as manifestações mais contundentes daquele momento, estavam seus grafites, cartazes e panfletos".

Além disso, é possível explorarmos os lugares pessoais, a intimidade da casa. Por isso, também a estudaremos como possibilidade de pesquisa poética na valorização de aspectos como a subjetividade. Antes, vamos começar pelo espaço da cidade.

4.2 A cidade

A cidade é um território rico em interpretações e muito dinâmico. Pode ser considerada espaço geográfico, território urbano, patrimônio cultural, paisagem ou ambiente de preservação, além de ser um lugar para viver, bem como um espaço de reivindicações e atuação política – enfim, é um território rico e dinâmico. Essas são apenas algumas facetas da cidade, não é mesmo?

Tais singularidades também são exploradas pelos artistas urbanos, que marcam a cidade com as suas intervenções e *performances*. Essas são outras formas de atuação em processos poéticos, tendo em vista seus trabalhos bidimensionais. No seu caso, você já realizou algum trabalho artístico na rua ou a partir dela?

4.2.1 O urbano como paisagem

Conforme estudamos no primeiro capítulo, os espaços urbanos também podem ser considerados como paisagem. Vimos que no contexto contemporâneo os artistas têm assumido um olhar mais abrangente sobre o conceito de paisagem, compreendida como categoria para além da condição exclusiva de cenário natural.

Dessa forma, também ressaltamos o urbano como objeto de interesse da arte. Nesse caso, estamos nos referindo a trabalhos cujo tema ou assunto principal busca dar conta das visões urbanas, dos cenários dos grandes centros, do cotidiano da vida nas cidades, enfim, do espaço público e das relações com aqueles que nele habitam e circulam.

Como exemplo dessa tendência, citamos uma das obras recentes de Vik Muniz (1961-), da coleção "Cartões postais de lugar nenhum", na qual o artista propõe imagens de cidades famosas, como Paris e Rio de Janeiro. Esse é o caso da obra *São Paulo*.

> ### Para saber mais
>
> Acesse o *link* a seguir e confira o quadro anteriormente citado:
>
> VIK MUNIZ. **Postcards from Nowhere**. Disponível em: <http://vikmuniz.net/pt/gallery/postcards-from-nowhere>. Acesso em: 9 jan. 2017.
>
> Observando essa reprodução, em sua opinião, como o artista teria realizado esse trabalho? Quais técnicas e materiais ele teria adotado para chegar a essa visão de cidade?
>
> Além disso, experimente distanciar-se e, depois, aproximar-se da imagem. Nesse rápido exercício, possivelmente você perceberá variações entre um olhar mais distante e um olhar mais próximo da imagem. Quando a visão parte de uma posição mais longe, temos a tendência de perceber mais vívidos os contornos que formam o todo da cidade representada.
>
> Em contrapartida, em uma posição mais próxima da imagem, os detalhes tendem a se pronunciar. Nesse caso, os fragmentos de cartões-postais, que compõem a obra, ficam ainda mais explícitos, não é verdade?

Para a curadora da exposição, Ligia Canongia (2014, p. 15, grifo nosso):

> Vik Muniz lança o espectador à tarefa de enfrentar sua própria ilusão, frustra as expectativas do senso comum e trabalha exatamente com a familiaridade das coisas para alterar a percepção que se tem delas. Insinua no trabalho, uma série de "realidades" em camadas, acessíveis de acordo com o desenvolvimento progressivo da natureza dos objetos ou das fotografias, das suas faces ocultas, ou de acordo com a distância que dele se toma. A atenção dada pelo artista a essa percepção móvel que muitas vezes envolve o **deslocamento espacial** dos observadores, não somente enfatiza a mudança de orientação do objeto para o sujeito, como reforça a ideia de "essências" múltiplas, antiplatônicas e erráticas.

O artista parece atuar por meio da ilusão mediada pela relação espacial entre o espectador e a obra. Além disso, no caso desse trabalho, quais relações você percebe entre a cidade, enquanto assunto central, e o material, isto é, os cartões-postais?

Várias são as possibilidades interpretativas. De todo modo, nesse exemplo, o artista toma a cidade como tema e assunto, não é mesmo? Agora, vamos discutir um pouco sobre as possibilidades de apropriação dos espaços das cidades como suporte dos trabalhos.

4.2.2 Arte urbana

Segundo Schiller e Schiller (2015, p. 9): "Para um artista urbano, o que a arte tem de mais divertido e apaixonante está em seu processo de criação, e não em sua peça finalizada". Os autores ressaltam ainda que "O prazer vem do aspecto comunitário e social de expor um trabalho em lugar aberto e sem muito tempo para se preocupar com perfeições" (Schiller; Schiller, 2015, p. 9).

Agora, em sua opinião, o que torna o trabalho do artista urbano diferente do de um artista que atua exclusivamente em seu ateliê? Quais são as vantagens e desvantagens de se trabalhar diretamente sobre o corpo da cidade?

Certamente, as relações com o espaço são outras, não é mesmo? Afinal, quando está trabalhando, o artista urbano nem sempre tem o controle sobre seu entorno. Em último caso, ele age sobre o espaço de circulação; por isso, seu trabalho pode apresentar certa vulnerabilidade.

Também não podemos esquecer o caráter transgressor da arte urbana, assumido por alguns artistas ao operarem em lugares não autorizados. Esse tipo de intervenção levanta discussões sobre os limites da apropriação do espaço público e privado – aspecto este, aliás, bastante polêmico.

De qualquer modo, esse tipo de arte propõe relações com o espectador que são de outra natureza, se comparadas a uma visita a um museu. Esse espectador nem sempre espera encontrar o trabalho em seu percurso cotidiano. Nesse sentido, a arte urbana parece mais acessível ou, pelo menos, mais popular, corriqueira.

Alguns artistas propõem discussões em torno da preservação do próprio ambiente de ação: a cidade. Como Sergio Leal ressalta, em entrevista mencionada na pesquisa de Katia Canton (2009b, p. 47):

"O grafite também é uma forma de rebeldia, de autoafirmação, de ser alguém nesse contexto de violência urbana. O espaço público da cidade é muito mal usado, é como se o espaço público fosse o espaço de ninguém, todos acabam descuidando, jogando lixo na rua".

Além disso, a conservação dos trabalhos é outro elemento que estabelece uma diferença entre esse tipo de arte e as obras que permanecem em espaços fechados, uma vez que o artista urbano não tem o domínio do que será esse seu trabalho no futuro.

Nesse sentido, a arte urbana apresenta-se, em geral, como uma arte efêmera, uma vez que sua expectativa de existência é limitada pelo tempo. Assim, como ainda ressaltam Schiller e Schiller (2015, p. 9): "Já que o artista urbano tem consciência desse fenômeno, pode-se dizer que ele experimenta uma liberdade e uma falta de controle inerentes a seu trabalho, capazes de comunicar o poder e o impacto emocional da peça que ele está produzindo.".

Além desses aspectos a serem considerados no caso da arte pública, vamos pensar mais sobre as ruas como tema e suporte da ação artística.

4.3 As ruas

Você acha que as ruas podem ser entendidas como as veias das cidades? Isto é, como caminhos de passagem, de fluxo, de circulação viva e pulsante?

Nas veredas das cidades, encontramos caminhantes cujos destinos desconhecemos. Porém, notamos seus movimentos por entre as ruas e os edifícios.

Atentamos para os cheiros, o clima, a atmosfera de cada lugar. Assim, buscamos avaliar também algumas sensações e pensamentos que podem ser levantados em uma simples experiência de caminhar nas ruas.

Por isso, experimente também olhar poeticamente para esses lugares. Observe o que é belo/feio, engraçado/triste, rico/pobre, comum/exótico. Perceba, enfim, as expressões que podem ser encontradas nas cidades. Assim, caro leitor, procure rever os seus percursos cotidianos como potenciais poéticos de ação em artes visuais.

4.3.1 Caminhos cotidianos

Você já parou para pensar no caminho de deslocamento entre o seu trabalho e sua casa, ou entre o lugar onde você mora e a padaria ou o mercado que costuma frequentar? Ainda, já parou pra pensar no caminho a tomar de sua casa para a de um(a) amigo(a), um familiar, um(a) namorado(a)? O que há no espaço que conecta um ponto ao outro?

Reflita, analise, busque elementos poéticos em suas passagens pelas ruas. Existem percursos que podem ser bastante corriqueiros. No entanto, eles podem ser interpretados como mapas pessoais, pois são caminhos de circulação que, de alguma maneira, são particulares.

A propósito, você já ouviu falar em artistas que trabalham com mapas?

Os mapas são a matéria principal da cartografia, uma ciência que se dedica à representação gráfica do espaço. Contudo, a arte também pode se apropriar de algumas noções desse campo. Afinal, podemos encarar os mapas por um ponto de vista relativamente objetivo, mas eles ainda podem ser considerados por meio de um olhar estético, artístico. Nesse sentido, como Fialho (2006, p. 1-2) destaca:

> Considerados como documentos científicos, os mapas são vistos e supostos como objetivos e neutros. Já quando tomados como objetos estéticos, eles são conformados por várias escolhas formais, incorporando, assim, valores culturais e crenças políticas ao figurarem e reconfigurarem o espaço. E isto porque a arte e a cartografia inventam os espaços e constroem o mundo e seus lugares. Ou seja: interpretam, à sua maneira, o espaço.

Como exemplo da apropriação artística da cartografia, citamos o trabalho do argentino **Guillermo Kuitca** (1961-), que desde os anos 1980 apresenta obras elaboradas com base em mapas de lugares em que não esteve, como a China, a Noruega e o Afeganistão. Seus trabalhos são formas de visitação espacial por meio da representação cartográfica.

Em uma de suas obras mais representativas, intitulada *Le sacre*, o artista pintou mapas imaginários em colchões, como pode ser visto na Figura 4.1.

Figura 4.1 – *Le Sacre*, **de Guilhermo Kuitca**

KUITCA, Guillermo. **Le Sacre**. 1992. Acrílica em colchão com pernas em madeira e bronze (54 camas): 120 × 60 × 20 cm (cada cama). Collection of the Museum of Fine Arts, Houston.

Segundo relato do artista:

Le sacre obviamente é um desenvolvimento do meu trabalho com colchões, retomando a primeira obra que fiz com esse objeto, uma série de três colchões que foi mostrada na Bienal de São Paulo de

163

> 1989. As camas de *Le sacre* são menores do que camas de verdade, por isso às vezes são chamadas de "camitas". Eu queria brincar com a perspectiva e o tamanho das coisas; não estamos tão próximos delas quanto pensamos. Eu queria um olhar ampliado de algo, como a cama, um objeto tão próximo quanto nosso próprio corpo, para então visualizá-la dentro da casa, a casa dentro da cidade, e a cidade dentro do mapa. Um zoom que se aproxima cada vez mais, ou se afasta cada vez mais. (Kuitca, 2014)

Dessa forma, a obra de Kuitca parece amparar-se no conceito de espaço com relação às escalas. Além disso, o artista considera a ideia do movimento de proximidade e afastamento com os objetos. Sua cartografia ora se baseia na condição do espaço real, ora se pronuncia como produto da criação, ficção, imaginação do artista.

Enfim, muitas são as possibilidades de ação a partir do espaço representado pela cartografia. Como exemplo, leia também as nossas ideias de trabalho a seguir.

Ideia de trabalho
Percursos e trajetos: mapas possíveis

Como caminho para uma investigação poética em diálogo com a cartografia, você poderá experimentar a criação de desenhos de mapas vividos. Isso significa que deverá analisar os percursos que realiza e produzir desenhos a partir deles. Na sequência, poderá escolher:
- Criar um livro de artista com seus percursos, produzindo anotações de suas vivências e acrescentando desenhos relacionados aos lugares de passagem.
- Com base nas experiências do trajeto, desenvolver imagens ou textos, a fim de interferir em certos lugares do espaço percorrido etc.
- Outra opção será explorar os estudos cartográficos, como os mapas encontrados em livros ou na internet, e preferir desenvolver trabalhos da seguinte forma:
- A partir dos traços nos mapas, criar em técnicas e materiais diversos.
- A partir da geometria encontrada nas imagens cartográficas, produzir outras soluções formais.
- Buscar cenas nas imagens de satélite e produzir desenhos, colagens, pinturas, pôsteres, *sticks* etc.
    Apresentamos apenas algumas ideias de ação considerando tal temática.

4.3.2 Elementos das ruas

Existem outras possibilidades de intervenção no espaço por meio das técnicas da arte urbana, como o grafite e o estêncil. O britânico de pseudônimo **Banksy** (1974-) é um dos artistas conhecidos pelo uso dessas técnicas, com as quais cria obras de tom sarcástico pelas cidades.

Além de Banksy, a obra do artista francês conhecido como **Oakoak** também estabelece relações com o espaço urbano por meio de tais técnicas em pintura. Com suas intervenções, ele se apropria dos elementos da cidade.

O artista cria personagens a partir dos elementos encontrados na cidade, a exemplo de restos de construções, semáforos, postes, hidrômetros, placas de sinalização etc.

Isso também ocorre sua outra série, intitulada "Life Is a Game" ("A vida é um jogo", em tradução livre), na qual Oakoak apresenta suas referências da arte *pop* pela presença marcada de elementos próprios da linguagem de ilustração e de revistas em quadrinhos.

Assim, com um olhar cômico, o artista ressignifica, ou seja, reformula significados para os espaços urbanos e cria narrativas para as coisas cotidianas da cidade, personificando-as. Esse é mais um exemplo de como podemos nos apropriar das formas que habitam a paisagem urbana.

Nas últimas décadas, os métodos como o estêncil e o grafite passaram de ações marginais para alcançar o reconhecimento de manifestações artísticas pelas instituições culturais (Blauth; Possa, 2012).

O **grafite** refere-se a um processo de pintura de imagens e palavras por meio de tinta *spray* diretamente sobre os suportes – normalmente, os muros das cidades. O termo internacionalmente usado para definir essa linguagem é o *grafitti*, que vem do italiano *grafito* e significa *inscrição* (Cascardo, 2012).

Já a técnica do **estêncil** consiste no uso de uma matriz recortada em um suporte, como o acetato, que irá servir como molde para a pintura.

Além desses métodos, citamos os **pôsteres**, que são cartazes afixados, conforme comentamos na proposta de atividade a seguir.

Ideia de trabalho
Interferindo no espaço

Como estudamos, uma das possibilidades de trabalhar em diálogo com a paisagem está na apropriação de espaços por meio do desenho. Assim, por exemplo, é possível criar algumas intervenções colando pôsteres. Esse método se caracteriza pela colagem de cartazes em muros, em papel pouco denso e que contém textos e imagens.

A propósito, no livro *Street Art*, organizado por Benke Carlsson e Hop Louie, alguns artistas apresentam métodos de intervenção urbana. Louie ensina como fazer seu próprio pôster.

Primeiramente, o artista urbano propõe que se pense no motivo do trabalho e em várias técnicas como impressões, fotocópias, estênceis e serigrafia. Hop Louie pontua sobre sua prática:

> Costumo fazer meus desenhos em folhas de sulfite (A4) e copiá-los em uma transparência. A seguir, fixo o papel que usarei para pôster em uma parede e, com um retroprojetor, projeto o desenho da transparência sobre esse papel, de forma que possa traçar os contornos do desenho com tinta. É importante dizer também que o marcador precisa ser à prova d'água.
> (Carlsson; Louie, 2015, p. 18)

No método de colagem de pôsteres, é interessante refletir sobre o tipo de papel a ser usado, que deverá ser fino para colar melhor, a exemplo do papel jornal. A tinta também precisará ser à prova d'água, conforme ainda sugere Hop Louie.

No livro, o artista indica a cola de papel de parede e menciona que o pôster pode ser coberto com verniz para se chegar a um resultado mais brilhante.

É possível produzir trabalhos de intervenção urbana também a partir do método popularmente conhecido como *lambe-lambe*. Essa técnica se assemelha ao que Hop Louie propõe para os seus pôsteres, mas se caracteriza pela fixação de cartazes com uma cola a base de polvilho ou farinha de trigo.

Por fim, nesses tipos de trabalhos, sugerimos que você trabalhe com segurança, interferindo em espaços permitidos.

4.4 Arquiteturas

Como já estudamos, as relações entre a arte e a arquitetura não são recentes na história. Afinal, se pensarmos sobre os afrescos[2] dos templos religiosos do período gótico, a exemplo de *A lamentação* (1305), de **Giotto di Bondone** (1266-1337), na Capela dell'Arena (Itália) ou, ainda, de *A criação de Adão* (1482), de **Michelangelo** (1475-1564), na Capela Sistina (Vaticano), realizada durante o Renascimento, constataremos essa antiga presença da arte nos espaços arquitetônicos, não é mesmo?

Como indícios das relações entre as imagens e o espaço arquitetônico, podemos ir ainda mais longe e considerar as manifestações da arte rupestre nas inscrições de cavernas, referentes ao período de 30 a 25 mil anos a.C. (Guidon; Martin, 2009).

De modo semelhante, na arte contemporânea, a arquitetura é ainda tomada como suporte sob as mais diversas soluções, como no caso das instalações, formas de organização de certos elementos no espaço expositivo, ou ainda das intervenções urbanas, por meio de adesivos, estênceis, grafites etc.

Além disso, na arte de nosso tempo, a arquitetura também é adotada como tema central de alguns artistas, que se apropriam das formas estruturais dos espaços para além da condição de cenários de seus personagens, concebendo a arquitetura como conteúdo e forma em seus trabalhos.

É o caso da instalação do brasileiro **Hélio Oiticica** (1937-1980), intitulada *Invenção da cor, Penetrável Magic Square nº 5 – "De Luxe"*, de 1977, que apresenta uma espécie de construção em módulos coloridos, como paredes.

Essa obra, exposta na Figura 4.2, foi produzida postumamente com base nos projetos do artista. A instalação possibilita ao espectador caminhar por entre as grandes estruturas de cor, isto é, permite que ele habite fisicamente a pintura, em uma expectativa de criar novas relações com o visitante.

---

2   O **afresco** ou fresco é uma técnica tradicional da pintura que consiste na aplicação de tinta líquida à base de água sobre uma parede. Quanto às obras nos templos, a superfície era embebida em argamassa úmida à base de areia e cal ou gesso. O pintor umedecia a parede para preparar a aplicação da massa. Depois, o desenho era feito com têmpera (uma espécie de guache), e então ele aplicava a tinta diluída em água (Bontcé, 1975).

Enfim, a arte contemporânea pode dialogar com a arquitetura das mais diversas maneiras. Por isso, vamos explorar um pouco mais essas relações, a começar pela arquitetura como suporte da arte.

Figura 4.2 – *Invenção da cor, Penetrável Magic Square nº 5 – "De Luxe"*, de Hélio Oiticica

OITICICA, Hélio. **Invenção da cor, Penetrável Magic Square nº 5 –"De Luxe"**. 1978.

4.4.1 Arquitetura como suporte

Dois dos artistas mais representativos da relação entre a arquitetura e a arte contemporânea são o búlgaro **Christo** (1935-) e a francesa[3] **Jeanne-Claude** (1935-2009), ambos radicados nos Estados Unidos. O casal, desde a década de 1960, investigava os limites da arquitetura por meio de suas instalações urbanas em grande escala, como você pode conferir na Figura 4.3.

Perceba que na obra intitulada *Wrapped Kunsthalle* (*Museu Kunsthalle embrulhado*, em tradução livre), de 1968, os artistas "embrulharam" um prédio.

Esse é o museu de arte Kunsthalle, localizado em Berna, na Suíça. Na ocasião, comemorava-se os 50 anos de existência do local. Com a ajuda de trabalhadores da construção civil, os artistas envolveram a construção com 2.430 m² de polietileno e 3 km de corda de náilon, mas mantiveram uma abertura na entrada do museu, que permaneceu assim por uma semana (Bourdon, 1970).

Essa obra, portanto, foi efêmera, pois tinha um limite de permanência no local. Antes dessa execução, Christo elaborou desenhos do projeto e os expôs ao público em diversas ocasiões.

Nesse caso, o desenho como linguagem também fez parte da primeira etapa do trabalho. Ainda em diálogo com a arquitetura, os artistas criaram maquetes do projeto, simulando os resultados finais nos ambientes.

Figura 4.3 – *Wrapped Kunsthalle*, de Christo e Jeanne-Claude

CHRISTO; JEANNE-CLAUDE. **Wrapped Kunsthalle**. 1967-1968. Berna, Suíça.

---

3 Jeanne-Claude nasceu em Casablanca, cidade marroquina colonizada pela França durante os anos de 1912 a 1956.

Agora, em sua opinião, quais relações podemos extrair desse tipo de trabalho, no qual a estrutura está sendo apropriada de modo tão marcante? A ação dos artistas propõe algo espetacular, grandioso, não é mesmo? Por isso, reflita: o que o ato de embrulhar algo como uma edificação pública pode sugerir?

De modo geral, podemos considerar que os prédios públicos, como esse museu, estão impregnados de conceitos como memória coletiva, espaço de cultura, lugar de conservação e marca urbana.

Por isso, as possibilidades interpretativas podem ser variadas, bem como são complexos os aspectos envolvidos nesse tipo de trabalho, como Furegatti (2014, p. 120) destaca:

> na sua criação, na infraestrutura que exige, nos números e cifras que envolve e igualmente em sua leitura: lançados para ocuparem o mundo real, mas construídos por meio de fotos e desenhos ilusionistas e maquetes, o conhecimento preliminar da existência de um projeto não permite ao espectador comum sabê-lo de fato. Por um lado, temos a complicada engenharia de realização e por outro, a rapidez do seu período de instalação no lugar.

Em suma, podemos considerar que o espaço é parte decisiva do trabalho desses artistas, ao tomarem a arquitetura como suporte e nos levarem a pensar também na arquitetura como tema.

4.4.2 Arquitetura como tema e arquiteturas imaginárias

Além de servir ao propósito de suporte, a arte se apropria da arquitetura como tema, a exemplo das obras do artista e arquiteto português **Nadir Afonso** (1920-2013), que trabalha com painéis em azulejo e têm como foco os espaços urbanos. Além desse artista, citamos a obra do brasileiro **Gregório Gruber** (1951-), que apresenta pinturas cuja poética circunda lugares do corpo da cidade.

Para uma abordagem nesse sentido, um dos modos de pesquisa pode estar no estudo das estruturas arquitetônicas, como as de prédios históricos, casas, fábricas, escolas, enfim, edificações de modo geral. Por isso, busque analisar as formas que aparecem nos espaços. Desenhe ao ar livre, crie esboços, experimente os ângulos, os recortes, os elementos arquitetônicos etc. A partir de seus croquis, reelabore outras soluções formais na abordagem desse tema, seja em pintura, seja em desenho, seja em colagem.

Além da apropriação dos espaços arquitetônicos reais, ainda é possível explorar a noção de arquiteturas imaginárias, como faz o artista alemão **Franz Ackermann** (1963-) ao criar lugares mentais em suas pinturas. O artista combina áreas de cor com partes do que seriam edificações reconhecíveis. De modo análogo, você também pode experimentar criar lugares ou desenvolver novos contornos para estruturas arquitetônicas, tangenciando as formas já existentes.

Com base em suas referências, você também poderá propor desconstruções, edificações fantásticas, imprecisas, improváveis, cômicas, ousadas etc. Experimente as possibilidades que o tema pode gerar.

4.5 Os interiores

Além da arquitetura externa, é possível explorarmos os espaços internos em nossos trabalhos. O artista brasileiro **Cildo Meireles** (1948-) propôs um olhar para os lugares internos, por exemplo, em sua obra intitulada *Desvio para o vermelho*[4]. Um dos espaços pode ser conferido na Figura 4.4.

Figura 4.4 – *Desvio pra o vermelho: Impregnação*, de Cildo Meireles

Daniela Paoliello/Cortesia Instituto Inhotim

MEIRELES, Cildo. **Desvio pra o vermelho**: Impregnação, Entorno, Desvio. 1967-1984. Técnica mista, materiais diversos.

Quando olhamos para essa imagem, que relações podemos perceber? A princípio, trata-se de uma sala repleta de objetos

4   Esse trabalho de Cildo Meireles também contém as partes *Entorno* e *Desvio*.

comuns. Perceba que há um sofá, uma mesa, um telefone, entre outros objetos corriqueiros. Mas o que torna essa composição especial?

Certamente, você notou a cor vermelha como elemento que causa o estranhamento proposto na cena. A lógica do espaço interno cotidiano é quebrada por essa condição inusitada: todos os elementos respondem à mesma escolha cromática: são vermelhos. Isso causa o impacto na visão.

Você concorda que nessa obra o espaço interno é também tema do trabalho? Como podemos ver, por meio da organização dos objetos, o artista reconstrói as condições de uma sala doméstica, mesmo que esteja construída em um museu. Com essa reconstrução, podemos reconhecer o espaço privado também como tema na proposta de Meireles.

Essa obra foi originalmente concebida em 1967 e, depois, remontada em 1984. Desde 2006, é exibida em caráter permanente no Instituto Inhotim, em Brumadinho (MG), um importante museu que concentra diversos acervos de arte contemporânea.

A propósito, na pesquisa de Cildo Meireles, os espaços arquitetônicos começaram a aparecer já em seus desenhos e a se concretizarem fisicamente em suas instalações (Grando; Almonfrey, 2012), como no caso da obra exposta na Figura 4.4.

Além da apropriação do espaço a partir de intervenções, também podemos experimentar a representação do espaço por meio das linguagens bidimensionais da gravura, da pintura, da colagem e do desenho, entre outros.

4.5.1 Representando o espaço interno

Especialmente a partir do Renascimento, a arte passou a contar com os estudos da **perspectiva**[5] para a representação do espaço, os quais possibilitariam ao pintor conseguir o efeito visual das três dimensões: altura, largura e profundidade.

---

5   A ideia de perspectiva na arte foi introduzida por Filippo Brunelleschi (1377-1446). Porém, foi registrada no tratado *Della Pittura* (1435), de Leon Battista Alberti (1404-1472) (Enciclopédia Itaú Cultural, 2016b).

Ainda no início do século XV, artistas como **Jan van Eyck** (1390-1441) experimentavam essa possibilidade como um evento inteiramente novo, conforme destaca Gombrich (1999). Naquele contexto, a representação dos espaços e objetos voltava-se aos princípios da geometria euclidiana.

Nesse sentido, os artistas se esmeravam no que entendiam ser uma representação correta do espaço, com a intenção de enganar a percepção do observador e simular cenas cuja realidade superava os modelos representativos experimentados até então.

A despeito dos novos sentidos empregados pela arte moderna, que rompeu com os modos tradicionais de representação na virada do século XIX para o XX, a arte não abandonou o desejo interpretar o espaço.

Tal tema ainda é recorrente na atualidade, na medida em que aparece em trabalhos de artistas contemporâneos, como na pintura do britânico **Charles Hardaker** (1934-), que destaca lugares internos como a casa.

Além dele, citamos a obra da alemã **Candida Höfer** (1944-), que desde os anos 1980 representa, por meio de fotografias, espaços arquitetônicos vazios, como instituições educacionais e museus (Archer, 2001).

Muitas são as possibilidades representativas do espaço, seja por meio da fotografia, do desenho ou da colagem, seja por meio da pintura ou da gravura. De todo modo, é interessante que estudemos os espaços.

Nesse estudo, podemos considerar uma visão mais ampla do espaço ou, ainda, composições seletivas, isto é, **detalhes**, conforme explicaremos a seguir.

Ideia de trabalho

Representando espaços: visão ampla e composição seletiva da arquitetura

Você já observou os pormenores da arquitetura de sua cidade? É possível visitar lugares especiais para o contexto histórico e cultural do lugar em que você vive, a exemplo de um museu, uma igreja centenária, um antigo teatro, um colégio considerado patrimônio da cidade... Enfim, estes são espaços que sobreviveram ao tempo e que, por isso, certamente contam diversas histórias.

Com base nessa temática, você pode iniciar um projeto em torno de uma visão ampla do espaço ou através de um olhar seletivo para os elementos arquitetônicos.

Os ambientes marcados pelo tempo são capazes de revelar informações sobre um determinado momento social. Aproveite para conhecer os aspectos contextuais do lugar que você escolher e desenvolva seu projeto a partir das formas materiais dos ambientes.

Se sua intenção for desenvolver um trabalho que valorize uma visão ampliada do espaço, analise a estrutura do lugar em questão e considere alguns aspectos, como proporção – ou seja, a relação que há entre as partes das figuras e o todo.

Se seu objetivo residir na representação seletiva dos detalhes do espaço (mobiliários, janelas, objetos etc.) ou nos detalhes externos (cornijas, frontões, cúpulas, pinturas, os telhados, pilastras, arcos etc.), você poderá usar, como recurso, uma janela confeccionada, conforme mencionamos no Capítulo 1. Ainda, caso seja permitido, fotografe o lugar.

Em seguida, selecione as partes de interesse e experimente sobrepor os elementos destacados da arquitetura, aproxime ou distancie paredes, retire da imagem os objetos que não forem de seu interesse etc. Em suma, selecione e crie sua composição, tendo como referência os espaços internos ou os externos.

4.6 A casa de cada um

Agora, chegamos ao lugar mais pessoal do mundo: a casa em que cada um de nós vive.

Você concorda com a ideia de que a casa pode ser interpretada como lugar de memória, recordações, vivências marcantes? Ela pode carregar vestígios de nossa história pessoal, das presenças e ausências vividas, não é mesmo? Mas, de que modo? Quais objetos e lugares da casa você pode eleger como elementos materiais de sua experiência no tempo?

Além de carregar aspectos de nossa memória afetiva, a casa pode ser considerada, ainda, um espaço de intimidade, identidade, subjetividade. Além das relações meramente práticas entre os que nela habitam, mantemos também relações particulares com os espaços interiores, nos quais vivemos partes consideráveis de nossa existência.

Conforme destaca a pesquisadora Maíra Longhinotti Felippe (2010, p. 299):

> O universo da percepção espacial de um indivíduo possivelmente diz respeito a posturas de diferentes naturezas frente ao entorno. Estabelecemos, por exemplo, relações de caráter utilitário, que colocam em primeiro plano a função ou a serventia de objetos, elementos e lugares; relações nas quais nos posicionamos de maneira a evocar certas características simbólicas do espaço, carregadas de história; ou, ainda, que estão fundamentadas nas impressões ou sensações decorrentes do envolvimento direto e atual do indivíduo junto ao entorno.

Em nosso caso, propomos pensar também a casa como tema para processos poéticos. Quando a concebemos como lugar de memória ou de intimidade, pretendemos recontextualizar o cotidiano doméstico através de um olhar particular e simbólico.

Essa temática pode propor soluções delicadas ou marcantes, bem como remeter ao passado ou ao presente. Além disso, podemos destacar conceitos relacionados à casa e ao ambiente familiar, tais como: fé, esperança, crenças, fraquezas... Enfim, sentimentos que falam das relações pessoais com o nosso lugar de viver. Assim, lancemos foco aos espaços íntimos do lar.

4.6.1 Espaços íntimos: explorando os cantos

Você deve conhecer a famosa pintura *O quarto*, do artista holandês Vincent van Gogh. Trata-se de um lugar bastante íntimo do pintor, não?

Figura 4.5 – *O quarto*, de Vincent van Gogh

VAN GOGH, Vincent. **O quarto**. 1889. 1 óleo sobre tela: color.; 53,5 × 74 cm. Musée d'Orsay.

A que o quarto de dormir lhe remete? Quais são as suas relações com esse lugar tão pessoal?

Van Gogh, em uma de suas muitas cartas escritas, quando morava em Arles (ao sul da França), ao seu irmão Theo, comenta a respeito do esboço dessa obra:

desta vez trata-se simplesmente de meu quarto, só que a cor se encarregará de tudo, insuflando, por sua simplificação, um estilo mais impressivo às coisas e uma sugestão de repouso ou de sono, de um modo geral. Numa palavra, contemplar o quadro deve ser repousante para o cérebro ou, melhor dizendo, para a imaginação. As paredes são violeta-pálido. O piso é de ladrilhos vermelhos. A madeira da cama e das cadeiras, amarelo de manteiga fresca, os lençóis e almofadas de um tom leve de limão esverdeado. A colcha, escarlate. A janela, verde. A mesa de toalete, laranja; a bacia, azul. As portas em lilás.

E é tudo. Neste quarto nada existe que sugira penumbra, cortinas corridas. As amplas linhas do mobiliário, repito, devem expressar absoluto repouso. Retratos nas paredes, um espelho, uma toalha e algumas roupas. A moldura – como não existe branco no quadro – será branca. Isso à maneira de vingança pelo repouso forçado que fui obrigado a fazer. Trabalhei nele o dia inteiro, mas você pode ver como a concepção é simples. As gradações de cor e as sombras estão supridas, o quadro está pintado em gradações leves e planas, livremente jogadas na tela à maneira das gravuras japonesas. (Van Gogh, citado por Gombrich, 1999, p. 548)

Como você pode perceber, o tema *quarto* era considerado simples pelo autor. O texto presente na obra Gombrich (1999), no entanto, sugere o quanto Van Gogh acreditava no potencial simbólico das cores para sua obra.

De modo semelhante, é possível mergulhar no infinito mar de possibilidades que a arquitetura da casa em que você vive pode sugerir em seus processos poéticos.

Por exemplo, se você estiver agora em sua casa, experimente olhar atentamente para esse ambiente. Sugerimos que não o veja apenas como espaço de vida comum, mas como um lugar que carrega um pouco de sua personalidade, bem como da dos que vivem com você.

Observe os objetos, as coisas que lhes servem todos os dias. O que há de pessoal em sua casa? O que ela pode contar sobre você? Se puder eleger um dos objetos ou cômodos que melhor definiria sua experiência nessa casa, qual você escolheria? Por quê?

O ato de criar relações entre você e o espaço pode contribuir para o desenvolvimento de um olhar poético, tanto voltado para si mesmo quanto para suas coisas e para suas experiências no mundo. Não deixe de exercitar tal possibilidade em seus projetos.

4.6.2 Processos de criação a partir de objetos domésticos

Os objetos domésticos também são elementos recorrentes na obra de artistas contemporâneos. Por exemplo, alguns trabalhos que dialogam com essa temática aparecem na exposição "A casa", organizada por Katia Canton, que aconteceu entre 2015 e 2016, no Museu de Arte Contemporânea da Universidade de São Paulo (MAC/USP) (MAC, 2016).

Os objetos à mostra nessa exposição não foram dispostos em ordem cronológica, mas, sim, ressaltados em relação à função que eles teriam em uma casa comum. Apesar de serem objetos funcionais, foram apropriados e sofreram interferências dos artistas.

Exemplos estão na obra de **Alex Vallauri** (1949-1987), uma geladeira pintada com tinta *spray*, e na obra *Onça pintada n. 1*, de **Leda Catunda** (1961-), desenvolvida a partir de pintura em acrílica sobre cobertor.

Essa exposição destacou alguns modos pelos quais é possível começar a explorar, em nossas pesquisas, elementos comuns aos ambientes domésticos, partindo da intimidade do lar.

> ### Ideia de trabalho
> #### (Re)visitando a casa
>
> Como atividade, experimente desenvolver trabalhos a partir de imagens de sua casa. Visite seu jardim (caso haja um em sua casa), observe o espaço externo através da janela, caminhe pelos cômodos em busca de objetos de seu interesse, fotografe elementos de sua casa, desenhe os lugares, toque nas coisas… Enfim, busque lançar um olhar poético nessa visita ao seu próprio espaço de vivência.
>
> Observando cantos ou objetos, você poderá pensar a casa como temática ou como o próprio suporte de ação. Considere as possibilidades materiais e as ideias que possam derivar de sua investigação poética. E não deixe de pesquisar mais referências de autores que de alguma maneira se apoiam nessa temática.

4.7 As relações entre espaço e obra

Por fim, vamos pensar um pouco sobre as relações entre espaço e obra. Como sabemos, é especialmente a partir da segunda metade do século XX que a arte segue para outros espaços expositivos não institucionalizados, a exemplo das ruas, pois, naquele momento, "se proliferaram diversas manifestações artísticas que criticavam o sistema da arte, por meio de suas instituições, os museus de arte moderna e seus padrões convencionais de espaço expositivo" (Macedo; Bortolli Junior, 2014, p. 3).

Em tal contexto, a ideia do "cubo modernista", como se referia o crítico Brian O'Doherty, não supriria mais as necessidades da arte. Desse modo, além dos espaços considerados sacralizados, como museus e galerias, os objetos de arte passaram a estar presentes nos mais diversos lugares.

Sabemos que os espaços onde estão situadas as obras acabam por mediar a relação entre o espectador e o trabalho. Não se trata de um ambiente imune. Pelo contrário, ele acaba por influenciar os resultados na percepção dos trabalhos pelos espectadores. Por exemplo, um cartaz exposto em uma galeria teria o mesmo efeito se estivesse colado em algum poste ou muro nas ruas? Provavelmente, você concorda que as relações entre o espectador e a obra se dão de modos diferentes nesses casos, não é mesmo?

De modo geral, há relações entre o objeto de arte, o espaço e o espectador, as quais podem variar e vão depender dos arranjos propostos. Por isso, em uma exposição, a curadoria, ou seja, a(s) pessoa(s) responsável(is) pela organização e montagem do evento expositivo, deverá considerar aspectos como o local de apresentação da obra, a ordem dos objetos, a iluminação etc. Enfim, é preciso avaliar todos os aspectos técnicos que poderão contribuir com o diálogo entre público e obra.

Assim, na produção de seus trabalhos, pense também na forma como gostaria de apresentá-lo em uma exposição. Você pode, inclusive, criar projetos para fazer a disposição de seus trabalhos no espaço, considerando-o sempre como um importante mediador entre seus processos poéticos e o espectador.

Síntese

Neste capítulo, estudamos várias possibilidades de diálogo com o espaço. Mencionamos uma abordagem que privilegia um olhar para a amplitude da cidade e outra que a toma em seus detalhes, enquanto espaço público.

Além disso, como perspectiva, comentamos o espaço privado, em especial, a casa em que cada um habita, como ambiente que ressalta aspectos relativos à intimidade, como as memórias e os afetos.

Ainda, estudamos o espaço como temática e também enquanto suporte do fazer artístico. Por fim, focamos no espaço na condição lugar de exposição para trabalhos. Analisamos também que na arte contemporânea não se adota uma perspectiva única na abordagem do espaço, pois, além de tema e suporte, ele passa a ser também objeto que compõe a própria obra, modulando a participação do espectador.

Atividades de autoavaliação

1. Com base na leitura da citação indicada a seguir e no conteúdo estudado no capítulo, assinale (V) para os itens verdadeiros e (F) para os falsos:

> Quando a Arte deixou o Museu em busca de um público maior, tornou, consequentemente, e de forma mais incisiva, 'pública' a presença da arte e do artista. O artista 'público' contemporâneo trabalha *in situ*, ou seja, analisa meticulosamente as condições do lugar (a escala, o usuário e a complexidade do contexto), visto que o sucesso da obra depende da recepção do observador. Com isto, o artista ampliou seus meios e passou, também, a construir incorporando novas fontes de referência como a ciência, a biologia, a construção, a iluminação, a decoração, o som, a moda, o cinema, os computadores etc. A transição das instalações efêmeras para as construções permanentes estabelece aproximação com a arquitetura, principalmente no que se refere ao modo de conceber o espaço e a sua psicologia de uso. Os limites entre a Arte e a Arquitetura tornam-se difusos à medida que, tanto uma quanto outra,

inspiram-se na experiência física do sujeito determinada pela natureza do lugar. A Arquitetura sempre foi, por definição, pública, contudo, as transformações contextuais dos últimos vinte anos levaram esta disciplina a um processo de adaptação (tal qual a Arte). (Cartaxo, 2009)

( ) Para o artista urbano contemporâneo, o espaço se torna um elemento fundamental em sua ação, pois, de modo geral, ele cria diálogos com as condições físicas do ambiente.

( ) A arte urbana não supõe a participação do observador, já que considera que o objeto artístico independe do acesso a ele;, afinal, a arte sempre supera tal relação de dependência do espectador e define-se apenas na realização do autor ao criar a obra.

( ) A arte contemporânea se agrega às mais variadas áreas do conhecimento humano. Por exemplo, propõe diálogos com a arquitetura ao criar relações com o espaço para além das proposições que o tomam exclusivamente como tema.

( ) Não é apropriado dizer que a arquitetura e a arte dialogam na contemporaneidade; afinal, a arte deve sempre estabelecer uma relação distante do espaço expositivo, na condição de ambiente de mediações entre a obra e o espectador.

A seguir, indique a alternativa correta:

a) V, F, F, F.
b) V, V, F, F.
c) F, V, F, F.
d) V, F, V, F.

2. Sobre a arte urbana, é correto afirmar:
   a) A arte urbana despreza totalmente os espaços institucionais, como os museus e as galerias. Por isso, em contextos como esses, nunca veremos trabalhos em linguagens como o grafite ou estêncil.
   b) Especialmente a partir dos anos 1960, temos percebido que as ruas se tornaram lugar de uma arte que reconsidera os limites do espaço expositivo, ao propor em meios públicos trabalhos em instalações, *performances*, grafites, cartazes, pôsteres, estênceis, adesivos etc.

c) As ações urbanas são completamente marginalizadas, uma vez que não são consideradas frutos de uma manifestação artística instituída no circuito de arte contemporânea.
d) O espaço urbano não pode ser confundido como paisagem, pois esse é um gênero restrito à representação de belos ambientes naturais.

3. Relacione a segunda coluna de acordo com a primeira:

(1) Estêncil
(2) Grafite
(3) Cartaz
(4) Adesivo

( ) Pode ser impresso em grandes tiragens e se caracteriza por ser uma forma expressiva de comunicação, associada historicamente à propaganda de ideologias políticas.
( ) É um tipo de pintura que conta com matrizes perfuradas em material semirrígido, como o acetato ou papel cartão. É desenvolvido no ateliê do artista e pode ser usado inúmeras vezes para repetir a imagem em contextos diferentes.
( ) Trata-se de um objeto com *tag*, normalmente em pequeno formato e com rápida fixação no suporte.
( ) Processo de pintura de imagens e palavras por meio de tinta em *spray* sobre suportes, cujo termo significa *inscrição*.

A seguir, indique a alternativa correta:

a) 4, 2, 1, 3.
b) 3, 1, 4, 2.
c) 4, 3, 1, 2.
d) 4, 3, 2, 1.

4. A respeito das relações ente a arte e arquitetura, assinale a afirmativa correta:
a) Na arte contemporânea, não existem registros de trabalhos que dialoguem com o espaço arquitetônico; afinal, há uma definição muito clara entre os domínios da arte e da arquitetura.
b) A instalação pode ser interpretada como uma apropriação do espaço físico, na qual a obra rompe com os limites do suporte plano, como a tela.

c) Na arte urbana, o tipo da arquitetura pouco importa para o artista, pois ele deseja apenas um suporte que seja considerado público.

d) Os espaços íntimos não carregam significados de interesse para os artistas em nossos dias. Importa-lhes explorar em seus processos poéticos somente os temas considerados superiores ou ideais.

5. Sobre as relações da arte com o espaço, assinale (V) para os itens verdadeiros e (F) para os falsos:

( ) No processo poético de criação, os espaços íntimos e os objetos pessoais podem representar aspectos subjetivos.

( ) Os espaços expositivos e sua organização acabam por mediar as relações entre o espectador e a obra.

( ) O curador é o responsável pelo conceito e pela organização de uma exposição.

( ) O artista urbano conta com a ajuda de um curador para definir os locais de sua atuação.

A seguir, indique a alternativa correta:

a) V, F, F, F.
b) F, V. V, F.
c) F, V, F, V.
d) V, V, V, F.

Atividades de aprendizagem

Questões para reflexão

1. Retome as obras *Desvio pra o vermelho: Impregnação, Entorno, Desvio* (Figura 4.4), de Cildo Meireles, e *O quarto* (Figura 4.5), de Vincent van Gogh. Reflita sobre a relação do espectador com esses trabalhos. Em sua opinião, o que há de diferente entre as obras? Os modos de apreciação de um trabalho bidimensional como a pintura de Van Gogh são os mesmos no caso da instalação tridimensional de Meireles? Por quê?

2. A respeito da pintura, Van Gogh declarou o seguinte, em uma de suas cartas ao irmão Theo: "Numa palavra, contemplar o quadro deve ser repousante para o cérebro ou, melhor dizendo, para a imaginação" (Van Gogh, citado por Gombrich, 1999, p. 548). Por essa declaração, podemos perceber que o pintor esperava atingir um objetivo perceptivo em seu trabalho. Nesse caso, pretendia gerar no observador uma sensação de repouso. Mas o que significa gerar sensações para o espectador por meio de um trabalho de arte? Reflita sobre seus processos poéticos para responder a essa pergunta.

Atividade aplicada: prática

Neste capítulo, trabalhamos com algumas noções estudadas entre arte e espaço. Por isso, agora, você desenvolverá um trabalho prático que leve em consideração a ideia de representação do espaço, isto é, de uma simulação bidimensional do ambiente tridimensional. Além disso, nessa proposta, você criará relações entre o desenho e a colagem.

a) A princípio, escolha um cômodo interno de sua casa – pode ser o seu quarto, a cozinha, a sala etc.
b) Depois, selecione uma cena a ser observada e desenhada, como na Figura A, que mostra um esboço de uma sala cheia de detalhes. Você poderá usar também a caneta nanquim para dar ênfase aos traços.
c) Faça algumas fotocópias desse desenho de observação.
d) Em seguida, recorte partes desse desenho e recrie a representação de um novo espaço. A intenção é que você desenvolva o exercício de organização dos elementos visuais no espaço bidimensional. Por isso, faça testes de composição, experimentando várias possibilidades de ação. Por exemplo, crie um novo fundo utilizando papel colorido, escuro, pardo etc. ou reelabore essa composição de modo inusitado. Quando encontrar a combinação de elementos que lhe satisfaça visualmente, você poderá finalizar a colagem.

Figura A – Esboço de ambiente

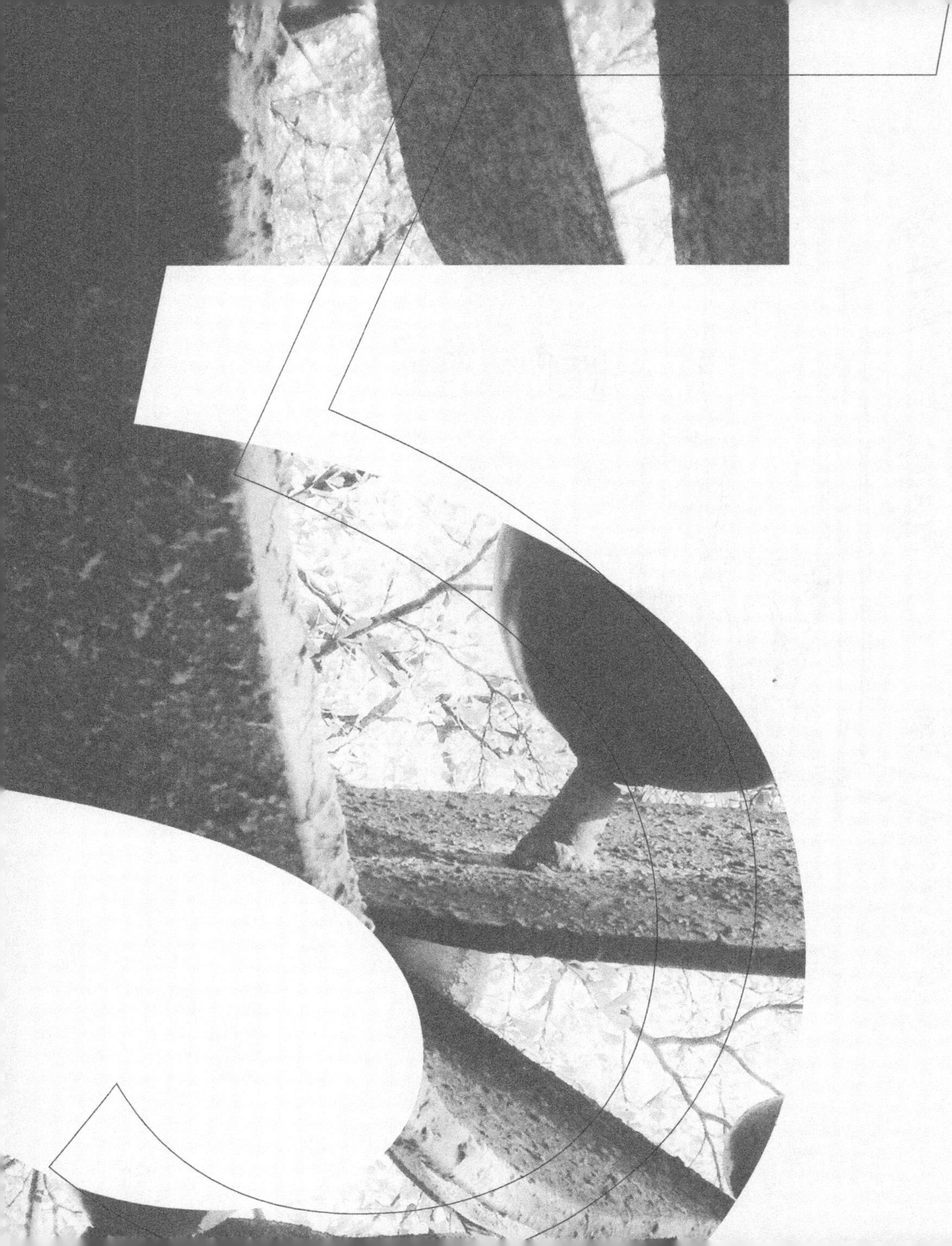

*As coisas que contamos:
narrativas visuais*

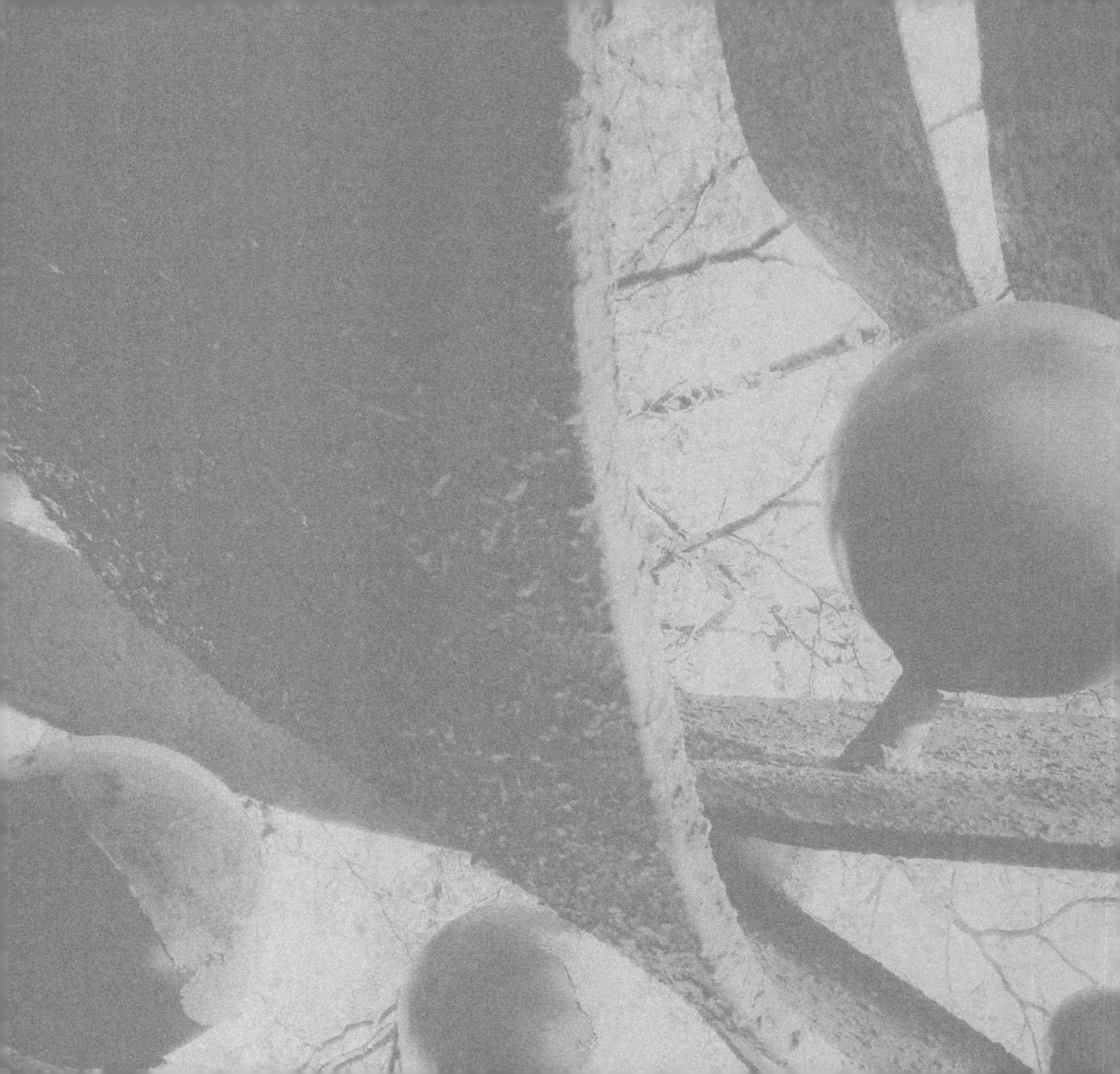

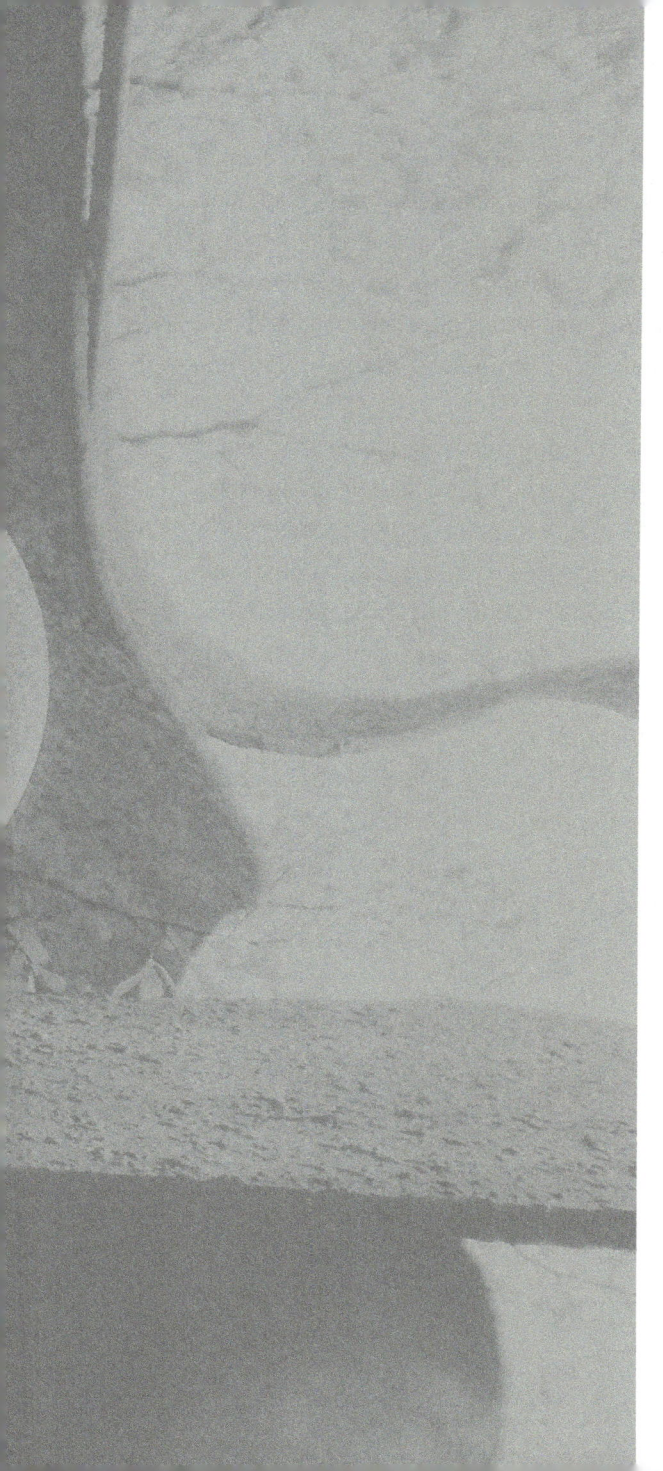

Neste capítulo, estudaremos algumas possibilidades de aplicação de trabalhos bidimensionais na literatura. A ilustração pode ser avaliada como um nicho de atuação do artista visual que se expressa por meio de linguagens bidimensionais, assim como a pintura e o desenho, além de ser considerada temática pertinente ao ensino de arte. Entretanto, no processo criativo desse tipo de trabalho, é preciso considerar as relações que são instituídas entre a imagem e o texto.

Além disso, analisaremos certos aspectos práticos do desenho na composição da imagem estática e da imagem em movimento, como elemento de narrativa visual do tipo sequencial.

5.1 Um diálogo com a literatura: a ilustração

Não é de hoje que a palavra e a imagem dividem espaço nas páginas dos impressos. A invenção da imprensa, no século XV, subsidiou a passagem da produção manuscrita para a reprodução de textos e imagens em maior escala, realizada por meio dos tipos móveis e das prensas.

Desde então, como desdobramento disso, texto e imagem passaram a se inter-relacionar nas mais diversas categorias de impressos: livros didáticos ou paradidáticos, jornais, revistas periódicas, revistas de histórias em quadrinhos, panfletos, cartazes etc.

Além desse material impresso, as evoluções tecnológicas da contemporaneidade permitiram a existência também de textos digitais marcados pela presença da imagem, facilmente encontrados na internet, com efeitos visuais impossíveis de serem fielmente reproduzidos em páginas em papel.

Enfim, vivemos um momento em que os recursos visuais, como a ilustração, permanecem em diálogo constante com a palavra. Nesse contexto, insere-se a figura do ilustrador editorial, um artista que trabalha mais especificamente com ilustrações para diversas publicações periódicas, as quais, além das fotografias, se utilizam do trabalho do ilustrador.

Como exemplo, além de revistas de opinião, podemos citar as corriqueiras revistas de companhias aéreas, de instituições bancárias etc. A cada edição, o editor de texto e o editor de arte de uma revista podem precisar de imagens que sugiram os conceitos destacados nos textos das publicações.

Em seus processos criativos, para compor relações entre as imagens e os textos, os ilustradores fazem uso de variadas técnicas. Das consideradas mais tradicionais (como litografia, ponta-seca, água-forte, aquarela, giz, creiom, pastéis, nanquins pretos e coloridos, carvão, lápis, pena, tintas) aos recursos entendidos como mais modernos (como programas de criação vetorial e de edição de imagens, a exemplo do Adobe Illustrator, CorelDRAW e Adobe Photoshop).

Independentemente das técnicas de ilustração empregadas, é importante que o desenhista entenda que as imagens criadas para dialogar com os textos apresentam certas especificidades a serem consideradas do ponto de vista da percepção do leitor. Os modos pelos quais o texto e a imagem se relacionam e se organizam em um suporte, como o livro, configuram as formas como cada pessoa pode desenvolver sua leitura (Chartier, 1999). Vamos refletir sobre isso a seguir.

Ideia de trabalho
Ilustrando textos e livros

Quando pretendemos trabalhar com imagens para textos, é importante considerar alguns aspectos básicos, como: o público ao qual a obra se destina (adulto ou infantil, por exemplo); as ideias por trás do livro ou do texto (conceitos do autor); os aspectos do texto que são importantes de destacar por meio da imagem, bem como os que é melhor não revelar visualmente.

Não é interessante que a ilustração encerre as possibilidades imaginativas que o texto pode sugerir ao leitor. Não se trata de uma descrição absoluta, mas de uma interpretação do ilustrador.

Um dos exemplos desse tipo de trabalho pode ser visto na Figura 5.1. Trata-se de uma ilustração para um conto infantil intitulado *Pinóquio*.

Figura 5.1 – Desenho para conto infantil *Pinóquio*, de Sara Fanelli

No processo de criação de ilustração editorial, Sara Fanelli costuma se perguntar primeiramente: "que aspecto ou tema quero explorar com a imagem e tento capturá-lo" (Fanelli, citada por Zeegen, 2009, p. 94, tradução nossa).

A desenhista ainda ressalta:

> Não me interessa muito retratar o mesmo que se descreve em um texto. Se o texto é bom, é melhor deixar que as palavras sugiram diretamente a imagem na imaginação do leitor e oferecer, no lugar, uma imagem que mostre detalhes menos óbvios, ou que proporcione uma perspectiva visual inesperada. (Fanelli, citada por Zeegen, 2009, p. 94, tradução nossa)

Assim, é interessante que você reflita sobre a própria produção, ampliando as possibilidades de diálogo com o público. Por isso, também abra espaço para a imaginação do seu espectador, expressando-se por meio de sua poética visual.

5.1.1 Relações entre imagem e texto

Quais são as relações entre imagem e texto? A pergunta parece óbvia. Sabemos que ambos são elementos distintos. Mas o que, precisamente, há de diferente e de semelhante entre eles? Você já parou para pensar nisso?

Primeiramente, vamos falar de aspectos que tornam esses elementos próximos, isto é, parecidos. Podemos concordar que tanto imagem quanto texto são capazes de carregar significados, certo?

No caso do texto, ele traz em si um discurso e, por isso, certo conteúdo textual. Mas e quanto à imagem ou ilustração? Como ela propõe seus discursos em um livro, por exemplo? De que maneira uma narrativa pode ser apresentar imagens?

Para o filósofo Francis Wolff (1950-), a imagem tem uma característica bastante particular se comparada ao texto. O autor destaca que

> a linguagem, por si, tem dificuldade para descrever o indivíduo naquilo que ele tem de **único**, tal pessoa, tal paisagem, tal ato, tal acontecimento; são necessárias longas descrições incompletas e inexatas, ela

> é impotente para descrever tal cor, tal luz, tal impressão de conjunto. A imagem pode mostrar tudo isso em um simples olhar. (Wolff, 2005, p. 25-26, grifo nosso)

Talvez, por isso, descrever uma imagem sem vê-la possa ser algo tão pouco informativo. Logo, entendemos que ela complementa os sentidos de um texto. Além disso, imagens também revelam um poder de sintetizar tudo em um único olhar. Como Lucia Santaella (2012, p. 107) ressalta:

> Percebemos os elementos das imagens de forma simultânea, tudo ao mesmo tempo, mesmo que nossa atenção não se dirija diretamente a todos os detalhes com igual intensidade. O texto escrito, por outro lado, é produzido de maneira linear, uma palavra depois da outra, e recebido de forma sucessiva, como a língua falada.

Em um texto ilustrado, palavra e imagem tendem a interferir no modo como se procederá a leitura de cada pessoa (Chartier, 1999). Por exemplo, podemos perceber casos em que o texto verbal se sobressai em relação à imagem, seja pelo tamanho, seja pela localização etc. Portanto, essa seria uma relação de **dominância** do texto sobre a ilustração, segundo Santaella (2012).

Pensando nesse tipo de relação semântica, isto é, que reflete sobre os significados das duas partes (texto e imagem), a autora propõe algumas categorias de análise e destaca algumas possibilidades de relação entre texto e imagem: dominância, redundância, complementaridade e contradição (Santaella, 2012).

Além da dominância, que pode ocorrer por meio da relação do texto sobre a imagem ou desta sobre o primeiro, a autora destaca que na **redundância** ambos expressam o mesmo conteúdo, sem que a imagem amplie as informações textuais.

Já na **complementaridade**, texto e imagem são importantes para a compreensão do conteúdo da mensagem. Por fim, na **contradição**, há uma ideia de incoerência entre ambos. Ou seja, enquanto o texto cita uma coisa, a imagem sugere outra.

Textos ilustrados permitem destacar essas relações. Contudo, em um trabalho editorial, geralmente, tais relações se referem a escolhas que dependem não apenas do desenho do ilustrador, tampouco do autor que escreveu o texto, mas também da diagramação gráfica, ou seja, da organização da estrutura visual das páginas.

Por isso, as interações entre os dois elementos que estamos analisando vão além das opções de quem escreveu o texto ou do profissional responsável pelas ilustrações. Normalmente, elas dependem de outras instâncias de produção, seja para uma revista, seja para livro etc.

Agora que compreendemos as relações semânticas entre imagem e texto, vamos discutir e explorar as possibilidades de ação, de um ponto de vista prático, para a produção de imagens com vistas à integração com os textos.

5.1.2 Ilustração em prática

> Evidentemente, a técnica e as habilidades são indiscutivelmente valiosas, do mesmo modo que ter uma abordagem que pode ser considerada única. Mas também é igualmente importante a capacidade de criar imagens que sustentem um forte pensamento criativo e que proporcionem ideias de resolver um problema. (Zeegen, 2009, p. 20, tradução nossa)

Como o professor e desenhista Lawrence Zeegen (2009) destaca, o ofício do ilustrador, além de contar com os aspectos técnicos e de considerar a importância do estilo – as características particulares do autor do trabalho –, ainda exige que se faça uma avaliação dos problemas a serem resolvidos com a criação de uma imagem, isto é, dos objetivos por trás de sua criação.

Existem, diante disso, variados propósitos para a criação de uma ilustração. Por isso, para alcançar os objetivos pretendidos no processo de produção de imagens para um material específico, alguns aspectos são fundamentais.

A princípio, é preciso considerar o público para o qual se destina o conteúdo. Por exemplo, existem ilustrações que são do tipo publicitário, destinadas à promoção de certas ideias ou produtos ao público.

Além disso, há as ilustrações do tipo didático, propostas com a intenção de tornar visíveis ao leitor certos aspectos discutidos no conteúdo tratado em um material educativo.

Também, podemos citar as ilustrações do tipo humorísticas, as quais incorporam aspectos como sátira, a exemplo da caricatura, conforme ainda veremos. Ainda, há as ilustrações destinadas a estampar textos literários, como as que se apresentam em livros infantis.

Independentemente dos objetivos, podemos dividir o processo profissional de criação de ilustrações, minimamente, em quatro momentos básicos: o *briefing* (prévia), a concepção (ideia), o esboço e a arte-final. Vamos entender melhor cada um deles:

- **Briefing**: Trata-se de um documento que deve reunir o máximo de informações básicas sobre o projeto de ilustração. Esse documento será resultado das demandas do cliente. Por isso, é importante ter clareza nas ideias, desde o princípio. Por exemplo, é preciso saber quem é o receptor da imagem, ou seja, para qual público a ilustração se destina. Ela pode ser para a indústria discográfica, revistas, livros etc.

  Depois, onde estará situada a ilustração? Em um disco, um livro, em uma capa de caderno? Em qual tamanho ela aparecerá? Deverá ser realizada em preto e branco (p&b) ou colorida? E assim por diante. Essas questões serão um guia para o desenhista saber como proceder, a depender do projeto.

- **Concepção**: Nesta etapa, define-se boa parte do processo criador das imagens ilustrativas. A concepção depende das intenções previstas no *briefing*. Nesse momento, as ideias que dão base à imagem já precisam estar bem definidas. Afinal, devem ser compreendidas com clareza pelo público-alvo da ilustração. Como Zeegen (2009, p. 20, tradução nossa) destaca: "O conceito pode parecer escondido em um primeiro momento, mas se transmite com êxito quando o receptor esmiúça a imagem".

  Para a definição das principais ideias por trás de uma imagem, também é preciso fazer uma pesquisa de referências. Por exemplo, em uma ilustração cujo tema envolva a representação de pessoas, importa que o desenhista estude aspectos relativos à anatomia humana, bem como os demais elementos envolvidos na solução do trabalho. Para tanto, deve desenvolver estudos de observação ou buscar referências bibliográficas e visuais que se relacionem com o projeto.

- **Esboço**: Deve ser uma prática comum para o desenhista. Por isso, é interessante que o ilustrador tenha sempre à mão um *sketchbook* (caderno ou livro de rascunho). Para esta etapa, sugerimos, enquanto materiais básicos aos projetos, lápis mais macios, como 3B ou 4B, ou uma lapiseira com grafite de 0,9 mm, borracha macia ou limpa-tipos (também conhecida como "miolo de pão"), além de estilete ou apontador, para manter a qualidade do desenho. Como sabemos, o esboço deve ser uma prática comum para o desenhista. Por isso, indicamos que ele tenha também um *sketchbook* (caderno ou livro de rascunho).
- **Arte-final**: Como última etapa, o desenhista deve aplicar as técnicas que concluirão o trabalho, como aquarela, pastéis, lápis de cor e nanquins. Nesse momento, o papel empregado também deve ser escolhido de acordo com os objetivos pretendidos.

A seguir, vamos explorar algumas técnicas possíveis para a produção de imagens em ilustração. Antes, é interessante acompanhar algumas ideias para a criação de seus projetos práticos.

Ideia de trabalho
Investigação e inspiração

No livro *Principios de Ilustración*, o desenhista e professor Lawrence Zeegen dá algumas dicas para a inspiração visual no processo de investigação para a produção de ilustrações, considerando também os conceitos envolvidos. São elas:

1. Use um bloco de notas para registrar ideias e pensamentos de forma intuitiva e automática. Não se preocupe com o fato de tais ideias estarem em um primeiro estágio.
2. Sempre carregue consigo um bloco de notas, uma caneta ou um lápis. A inspiração pode aparecer nos lugares mais insuspeitos, e vale a pena estar preparado.
3. Anote as suas ideias utilizando uma linguagem que se adapte a cada uma delas, seja escrita ou visual.
4. Tome nota de informações suficientes, de modo que você se lembre das ideias meses ou até anos depois (Zeegen, 2009, p. 21, tradução nossa).

Esteja atento às localizações, aos materiais de referências, aos títulos de livros e às citações importantes, pois tais elementos podem ser muito úteis.

5.2 Uma imagem que diz tudo

> O relacionamento do texto com a ilustração é mais que um diálogo complementar entre duas linguagens. Com o passar dos anos a ilustração evoluiu e ganhou autonomia, até tornar-se informação visual com consciência crítica e atuação editorial no contexto dos periódicos. Como o texto, a ilustração por si só é possuidora de linguagem com discurso próprio. (Arbach, 2007, p. 42)

Como o pesquisador Jorge Arbach (2007) destaca, além da relação de dependência entre texto e ilustração, podemos considerar a **autonomia comunicativa** da imagem ilustrativa. Afinal, as imagens têm o poder de representação (Wolff, 2005), isto é, a capacidade de evocar a presença de algo/alguém.

Por exemplo, nesta charge do ilustrador **Mário Alberto**, há dois personagens. Quem são as figuras representadas?

Você deve ter rapidamente notado que se tratam de Pelé, ex-jogador brasileiro de futebol, e Lionel Messi, jogador argentino. Ambos estão representados em uma perspectiva bem-humorada, satirizando o intento do argentino em alcançar a marca de gols do brasileiro. Nesse caso, a imagem carrega das duas pessoas na cena.

As imagens têm a capacidade de contar histórias. Especialmente por meio da linguagem do humor, os ilustradores propõem situações de rápida compreensão do público. Por isso, mesmo que não sejam unânimes, vamos discutir melhor as classificações da ilustração de humor, considerando o desenho como um elemento de narrativa.

Figura 5.2 – Charge de Mário Alberto

5.2.1 Desenho como narrativa

Para Joaquim da Fonseca (1999, p. 17), a caricatura é uma "designação geral e abrangente para uma forma de arte que se expressa através do desenho, da pintura, da escultura etc.".

O autor destaca que a caricatura pessoal, marcada pela proposital deformação física de uma pessoa – como uma metáfora –, é um dos gêneros da *caricatura*, termo que congrega variações como: caricatura pessoal, charge, cartum, desenho animado, tira cômica e história em quadrinhos. Vamos entender isso melhor?

Fonseca (1999, p. 26) classifica a **charge** (termo que em francês que significa *exagerar*, *carregar*) como um desenho caricatural que trata de uma cena "em que se satiriza um fato específico, tal como uma ideia, um acontecimento, uma situação ou pessoa, em geral de caráter político, que seja do conhecimento público. Seu caráter é temporal, pois trata do fato do dia".

No caso do **cartum**, que vem do inglês *cartoon* ("cartão"), o autor menciona que este é atemporal e universal, em contraposição à charge, datada.

O **desenho animado** refere-se a um "gênero cinematográfico baseado na filmagem de quadro a quadro de desenho ou objetos que representam as fases sucessivas de uma ação decompostas em momentos, que quando projetados, dão a ilusão do movimento" (Fonseca, 1999, p. 26).

Já a **tira cômica** é um gênero das histórias em quadrinhos e se caracteriza pela "sequência de figuras desenhadas, com um elenco de personagens, que tem continuidade de uma sequência para outra, com inclusão de diálogo, legenda ou outro tipo de textos dentro de cada quadrinho" (Fonseca, 1999, p. 26).

Além desses gêneros de ilustração, enquanto expressão gráfica, também é possível considerarmos as **fotografias** como elemento narrativo, conforme ainda comentaremos neste capítulo.

5.2.2 Imagens na rua

Da mesma forma que ocorre nos impressos, a **caricatura** enquanto linguagem ainda pode se apropriar do espaço urbano, a exemplo do trabalho do italiano **Caiaffa Cosimo** (1979-), conhecido pelo nome artístico Cheone. A Figura 5.3 reproduz um de seus muros.

Como você pode perceber, o grafite representa a figura de um homem, que derrama tinta na calçada. Observe as feições exageradas do personagem, o que remete à linguagem da caricatura.

Também perceba que a tinta representada parece sair do cenário para o espaço real. Esse aspecto quase interativo é uma das marcas da obra do artista, que se apoia na ideia de movimento entre o espaço de representação e a própria realidade vivida pelo público urbano.

Figura 5.3 – Grafite, de Cheone (Caiaffa Cosimo)

Cosimo CHEONE Caiffa

5.3 Histórias em sequência

As **histórias em quadrinhos** apresentam um seguimento de cenas e podem ser consideradas como um modo particular de leitura. Por isso, Danton (2015) destaca que os quadrinhos não devem ser confundidos com a literatura propriamente dita, uma vez que dependem da imagem na mesma medida em que estão sujeitos aos textos para se fazerem compreender.

Ao lado das tiras diárias, as histórias em quadrinhos podem ser compreendidas como os tipos mais corriqueiros de arte sequencial, além dos *storyboards* e das composições fotográficas.

A princípio, o que caracteriza uma história em quadrinhos é a sobreposição de palavra e imagem, que conta com a combinação entre "as regências da arte (por exemplo, perspectiva, simetria, pincelada) e as regências da literatura (por exemplo, gramática, enredo, sintaxe)" (Eisner, 1999, p. 8). Desse modo, os dois elementos se tornam indispensáveis.

Já as **tirinhas** apresentam-se distintas, por apresentarem um formato menor em comparação com as histórias em quadrinhos. São histórias sequenciais mais curtas e, normalmente, aparecem de forma retangular.

No caso dos **storyboards**, segundo Eisner (1999, p. 143): "são cenas 'imóveis' para filmes, pré-planejadas e dispostas em quadros pintados ou desenhados". Elas dispensam os balões, pois são destinadas a prever o roteiro final. Assim, "o storyboard sugere 'tomadas' (ângulos de câmera) e prefigura a encenação e a iluminação" (Eisner, 1999, p. 143).

Figura 5.4 – Exemplo de *storyboard*

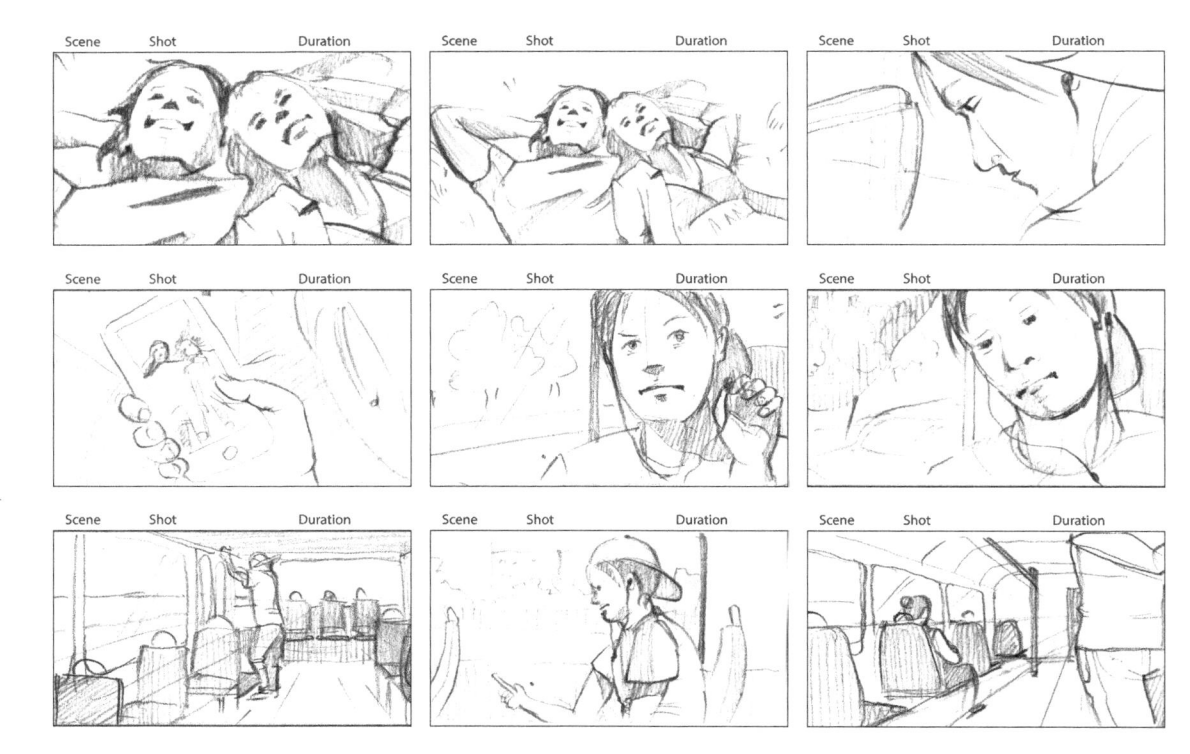

Observe na Figura 5.4 que os desenhos permitem uma visão geral dos resultados no filme, pois ilustram também os enquadramentos, recortes selecionados em plano geral (visão aberta) ou em *close-up* (plano fechado, visão mais definida). Nesse caso, simulam os movimentos da câmera, bem como a transição dos objetos e personagens em um filme.

Enfim, como podemos perceber, existem várias categorias de apresentação de narrativas sequenciais. Por isso, a seguir, vamos explorá-las mais de perto.

5.3.1 Narrando com três imagens: as tirinhas

Como já mencionamos, as tirinhas são histórias sequenciais menores e aparecem em veículos como jornais, revistas, os livros e, ainda, blogues. Por serem mais breves, é possível criar uma narrativa em tirinha com duas ou três cenas horizontais.

No caso das tiras cômicas, encontramos uma construção semelhante a uma piada rápida, como em uma das histórias da personagem Aline, de **Adão Iturrusgarai** (1965-).

Figura 5.5 – *Aline: cirurgião barato*, de Adão Iturrusgarai

Conforme você pode observar, as cenas foram dividas em três etapas. Na primeira, Aline demonstra sua insatisfação com o próprio corpo. Ela revela aos personagens Otto e Pedro que consultar um cirurgião seria uma forma rápida para corrigir tal problema.

Já na segunda tirinha, Pedro destaca que ela não teria dinheiro para a cirurgia. Aline retruca, afirmando que encontrou um médico que aceita o seu plano de saúde.

No último quadro, apresenta-se o resultado desastroso dessa ideia. O desfecho inusitado segue a tendência das tiras de humor (Ramos, P., 2007).

A personagem Aline e suas relações aparecem nas tirinhas do autor desde a década de 1990, no jornal *Folha de S.Paulo* (Ramos, 2010-2011). Por meio dela, Adão Iturrusgarai ressalta aspectos ligados à liberdade sexual e ao universo feminino, conceitos norteadores de suas histórias.

Além disso, perceba que o texto é parte fundamental para se completar os sentidos da narrativa. Eles aparecem em **balões**, e uma linha os conecta aos personagens – um antigo recurso dos quadrinhos que promove a separação entre imagem e texto. Nesse caso, o texto dos balões foi destacado em cor preta sobre um fundo branco. Observe, ainda, o último balão. O que ele denota? Por que está em outra cor, nesse caso, em amarelo?

Você certamente notou que se trata de um caso diferente, pois essa parte representa a fala do narrador. Por isso, esse balão não oferece uma conexão com um dos personagens, como ocorre nos outros quadros. Nesse caso, trata-se de recordatório, destacado como um recurso de inclusão da voz do narrador. Por essa razão, ele também está distinguido por outra cor, mais forte.

Além disso, trata-se de um recurso de demarcação temporal, pois registra a informação de que se passou uma semana desde as reclamações da personagem Aline.

O recurso dos balões pode variar com relação ao formato e contribui na intenção comunicativa da fala ou do pensamento do personagem, ao agregar sentidos ao texto ou reafirmar o seu significado.

Figura 5.6 – Exemplos de balões

Oi, Joana!	O que aconteceu?	Queria dormir...	Parem!!!
Fala	Cochicho	Pensamento	Grito

Sim, senhor!	(lâmpada)	?	!
Fala de mais de um personagem	Ideia	Dúvida	Admiração

O aspecto **tempo** também é basilar na narrativa sequencial, na medida em que denota uma ideia de progresso, de ordem. Esse elemento fundamenta a própria lógica narrativa.

Além disso, observe que, no primeiro e no segundo quadros, Aline parece já estar em um espaço, ao passo que no último, o autor intencionalmente registrou uma espécie de movimento de entrada. Essa é uma estratégia que também reflete a ideia de movimento e de tempo corrido.

Mas, por que o quadro mais à esquerda é primeiro a ser lido? Sabemos que a leitura da esquerda para a direita e de cima para baixo é o modelo convencional no contexto ocidental em que vivemos. Dessa forma, o autor obedece a essa "regra". Apesar de parecer óbvio, este é outro aspecto que precisa ser considerado na produção de narrativas em sequência.

A seguir, analisaremos também os quadrinhos como possibilidade de ação.

5.3.2 Os quadrinhos

Os quadrinhos se caracterizam pela relação complementar entre texto e imagem e pela noção de sequência de fatos ocorridos, o que pressupõe uma marcada ideia de espaço e tempo que deve ser clara ao leitor.

Um projeto editorial de quadrinhos exige algumas etapas, normalmente divididas entre diferentes profissionais que atuam na área. São os casos do roteirista, do desenhista e do arte-finalista.

O **roteirista** é o responsável pela criação da história e pelo *script*, documento que narra a sequência do texto. Já o **desenhista** é o artista que dá vida ao roteiro, propondo a interpretação dos personagens nele descritos. Por sua vez, o **arte-finalista** é o profissional responsável pelo acabamento final dos originais para a publicação.

Alguns estúdios contam ainda com o **colorista**, profissional incumbido de criar as soluções cromáticas para os trabalhos, geralmente por meio de recursos digitais.

Além disso, um projeto de história em quadrinhos apresenta ideias centrais que o fundamentam. A isso chamamos de *conceitos*. Por mais que trate dos mesmos personagens, cada edição de uma história em quadrinhos pode dar relevância a um conjunto de ideias específicas.

Como exemplo, vamos analisar a página de uma das histórias em quadrinhos de Mauricio de Sousa: *Turma da Mônica* em "Cidadania" (Figura 5.7).

Ao ler esse recorte, que ideias a história ressalta? Quais são os conceitos principais por trás dessa criação? Certamente, você percebeu que foram levantados aspectos referentes a uma conduta cidadã de um povo. Assim, podemos dizer que alguns dos conceitos elaborados pelo autor foram noções de coletividade, direitos e deveres civis etc.

O cartunista brasileiro **Mauricio de Sousa** (1935-) vem desenvolvendo o projeto "Turma da Mônica" desde os anos 1950-1960, período especialmente marcado pela entrada de personagens como Mônica e Cebolinha, que desde então passaram a ser apresentados em diversas aventuras.

Apesar desse tempo, os personagens ainda mantêm algumas características físicas, como os grandes olhos. Esses aspectos tornam possível identificar nas várias histórias o estilo de desenho desse cartunista.

A produção de quadrinhos também implica um processo criador. Nesse sentido, pressupõe-se que o desenhista de histórias em quadrinhos busque desenvolver também um estilo pessoal, uma marca autoral.

Apesar da pluralidade de estilos possíveis, de modo geral, as histórias em quadrinhos apresentam certa estrutura comum, que conta com elementos triviais como quadros, balões (que carregam as falas dos personagens e as onomatopeias, representações de ruídos e sons, como "bang", "boom", "hum" etc.) e imagens propriamente ditas (cenários, personagens etc.).

A seguir, apresentamos melhor o modo como esses elementos podem compor as histórias em quadrinhos.

Figura 5.7 – *Turma da Mônica* em "Cidadania", de Mauricio de Sousa

© Mauricio de Sousa Editora Ltda.

5.3.3 Fazendo quadrinhos: conflitos, personagens, técnicas, textos

Para a criação de histórias em quadrinhos, é preciso considerar, além do conceito e da estrutura, também a noção de *conflito*, conforme Danton (2015) ressalta.

O **conflito** é o aspecto que cria a trama da história. Não se trata necessariamente de uma confusão ou briga; associa-se, pelo contrário, mais aos percalços encontrados pelos protagonistas no decorrer da trama. Por exemplo, as relações que separam ou aproximam herói e mocinha. Como Danton (2015) ainda destaca, o conflito pode ser contra uma pessoa, contra a natureza, contra as dificuldades da vida ou até contra si mesmo.

Danton (2015) também pontua que o roteiro pode ser dividido em três partes. Assim, no primeiro ato, ocorre a apresentação dos personagens; o segundo ato configura o ponto de virada, o qual levará ao terceiro ato, com a resolução do conflito. O roteiro precisa ser considerado como um todo, especialmente com relação ao cenário e à ação.

Em uma produção de quadrinhos, antes de produzir os textos, reflita sobre a identidade do personagem e tente manter-se fiel ao perfil dele. Além disso, o texto na linguagem em quadrinhos deve ser considerado em seu caráter de imagem, como Eisner (1999, p. 10) ressalta: "O letramento tratado 'graficamente' e a serviço da história funciona como uma extensão da imagem. Nesse contexto, ele fornece o clima emocional, uma ponte narrativa, e a sugestão de som". Desse modo, o texto deve ser tratado como imagem que compõe o todo da narrativa, o que influencia nos sentidos da leitura.

Os balões também devem ser percebidos como uma parte visual integrante, pois, muito além de meros limitantes dos discursos, eles contribuem com a comunicação no sentido de refletir "a natureza e a narração da fala" (Eisner, 1999, p. 27). Desse modo, até o estilo da letra contribui para as atribuições de sentido, bem como o estilo dos desenhos dos balões, mais "livres" ou "mecânicos", como Eisner aponta.

Também o tempo pode ser representado de variadas maneiras, como pela imagem de um relógio ou de um recordatório, conforme mencionamos anteriormente.

Aliás, não devemos nos esquecer da imagem propriamente dita. Primeiramente, os personagens precisam ser considerados em relação ao potencial expressivo do corpo (postura e gesto). Eisner (1999, p. 102) apresenta o que chama de "microdicionário de gestos", como pode ser visto na Figura 5.8.

Figura 5.8 – Microdicionário de gestos

Raiva

Medo

Alegria

Surpresa

Dissimulação

Ameaça

Poder

EISNER, Will. **Quadrinhos e arte sequencial**. São Paulo: Ed. WMF M. Fontes, 2015.

Trata-se de uma espécie de compilado com indicadores dos sentimentos e sensações dos personagens, como raiva, medo, alegria, surpresa, dissimulação e ameaça. Os modos como são propostas as imagens contribuem para a relação comunicativa pretendida pelo desenhista.

Por isso, sugerimos que você, em seus processos poéticos nessa seara, experimente "vestir" seu personagem com essas emoções. Além da postura, o movimento do corpo da sua representação artística é fundamental, por isso, é importante estudar os gestos. Em especial, o rosto do personagem é parte capital da expressão na narrativa e merece um estudo específico. Para isso, busque referências, como imagens na internet ou em filmes e livros.

Com relação à parte técnica, vale a pena valorizar aspectos do desenho como perspectiva, relação entre luz e sombra, objetos, gravidade e composição. As cenas podem ser pensadas em planos, partindo-se do cenário mais distante para a apresentação de imagens mais próximas do espectador, as quais podem ser mais detalhadas.

As noções de perspectiva certamente contribuem com a construção do espaço cênico. Ainda, a representação de luz e sombra sugere os efeitos de volume nos personagens e objetos. Além disso, você não deve se esquecer da representação da gravidade, o que irá acarretar efeitos de movimento dos elementos em cena. Por fim, a composição, isto é, a organização do espaço cênico, deve incluir os balões e precisa ser pensada em conexão com as imagens.

Enfim, adote a prática de estudo frequente do desenho e da exploração de materiais diversos, como os apresentados anteriormente.

5.4 Fotografia: a imagem fotográfica contando histórias

A **fotografia** é uma linguagem visual bidimensional que se caracteriza pela relação com o objeto fotografado. Conforme destaca Roland Barthes (2011), para fazer uma fotografia, algo necessariamente real deve estar, em determinado momento, diante de uma câmera. Isto é, não se trata de uma simulação da realidade.

Entretanto, se, por um lado, algo ou alguém precisa estar em presença física, as escolhas de como capturá-lo em certo instante dependem das preferências do fotógrafo. Além disso, a fotografia parte também de uma mediação da tecnologia, que se coloca entre essa relação do fotógrafo com o objeto. Ou seja, entre a cena fotografada e o fotógrafo existe a **câmera**, bem como as limitações e as potencialidades que ela traz.

Uma das possibilidades de apropriação da fotografia está na representação de uma narrativa, ou seja, de uma composição que propõe uma sequência, uma história.

A ideia de fotografia sequencial foi inicialmente desenvolvida em 1872, pelo inglês **Eadweard Muybridge** (1830-1904), por conta de uma solicitação do governo da Califórnia, que queria fotografar o galope de um cavalo. Desde então, a fotografia tem experimentado diversos modos nas relações entre tempo e movimento. Especialmente, tem dialogado com outras linguagens, a exemplo do cinema, diluindo fronteiras. Nesse caso, apresenta-se como uma **linguagem híbrida** (Fatorelli, 2013).

Como um trabalho poético pode, por meio da fotografia, construir uma ideia de narrativa? Observe a Figura 5.9.

Figura 5.9 – *Pantufa, caramelo e garoto*, de Fernanda Tomiello

TOMIELLO, F. **Fotografia sequencial e fotomontagem**: alternativas para o estudo da dinâmica da paisagem urbana. 131 f. Dissertação (Mestrado em Arquitetura e Urbanismo) – Universidade Federal de Pelotas, Faculdade de Arquitetura e Urbanismo, 2015. p. 118. Disponível em: <http://prograu.ufpel.edu.br/uploads/biblioteca/dissertacao2015final_entrega.pdf>. Acesso em: 29 set. 2016.

Perceba que, por meio de **fotomontagem**, a imagem apresenta duas cenas. Na primeira, aparecem três cães, além de uma figura feminina. Já na segunda cena, um dos cães não está mais sentado, tampouco aparece a mulher – apenas suas pernas e pés. O que acontece nessa obra?

Temos a tendência de interpretar que o cão pulou para o primeiro plano, não é mesmo? Essa interpretação ocorre porque as imagens, apesar de não mostrarem isso, sugerem o fato. Tal efeito é chamado de *elipse*, uma característica da arte sequencial, como nos quadrinhos (Danton, 2015). Trata-se de um recurso linguístico apropriado para deixar subentendidas algumas informações.

Para a fotografia cumprir com essa ideia de sequência, a princípio, é importante considerar os aspectos básicos de uma estrutura narrativa, como personagens, objetos e espaço. Contudo, há especial destaque para algum modo de registro que apresente as ideias de movimento e de tempo.

Em um trabalho fotográfico dessa natureza, é necessário manter a noção de progressão, ou seja, de desenvolvimento dos acontecimentos. Várias imagens ordenadas podem carregar em si o sentido de continuidade, propondo a ideia de apropriação do tempo. Entretanto, é preciso que os acontecimentos apresentem coerência.

Síntese

Neste capítulo, estudamos as conexões entre a ilustração como criação em bidimensional e o texto. Analisamos que existem diferentes relações entre essas instâncias e, ainda, compreendemos que os modos pelos quais elas são organizadas em um suporte, como um livro ou uma revista, podem influenciar na leitura.

Além disso, consideramos alguns materiais como possibilidade prática de ação em ilustração. Passamos, ainda, pela imagem em seu potencial expressivo de humor. Também estudamos as histórias em quadrinhos em seus aspectos compositivos e técnicos. Ainda, mencionamos as fotografias como recurso de produção de trabalhos com base na noção de narrativa sequencial.

Em suma, neste capítulo, nossa intenção foi levantar aspectos relativos à imagem, tendo como mote as conexões que ela pode propor com o texto.

Indicações culturais

DAVIDSON, M. **Colored Pencil Eye Drawing Time-Lapse**. 2015. Disponível em: <https://www.youtube.com/watch?v=E9EgvnQC4Dg>. Acesso em: 4 set. 2016.

Esse vídeo apresenta o processo de desenho ilustrativo de Morgan Davidson com lápis de cor. Vale a pena conferir.

EPROFESSOR. **HQ**: educação em quadrinhos. 2016. Disponível em: <http://www.eprofessor.com.br/index.php/10-noticias/tecnologia-educacao/96-hq-educacao-em-quadrinhos>. Acesso em: 4 set. 2016.

No *site* indicado, há algumas indicações sobre ferramentas para a prática do desenho de histórias em quadrinhos.

ANJOS, A. **Série Acrílica 2012** – Anna Anjos. 2012. Disponível em: <https://www.youtube.com/watch?v=U-dqqqz9ZLA>. Acesso em: 4 set. 2016.

Assista ao vídeo em que a ilustradora Anna Anjos produz um trabalho por meio da técnica da pintura em acrílica.

Atividades de autoavaliação

1. Identifique a alternativa correta sobre as relações entre imagem e texto:
    a) Não podemos dizer que existem relações entre imagem e texto. Afinal, são elementos muito diversos e, juntos, não caracterizam processos de comunicação.
    b) Tanto texto quanto imagem podem interferir no modo como é feita a leitura de um livro ou revista, pois esses elementos se inter-relacionam em um processo de comunicação e, por isso, interferem nos sentidos da leitura.

c) Em publicações como uma revista, não é possível identificar quando os textos se sobressaem com relação à imagem. Assim, não existe ideia de dominância entre os elementos.

d) Não há diferenças entre imagem e texto, pois os percebemos de forma simultânea quando estamos em contato com alguma obra que contenha ambos.

2. Com base na citação a seguir, assinale (V) para os itens verdadeiros e (F) para os falsos:

"Na melhor das hipóteses, a ilustração impele o destinatário a pensar, a obter mais informações a partir do texto, que o faça tentar compreender o tema mais a fundo." (Zeegen, 2009, p. 22).

( ) De acordo com essa afirmativa, a ilustração não precisa se conectar com o texto.

( ) O autor confere destaque à participação do observador, que deve se esforçar para compreender a complexidade da ausência de diálogo entre texto e imagem.

( ) A ilustração profissional se caracteriza pela preocupação com a interpretação do leitor, que promove articulações entre imagem e texto, contribuindo com a recepção do todo.

( ) Não é do interesse do ilustrador sugerir interpretações; afinal, a ilustração destaca-se como mero adorno do conteúdo relevante, no caso, o texto.

A seguir, indique a alternativa correta:

a) V, F, F, F.
b) V, V, F, F.
c) F, F, V, F.
d) F, V, F, F.

3. Relacione a segunda coluna de acordo com a primeira.

(1) Esboço
(2) Público
(3) Conceito
(4) Técnicas

( ) Tratam-se dos meios práticos empregados para a construção das imagens.
( ) Refere-se à ideia central de um trabalho, guiando as escolhas do processo de criação. Por isso, sua definição costuma ser realizada no início do projeto.
( ) É uma das etapas mais primárias de um projeto de ilustração. É o momento de encontro entre o ilustrador e a folha em branco.
( ) A quem se destinam as imagens e os textos de uma publicação.

A seguir, indique a alternativa correta:

a) 4, 3, 1, 2.
b) 4, 2, 1, 3.
c) 3, 1, 4, 2.
d) 4, 3, 2, 1.

4. A respeito dos gêneros da ilustração, é correto afirmar:
   a) As tiras cômicas, pequenas histórias publicadas em revistas e jornais, são marcadas pela ausência da fala de seus personagens.
   b) O ilustrador de uma história sequencial como os quadrinhos é sempre o roteirista, pois não é possível para o desenhista interpretar de modo consistente o texto do autor.
   c) Por se tratar de um tipo de arte sequencial, as histórias em quadrinhos se caracterizam pela relação marcada pelo tempo. Trata-se de um material complexo, em que texto e imagem são inseparáveis.
   d) As caricaturas aparecem apenas nos jornais, não sendo possível identificar esse gênero de ilustração em outros suportes.

5. Sobre arte sequencial, assinale (V) para os itens verdadeiros e (F) para os falsos:

    ( ) As imagens sequenciais, como os quadrinhos, são caracterizadas por um conflito, uma tensão que permite estruturar uma trama.
    ( ) Em uma narrativa visual, os gestos e a postura dos personagens são veículos expressivos da história.
    ( ) A fotografia, por ser uma linguagem que captura um determinado momento, não é apropriada para se atingir os efeitos de movimento.
    ( ) As onomatopeias são personagens que atuam com falas nas histórias em quadrinhos.

    A seguir, indique a alternativa correta:

    a) V, F, F, F.
    b) F, V. V, F.
    c) F, V, F, V.
    d) V, V, F, F.

Atividades de aprendizagem

Questões para reflexão

1. Francis Wolff (2005, p. 23) destaca que "a imagem é a representação reprodutível de uma coisa ausente única, que lhe empresta alguns traços aparentes e visíveis".

    Diante dessa afirmação, reflita: O que significa dizer que uma imagem pode representar algo ou alguém ausente?

2. Segundo Roger Chartier (1999, p. 133), assim como o texto, "a imagem, no frontispício ou na página do título, na orla do texto ou na sua última página, classifica o texto, sugere uma leitura, constrói um significado".

Em sua opinião, por que os modos como são organizados os textos e as imagens podem interferir na interpretação do leitor? Considere seu próprio processo de leitura para refletir a esse respeito.

Atividade aplicada: prática

Nesta atividade, você experimentará um pouco do processo de criação por meio das relações entre a imagem e o texto. Assim, vamos imaginar que, a pedido de uma editora, você irá o ilustrar o texto "A ideia", de Augusto dos Anjos (2001), poeta brasileiro de tendência simbolista.

Na primeira seção "Ideia de trabalho" deste capítulo, você acompanhou o que a ilustradora Sara Fanelli disse a respeito de como desenvolve as obras dela. Retome essa seção e leia com atenção a fala da ilustradora. Em seguida, para a atividade, sugerimos que siga estas orientações:

a) Primeiramente, leia o texto. Lembre-se também de pesquisar mais informações sobre o autor.

A ideia

De onde ela vem?! De que matéria bruta
Vem essa luz que sobre as nebulosas
Cai de incógnitas criptas misteriosas
Como as estalactites duma gruta?!
Vem da psicogenética e alta luta
Do feixe de moléculas nervosas,
Que, em desintegrações maravilhosas,
Delibera, e depois, quer e executa!
Vem do encéfalo absconso que a constringe,

> Chega em seguida às cordas do laringe,
> Tísica, tênue, mínima, raquítica...
> Quebra a força centrípeta que a amarra,
> Mas, de repente, e quase morta, esbarra
> No molambo da língua paralítica.

Fonte: Anjos, 2001, p. 12.

b) Na sequência, busque extrair os conceitos que se apresentam em sua leitura. Anote o que achar interessante. Você pode até mesmo criar um mapa conceitual, ou seja, uma estrutura visual com as principais ideias às quais o texto lhe remete.
c) Procure por inspiração em referências. Pesquise imagens relacionadas às ideias sugeridas.
d) Produza esboços à procura de caminhos para a ilustração.
e) Após essas etapas, crie uma ilustração em papel do tipo canson A2 de gramatura igual ou superior a 300 g/m². Você pode utilizar a técnica que preferir para a finalização do esboço, a exemplo de lápis de cor, giz de cera, canetas hidrográficas e nanquins, tintas acrílicas, aquarelas e guaches.

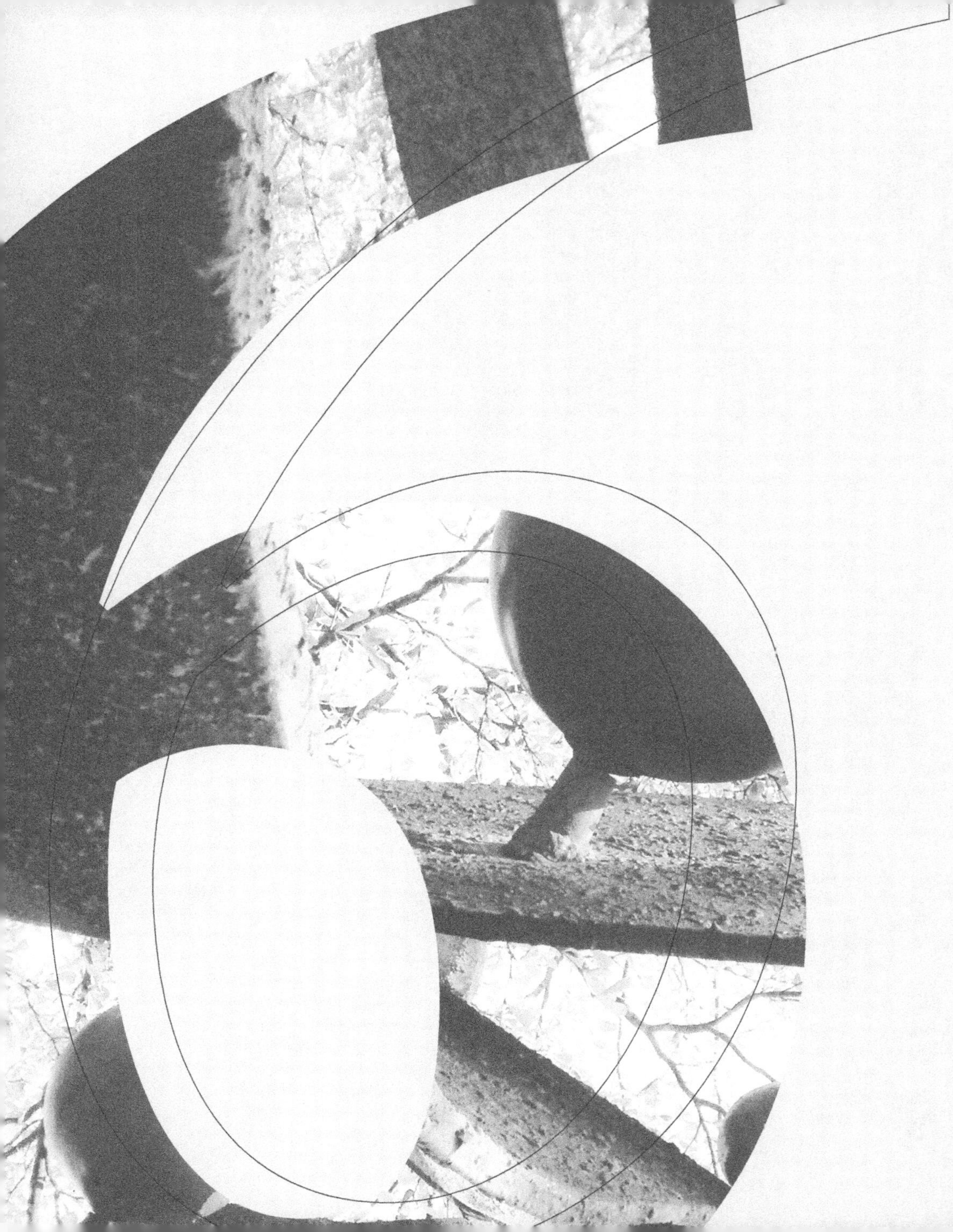

*Agora é com você:
a construção de um
projeto pessoal*

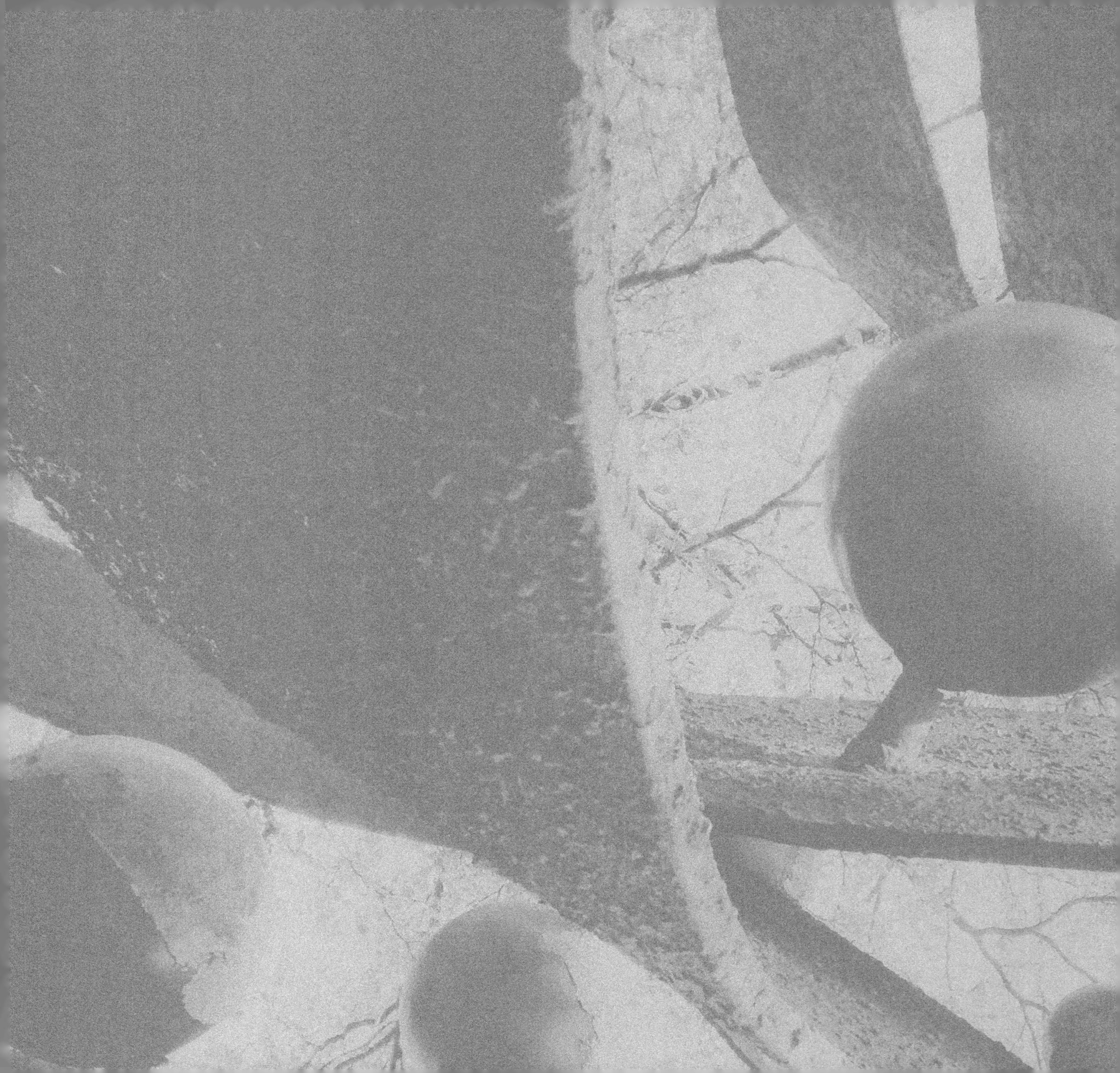

Neste capítulo final, trataremos de aspectos relativos à construção de um **projeto pessoal**. Isso significa que exploraremos detalhes envolvidos nas escolhas necessárias para suas produções em artes visuais.

É interessante que você busque refletir sobre as próprias decisões ao construir uma linguagem particular em trabalhos bidimensionais. Por essa razão, discutiremos pontos específicos de uma pesquisa em artes visuais, como a escolha do tema e a apresentação do trabalho, além da prática da reflexão sobre a sua trajetória.

Também destacaremos os processos poéticos na qualidade de um momento, um caminho para o desenvolvimento de um trabalho ou de uma obra propriamente dita. Finalmente, refletiremos sobre as escolhas relativas ao formato, à apresentação e ao espaço expositivo mediante um projeto pessoal.

6.1 As primeiras escolhas: o tema

Em um processo poético de criação, uma das primeiras questões que aparecem relacionam-se à **escolha de uma temática** a ser explorada pelo(a) artista.

No decorrer de nossos estudos, analisamos vários exemplos de temas que podem ser escolhidos para seus trabalhos, como o corpo, o espaço e as memórias. Tais assuntos nascem do desejo de abordar algum ponto, alguma questão que interessa a(o) artista e à arte.

Como Sandra Rey (1996, p. 126) ressalta, os objetos de arte derivam de um questionamento escolhido do ponto de vista particular do artista, mas também costumam propor reflexões sobre aspectos de interesse da própria arte e da cultura.

Sabemos que a decisão por uma temática pode ser considerada uma tarefa difícil, especialmente para aqueles que dão os seus primeiros passos em artes visuais. Por isso, investigue!

Por exemplo, ao esboçar algo sem muita pretensão, em um caderno de desenhos ou mesmo em um guardanapo de papel, o ato de criar imagens parece simples, não é mesmo? Nesse momento, não se pretende nada demais, apenas gerar imagens para satisfazer a um desejo pessoal.

Por um lado, é significativo aproveitar essa parte intuitiva do ato criador. Por isso, sugerimos que você carregue sempre consigo um caderno de desenho, no intuito de aproveitar esses possíveis momentos de criação espontânea.

Por outro lado, para que um trabalho se torne mais significativo em sua produção, é importante considerar o estudo sobre o seu processo poético. Isso significa que é preciso ter a prática de refletir sobre o que você faz em termos de artes visuais, para que compreenda melhor de que modo tem desenvolvido seu caminho poético.

A fim de conhecer mais sobre as possibilidades de produção, o estudo das referências é fundamental. É preciso conhecer e considerar o que foi feito por outros artistas, como já discutimos antes. Por exemplo, quando lidamos com o desenho, de alguma maneira, nosso trabalho precisa ser compreendido com relação à história da representação das imagens. Assim, as referências poderão contribuir para uma compreensão mais consistente de nossos projetos nessa linguagem. Por meio delas, é possível identificar algumas proximidades e afastamentos de nosso trabalho com relação ao que tem sido construído em artes visuais e, assim, situamo-nos com mais conforto no cenário artístico.

Além disso, é preciso considerar que o processo criativo está impregnado de **escolhas do tipo conceitual**, ou seja, partem de ideias e pensamentos, bem como **escolhas do tipo formal**, isto é, aspectos físicos que dão corpo ao trabalho.

Quando optamos por algumas escolhas em um projeto, deixamos de lado uma série de outras possibilidades, não é mesmo? Mas isso não significa que não podemos experimentar variadas alternativas que se abrem e vão aparecendo ao longo do processo. Por isso, recomendamos que você olhe para sua própria produção a fim de conhecer melhor quais e por que certas escolhas serão mais pertinentes em seu estilo de trabalho.

6.1.1 As portas de entrada

Alguns aspectos que devem fazer parte de seu processo criativo são como portas para iniciar um caminho de construção poética. Os artistas buscam abordar questões por meio de algum elemento específico: por exemplo, o ato de conferir especial ênfase à cor. Esta pode ser entendida como uma porta de entrada, isto é, como um determinado aspecto que gera no artista uma ideia do que ele pretende para o trabalho.

Podemos supor que esse é o caso da obra de Cildo Meireles, *Desvio para o vermelho I: Impregnação*, analisada no Capítulo 4, que mostra um ambiente marcado pela cor vermelha. Além da relação criada entre espaço e espectador, podemos dizer que na obra de Meireles a cor é um elemento primário da obra, um dos aspectos pelos quais o autor propôs o trabalho. Portanto, essa pode ser considerada uma das aberturas na pesquisa do autor.

Como exemplo de antecedentes desse tipo de perspectiva, que, dentre outros aspectos importantes, valoriza o potencial simbólico da cor, citamos a obra conceitual *Anthropometries of the Blue Epoch*, de **Yves Klein** (1928-1963), citada no Capítulo 2 desta obra. Klein produz trabalhos conhecidos como *allures* ("aparências"), pinturas realizadas com corpos nus ou objetos entintados e pressionados sobre a tela (Entler, 2000). O resultado dessa ação é uma tela que apresenta partes das silhuetas femininas em azul.

Ainda, o próprio título dessa obra destaca o quanto o artista prezava pelo poder simbólico da cor – inclusive chegando ao ponto de patentear a cor de preferência em 1960, chamando-a de *International Klein Blue* ("azul internacional de Klein").

Em outros casos, o material pode ser o destaque ou a porta de entrada, como nas obras de **Vik Muniz** (1961-), exploradas neste livro. Como já estudamos, Muniz experimenta meios inusitados, a exemplo do açúcar e do chocolate em outras de suas séries, para construir imagens corriqueiras.

Em sua opinião, será que esses materiais (açúcar, chocolate, cristais etc.) carregam outros significados que transcendem a relativa neutralidade da tinta sobre a tela em uma pintura convencional? O material pode ser ressaltado também como um forte elemento compositivo no conceito do trabalho de Muniz.

A forma também sempre foi um dos aspectos fundamentais nas escolhas dos artistas, a exemplo do trabalho de **Man Ray** (1890-1976), que se apropriava de objetos cotidianos e subvertia suas funções, como conferimos no terceiro capítulo deste livro.

Além dessa obra, destacamos a xilogravura de **M. C. Escher** (1898-1972), presente no primeiro capítulo, na qual o artista associa as formas de pássaros e peixes por meio das silhuetas marcadas em preto.

Em ambas as obras, podemos perceber que a forma é um elemento proeminente, como espécies de aberturas para o artista propor suas ideias.

Enfim, muitas podem ser as portas de entrada para criar um projeto. De modo semelhante, pense sobre como as escolhas iniciais poderão ser exploradas nas relações entre os conceitos e as técnicas em suas produções.

Para isso, é importante considerar a pesquisa como ferramenta fundamental de trabalho, conforme temos destacado.

6.1.2 Olhar sobre a produção, pensar sobre a trajetória

Até esse momento, tivemos algumas experiências com trabalhos bidimensionais nas atividades práticas deste livro, as quais serviram como pequenos desafios para que você desenvolva sua pesquisa pessoal.

Nesse breve percurso, você provavelmente percebeu o que gosta e o que não gosta nessas experiências. Isso também deve ser levado em conta e, até mesmo, anotado em um diário secreto. Com isso, você passará a conhecer mais sobre suas práticas.

Por isso, reflita: Que linguagens ou diálogos entre essas linguagens lhe interessam mais? Por quê? Quais são os materiais mais sedutores para você? O que é importante em seu trabalho? O que o satisfaz em um processo de criação?

Pense em todas essas questões como reflexão sobre o seu próprio fazer poético. Elas lhe ajudarão a tirar conclusões e, ainda, a criar outras alternativas para a solução dos questionamentos que surgirem, o que é positivo em um processo de pesquisa – especialmente em se tratando de poéticas visuais. Afinal, as perguntas geram a pesquisa, que nada mais é do que a busca de aprofundamento em determinados assuntos.

6.2 A pesquisa

Depois de decidir alguns dos aspectos iniciais de um trabalho, como tema, portas de entrada e modos preferenciais de trabalho, é preciso se abrir a uma postura de pesquisador do próprio processo poético. E como pesquisamos enquanto construímos trabalhos em artes visuais?

Já mencionamos a importância da **pesquisa** como um meio de conhecermos melhor nossa produção. Comentamos, na "Introdução", como Freddi (2011) destaca que esse tipo de pesquisa ou análise se dá na compreensão dos aspectos subjetivos e objetivos dos processos poéticos.

Isso significa que a pesquisa em artes ocorre na articulação entre esses aspectos. Ou seja, na compreensão de elementos próprios da criação artística, relativos à intuição, ao individual, e também dos elementos referentes ao rigor teórico que uma pesquisa requer, como a consciência das referências que estão por trás de um trabalho, o conhecimento das características técnicas do material, bem como os conceitos atrelados ao processo etc.

Apesar de tais aspectos serem básicos e possivelmente constantes, Sandra Rey (2008) ressalta que cada artista tem um modo de desenvolver sua pesquisa. Na prática, a pesquisa sobre o processo poético depende de como se dá a forma de trabalhar do artista.

Por exemplo, se suas práticas dialogam mais com a pintura, existem algumas relações sobre essa linguagem que vão aparecer em sua pesquisa. Você buscará responder especificamente às questões relativas ao seu processo, como os pigmentos (se são de tintas convencionais ou derivam de outras fontes, alimentos, minerais etc.), o suporte (se você usará tela ou preferirá utilizar livros antigos, paredes etc.) etc. Ainda, em quais artistas dedicados a essa linguagem você busca referências? Essas são decisões que você deve tomar para ampliar seu leque de possibilidades em seus processos poéticos.

A pesquisa se trata de uma maneira para procurar entender melhor qual é o lugar do nosso trabalho, para podermos falar de modo mais consistente sobre ele. Uma pesquisa pode ser concretizada sob a forma de textos, os chamados *escritos de artista*, que falam sobre os processos criadores.

Para um texto inicial sobre seu trabalho, é importante considerar todas as questões que levantamos nesta obra, para algumas das quais demos especial ênfase neste subcapítulo. Por isso, nesse caminho, tente elaborar perguntas para si mesmo sobre os seus processos poéticos, com o objetivo de se conhecer mais profundamente.

6.2.1 Pontos de conexão: em busca de referências

Já mencionamos por diversas vezes ao longo desta obra a importância de buscarmos **referências** em nossos processos poéticos. A propósito, você entende por que insistimos tanto nisso? Afinal, por que precisamos de referências em nossos trabalhos?

É importante entendermos de onde partem nossas produções. Podemos imaginar que se trata de algo absolutamente particular, essencialmente nosso. Afinal, somos nós que estamos produzindo, não é mesmo?

Essa seria uma visão simplificadora de como se dão os processos poéticos. Contudo, além de escolhas pessoais, também somos influenciados por referências, pelo que vemos, sentimos, ouvimos e até degustamos. Nossos sentidos promovem nossas relações estéticas com o mundo e podem influenciar o nosso fazer poético.

Não há nenhum problema em assumir isso, pois estamos situados em um determinado contexto de espaço e tempo. Quer dizer, cada um de nós tem contato com as mais diversas referências.

Nossas experiências pessoais dão conta disso, e no caso da pesquisa em artes visuais, também não é diferente. Como profissionais da área, precisamos ter a habilidade de estabelecer conexões com a nossa própria vivência, com a história da arte e com a produção de nosso tempo, conforme também destaca Sandra Rey (1996).

Por isso, é fundamental que tenhamos o hábito de identificar e conhecer melhor as referências que apresentam relações com o nosso trabalho. Por isso, pesquise. Busque situar sua produção no espaço e no tempo.

6.2.2 Investigando: assuntos, técnicas, materiais

Todo trabalho tem níveis de investigação. Os artistas não param de buscar soluções para atingir os objetivos pretendidos. Você também deverá procurar conhecer mais sobre os assuntos de seu interesse.

Por exemplo, se você irá tratar dos elementos da natureza em seu trabalho, aprofunde-se das mais diversas maneiras possíveis nesse assunto. Busque informações em livros dispostos nas bibliotecas públicas, pois elas são excelentes lugares que comportam referências não apenas textuais, mas também visuais.

Recorra a livros antigos, encartes técnicos etc. Procure conhecer mais sobre o tema também na internet. Estabeleça novas e diversas conexões entre os diferentes temas de seu interesse. Leia livros de artistas e catálogos de exposições. Inclusive, algumas bibliotecas públicas costumam preservá-los em seus acervos. Observe os trabalhos e conceitos de artistas que trabalham com o mesmo tema que você escolheu. Enfim, a atualização constante será importante para se atingir resultados satisfatórios em seus processos poéticos.

Além disso, conheça mais os materiais e as técnicas de seu interesse. Alguns artistas costumam falar sobre as experiências artísticas deles; por isso, procure saber mais informações. Assista a tutoriais sobre os processos e as técnicas na internet, vídeos que apresentam em detalhes os modos de trabalho de alguns artistas contemporâneos, os quais estão abertos à interação com o público, o que pode ajudar a ampliar sua investigação poética.

Por mais que algumas obras de arte pareçam absolutamente inovadoras, é comum que os artistas acabem por citar outros artistas em seus trabalhos. Não se trata de uma cópia ou de mero plágio, mas sim de uma apropriação, o que é algo inegável na arte de nossos dias. Tudo acontece intermediado pelo diálogo, pela interconexão com outros artistas e, até, com outros domínios humanos (como a matemática, a história, a filosofia e a biologia), o que pode ser entendido como algo interessante para a nossa área.

6.2.3 Primeiras intenções: pensando um projeto pessoal

Vamos pensar um pouco sobre as decisões iniciais que devem ser tomadas para um projeto consistente. Alguns aspectos são centrais nesse caso e precisam ser considerados, a exemplo do conceito, da técnica, da linguagem, do suporte, da apresentação etc.

Os conceitos que existem por trás de um objeto de arte tendem a nortear algumas seleções. Entretanto, não existe uma receita sobre como definir quais estarão envolvidos em seu trabalho. Como destaca Rey (2008, p. 10):

> A relação mantida com os conceitos na instauração do trabalho de arte contemporânea, porém, não se dá de forma unívoca, muito menos unidirecional, como ocorria com normas e regras propostas pelas tradições disciplinares que regulamentavam os procedimentos técnicos do artista, zelosamente transmitidos pelas escolas de belas-artes.

Assim, como podemos concluir, não há um método único de proposição de conceitos em um trabalho de arte.

Além disso, um projeto de arte também depende de linguagens que nortearão a prática, tais como desenho, pintura, gravura, colagem e *assemblage*. É importante considerar, ainda, as possibilidades de conexões entre elas.

Diante dessas escolhas, outras questões vão aparecendo no projeto: que técnica(s) você irá aproveitar e quais suportes você preferirá? E a apresentação, como será feira? Por meio dessas reflexões, você poderá iniciar o processo de criação.

Nesse caminho, é fundamental estudar o processo. Mas por que há essa importância? O processo não é apenas o percurso para se chegar a um objetivo? Discutiremos isso a seguir.

6.3 Refletindo sobre o processo

A criação de um trabalho de arte ocorre processualmente. Entre ideias e concretizações, há um caminho que deve ser percorrido. Entretanto, é interessante observarmos o que ocorre nesse trajeto.

Por exemplo: por vezes, começamos um trabalho imaginando certas soluções, mas, na prática, elas não se mostram eficazes, o que nos leva a fazer outras escolhas. Criarmos outras saídas para atingir nossos objetivos. Esses desvios devem ser levados em conta na sua investigação.

Quando um artista cria um trabalho, algo o impulsiona a chegar àquela solução formal. Primeiro, existe algo que ele pretende abordar. Diante dessa necessidade de comunicar alguma coisa, a qual podemos chamar também de *conteúdo*, o artista busca soluções formais e técnicas para chegar à forma propriamente dita.

Até atingir esse momento, existe o processo, o caminho que carrega em si muitas informações para o artista, as quais o ajudarão a conhecer o próprio método de trabalho. Para isso, no entanto, é importante observar como esse processo ocorre.

O que há de interessante em refletirmos sobre nosso próprio fazer poético? Para Sandra Rey (1996, p. 87), "O artista, às voltas com o processo de instauração da obra, acaba por processar-se a si mesmo, coloca-se em processo de descoberta. Descobre coisas que não sabia antes e que só pode ter acesso através da obra".

Dessa forma, podemos concluir que refletir enquanto criamos um trabalho é um modo de descoberta, de aprendizado sobre o nosso fazer. Além disso, o trabalho de arte não precisa ser visto como um objeto final, mas também como o próprio percurso. Esses movimentos de feitura da obra se apresentam ricos em significados, afinal, como Salles (2007) ressalta, a obra é parte do processo.

Por isso, é importante que saibamos "ler", isto é, compreender e interpretar os próprios processos, no sentido de extrairmos significações do que fazemos em um trabalho de arte. Isso não significa que precisamos de respostas para todos os questionamentos que surjam com relação ao que escolhemos, mas, sim, que assumimos uma postura crítica diante de nossas escolhas conceituais e práticas.

A propósito, existem variados modos pelos quais ocorrem os processos poéticos dos artistas, como veremos na sequência.

6.3.1 Múltiplas possibilidades: os processos dos artistas

Como um artista trabalha? O que é interessante perceber nos processos artísticos? Como sabemos, existem incontáveis modos de se trabalhar em artes visuais, especialmente nos dias atuais, em que nos deparamos com variadas relações entre as áreas de conhecimento e a prática do artista.

Entretanto, destacaremos certas escolhas que são centrais em alguns trabalhos contemporâneos. Por exemplo, um dos modos de trabalho está na **associação**, nas relações semânticas que o artista estabelece em seu processo.

No caso dos artistas surrealistas, as associações podiam ser bastante arbitrárias, pois eles se apoiavam no conceito da livre associação proposto por Lucian Freud. Esse tipo de escolha fazia parte dos objetivos daqueles artistas, pois eles não pretendiam desenvolver soluções pautadas em mecanismos lógicos do pensamento.

Outro artista conceitual, o americano **Joseph Kosuth** (1945-), também propõe associações em seu processo, como na obra *One and Three Chairs*, de 1965.

Figura 6.1 – *One and Three Chairs*, de Joseph Kosuth

KOSUTH, Joseph. **One and Three Chairs**. 1965. Madeira, impresso e fotografia em prata coloidal. 82 × 38 × 53 cm (cadeira), 91 × 61 cm (fotografia), 61 × 61 cm (painel com texto). Museum of Modern Art, Nova York, Estados Unidos.

Como você pode perceber, o artista apresenta paralelamente dispostos no espaço expositivo três relações estabelecidas para *cadeira*: uma imagem fotográfica, o objeto e a definição de cadeira retirada de um dicionário.

Olhando para esse trabalho, é imediata a identificação entre o objeto e sua fotografia, não é mesmo? Afinal, esta simula muito bem a própria cadeira. Mas e as palavras a respeito do objeto? Elas são parecidas com a própria cadeira?

Visualmente, a palavra é um tanto arbitrária com relação ao objeto que ela representa. Isso significa que, ao invés de representar formalmente o objeto, ela carrega significados abstratos e que escapam a questões físicas do elemento que representa – no caso da obra citada, o objeto *cadeira*.

Em *One and Three Chairs*, por meio da associação entre imagem, objeto e texto, Kosuth luz ao contraste entre a imagem e a palavra.

Além desse trabalho, Kosuth propõe outras composições dessa tríade (objeto, imagem do objeto e conceito do objeto) nas obras *Clock (One and Five)* e *One and Three Hammers*, ambas também de 1965.

Nesses casos, o artista ainda se utiliza da apropriação de objetos cotidianos, fazendo referência, inclusive, aos *ready-mades* de Marcel Duchamp, como vimos na Figura 3.1.

A apropriação é mais um dos aspectos possíveis de serem permeados pela poética de um artista, que pode criar novas associações. Ao retirar um objeto do ambiente em que normalmente ele é encontrado, o artista o ressignifica no contexto da arte.

Outros artistas preferem criar seus processos do acaso, do imprevisto. Isso significa que eles procuram por situações em que o trabalho dê margem para o inesperado, para o descontrole.

Entler (2000, p. 51) destaca que, em trabalhos desse gênero, "o acaso pode aparecer como um acidente provocado: o artista pode, em maior ou menor grau, abrir mão do controle de seus resultados, trabalhando sistematicamente com gestos irrefletidos ou mesmo adotando mecanismos aleatórios, isto é, promovendo sorteios em seu trabalho".

De certo modo, esse é o caso do trabalho *Anthropometries of the Blue Epoch*, de Yves Klein, que entintou os corpos de modelos para criar formas na tela, sem prever exatamente os resultados finais.

Nesse exemplo, o acaso foi algo imediatamente provocado no trabalho. Em outros processos, ele pode ser agregado posteriormente. Nesse sentido, Entler (2000, p. 49) ressalta:

> Dentro dessa flexibilidade, um acidente – uma gota de tinta que escorre na tela, um ruído na gravação de uma música, alguém que passa diante da câmara no momento da foto – pode ser incorporado, e não apenas porque seu resultado não seja significativo ou perceptível, mas porque pode realmente apontar um novo caminho para o artista. Daí por diante, esse resultado casual torna-se necessário, pois se integra ao organismo e a obra já não pode mais ser imaginada sem ele.

Além dessas relações com o acaso, alguns artistas preferem conduzir seus processos em movimento de idas e vindas com relação ao trabalho. Dizer que uma obra está acabada é sempre uma opção do artista, pois a confecção e elaboração de um trabalho poético podem durar por tempo indeterminado.

Então, muitos artistas optam por uma ação constante de "reedição" da própria obra. Dar um trabalho por acabado é uma opção que compete ao artista, podendo ter continuidade por tempo indeterminado. Nesse caso, obra e processo se confundem.

Salles (2007, p. 131) destaca o que chama de **obras processuais**, como as "telas matéricas, que se fazem na superposição de camadas de tintas, colagens etc.". Como exemplo, citamos a obra do artista brasileiro **Nuno Ramos** (1960-), que utiliza materiais diversos, como chapa de metal, tecidos, plásticos e tinta a óleo sobre madeira. Sua obra é marcada pela projeção de cores em objetos no espaço expositivo, conforme você pode notar na Figura 6.2.

Como nesse trabalho, as pinturas matéricas são aquelas que dão ênfase à matéria, e não à representação de algo (pessoa, lugar, objetos etc.), a partir dos elementos da linguagem visual, como o ponto e a linha (Brasil, 2007).

Nos processos conduzidos pelas idas e vindas do autor, a obra é algo sempre provisório, pois pode ser alterada conforme o desejo do criador.

Há alguns artistas que preferem ainda a presença da impermanência. Para eles, é importante a ideia de degeneração do trabalho, de degradação dos materiais.

Figura 6.2 – *O semeador*, de Nuno Ramos

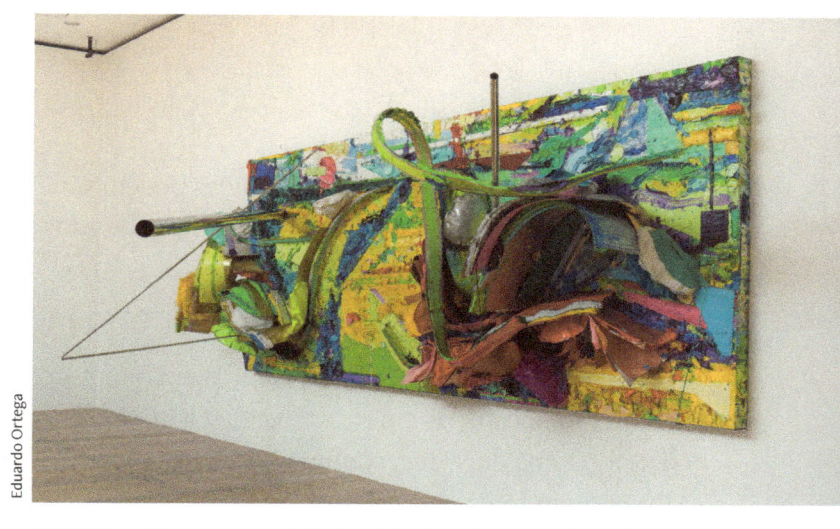

RAMOS, Nuno. **O semeador**. 2016. Técnica mista (chapa de metal, tecidos, plásticos e tinta a óleo sobre madeira), 240 cm × 650 cm.

Por exemplo, é o caso dos artistas urbanos, mencionados no terceiro capítulo. O domínio sobre o trabalho público não pertence ao artista, por isso, a arte urbana propõe-se efêmera, passageira (Schiller; Schiller, 2015). Esse tipo de obra incorpora o tempo e o movimento como elementos compositivos.

O acaso ainda pode ser um dos mecanismos assimilados nesse tipo de trabalho. Lembramos que, nessa condição, o **registro** é parte importante. Como Salles (2007, p. 130) destaca:

> As obras perecíveis ou impermanentes, em suas mais diversas manifestações, tendem a valorizar seus documentos dos processos de elaboração e de execução (desenhos, anotações etc.), assim como dos registros da obra, no momento em que estava sendo exposta publicamente (fotos, vídeos, sites etc.). O que resta é a memória da obra preservada nesses documentos.

Como percebemos, várias possibilidades podem ser exploradas pelos artistas. Por isso, a pesquisa realizada por cada um deles fala das especificidades dos processos poéticos que realizam.

6.3.2 Processo como estratégia, tema ou produto

Além das múltiplas possibilidades de abordagens nos processos poéticos, estes também podem assumir diferentes importâncias em um trabalho. Além de ser considerado como uma estratégia, o processo pode ser o tema ou, ainda, confundir-se com a própria obra.

O processo como uma estratégia se caracteriza por uma série de procedimentos que farão o artista atingir algum resultado esperado. Nesse caso, torna-se, especialmente, um meio para isso. O artista vai explorando suas ideias, as quais vão se confirmando ou se afastando do projeto inicial.

Por isso, nesse caminho, o artista quer se aproximar do que ele imagina ser a obra. As estratégias e escolhas fazem parte do percurso para construir o trabalho, mas não precisam aparecer com clareza na obra. Por isso, o processo não necessariamente tem que ser o foco do artista, mas apenas um **meio** para atingir objetivos.

Em um sentido diferente, as estratégias nos processos poéticos também podem ser tomadas como foco. Nesse caso, os processos passam a se constituir como a obra em si mesma. Nesse sentido, confundem-se com o produto. Os livros ou cadernos de artista são exemplos de processos ou vestígios tomados como objetos de arte. A esse respeito, Salles (2007, p. 126) menciona:

> Os livros de artistas, que são sempre alvo de exposições nas artes visuais, fazem parte também dessa discussão, já que os cadernos de anotações são utilizados como suporte – algo que é próprio

de documentos de processo. Em alguns casos, chegam a fazer uso, de algum modo, da estética do processo, usando a gestualidade e precariedade dos desenhos.

É o caso dos diários de **Hélio Oiticica** (1937-1980), que guardam o registro de "conceitos direcionadores das obras, que poderiam ser construídas pelo próprio artista ou não. Os registros guardam as concretizações das obras somente de modo potencial, porque a relevância está no projeto poético" (Salles, 2007, p. 127). Nesse caso, o processo criador, marcado pelos projetos e pelas anotações, é revelado ao espectador como objeto de arte. Assim, a documentação do processo passa a ser a própria obra.

Os diários como registro dos processos são recursos que contribuem para a própria pesquisa teórica do artista. Por isso, destacamos mais uma vez a prática de criar diários secretos em seus estudos, como sugere Sandra Rey (1996).

6.4 A caminhada: seu processo em andamento

Como já discutimos, existem vários modos de iniciar o seu processo poético. Trata-se de um percurso bastante pessoal, no qual cabe a você eleger o que é interessante em cada momento. De qualquer modo, é importante entender que é comum para os artistas desenvolver a prática da experimentação, sobretudo, na arte contemporânea, em que a liberdade poética toma evidência. Assim, é interessante que você ouse, busque alternativas e crie sua própria linguagem.

6.4.1 Primeiras experimentações

Quando falamos em primeiras experimentações, queremos destacar a importância da pesquisa com os materiais escolhidos. A pesquisa teórica pode ajudar a clarear dúvidas que surjam durante o processo. Quando ainda está no campo das ideias, o trabalho é apenas algo que vamos fazer, e não temos todas as respostas sobre como o caminho a ser trilhado acontecerá. Por isso, é importante adotar a prática da pesquisa. Leia sobre os materiais e suas aplicações. Isso pode lhe poupar tempo e dinheiro!

Podemos fazer longas descrições teóricas sobre as possibilidades de cada material, mas nunca será possível abarcar com palavras a complexidade de cada relação que você pode criar na prática com o material. Assim, experimentar o material é muito importante no fazer artístico.

6.4.2 Análise de alternativas: fazer e refazer

Entler (2000, p. 49) destaca: "Em geral, as intenções do artista se definem durante a produção da obra e seu projeto é constantemente reformulado segundo necessidades que nascem dentro dela". Isso significa que, no decorrer de seus trabalhos, algumas estratégias se mostrarão não muito interessantes. Logo, não se preocupe se precisar refazer seu trabalho. Essa é uma medida por vezes necessária, e a busca constante pela comunicação do que se pretende dizer gera a aproximação com o que você espera. É natural criar novas alternativas para sua produção.

Por exemplo, você pode desenvolver um esboço desenhando-o sobre um vidro. A princípio, iniciará transpassando o desenho para a superfície, com a ajuda de uma caneta marcadora. Se sua intenção for a de que o desenho permaneça, precisará desenvolver técnicas de fixação dessa imagem. Para isso, uma das alternativas está nas tintas próprias para vidro, que precisam ser levadas ao forno por um tempo. Nessa experiência, você pode até mesmo perder uma das peças de vidro, até encontrar o tempo no forno e a temperatura ideais. Esse exemplo ilustra por que não se deve abandonar a pesquisa e a prática por conta dos imprevistos.

Além disso, falhas não devem ser encaradas como algo necessariamente negativo, pois elas nos ajudam a entender melhor os processos e as demandas dos materiais. Inclusive, surpresas positivas também podem aparecer, trazidas pela imprevisibilidade das reações das combinações técnicas entre os materiais. Por isso, fique atento ao comportamento do material e identifique o que é interessante ou não para você.

6.4.3 A obra tomando forma

Vimos que a obra de arte é algo ideado, quer dizer, inicia-se no campo das ideias, mas vai se formando fisicamente durante o processo. Entre a ideia e a forma, você precisa conduzir um processo que é, ao mesmo tempo, abstrato e subjetivo, ou seja, que está em suas intenções. No decorrer do trabalho, aos poucos o objeto desejado vai tomando corpo.

Como Sandra Rey (2002) ressalta, a produção de uma obra parte de três níveis. O primeiro se dá na dimensão das ideias esboçadas. O segundo se refere à dimensão prática propriamente dita, formada pela "prática feita de procedimentos, manipulações técnicas ou operacionais, reações de materiais ou substâncias, assim como o estabelecimento de interfaces com os mais avançados processos tecnológicos" (Rey, 2002, p. 126).

E em terceiro e último lugar, "a obra **em processo** conecta-se com tudo o que diz respeito ao conhecimento" (Rey, 2002, p. 126, grifo do original). Isso significa que é importante situarmos o lugar que a obra toma na produção cultural, ou seja, as relações que ela cria com o que foi historicamente produzido. Essa percepção tornará sua produção mais significativa.

6.5 Finalizando o trabalho

Chegamos à finalização do trabalho. Quando podemos dizer que uma obra está pronta?

Esta é mais uma escolha que cabe a você decidir. Em alguns casos, a dúvida pode gerar desconforto. **Paul Cézanne** (1839-1906), no século XIX, escreveu no diário: "Espero. Mas enquanto não é atingido, um sentimento vago de desconforto persiste e não vai desaparecer até que eu tenha alcançado o porto, isto é, até que eu alcance algo mais promissor que alcancei até agora" (Salles, 2004, p. 31).

O relato do artista, citado por Cecília Salles, destaca o incômodo que por vezes podemos sentir diante da dúvida sobre se atingimos ou não o ponto esperado para a finalização do trabalho. Mas, enfatizamos, essa é uma escolha que cabe a nós mesmos.

Alguns profissionais preferem manter um efeito de inacabado em seus trabalhos. É o caso da poética desenvolvida pelo francês **Auguste Rodin** (1840-1917), que aproveitava o aspecto incompleto e a rusticidade das pedras, deixadas à mostra em suas esculturas (Entler, 2000). Nesse caso, os trabalhos sugerem a valorização do material como elemento compositivo da obra e destacam a lógica da metamorfose, isto é, da transformação da pedra material bruta em objeto de arte constituído.

Enfim, os resultados dependem dessas seleções. Por isso, descubra o que é importante para você em cada trabalho.

6.5.1 Escolhas necessárias

Além do ponto de finalização do trabalho, também é preciso definir os formatos que ele poderá assumir e de que forma será apresentado.

Por exemplo, quando produzimos um desenho, precisamos definir o tamanho dele. É preciso pensar se o trabalho precisa tomar grandes proporções, ou se deve ser produzido em pequenas figuras, as quais podem, ainda, ser repetidas. Quando fazemos isso, refletimos sobre as dimensões que o trabalho assumirá e os resultados disso no projeto final.

Também precisamos definir o suporte ideal para a composição, a qual pode ou não ser empregada em um suporte predominantemente plano, pois o arista também tem a opção de se apropriar do volume que existe no espaço em que pretende trabalhar. Além disso, com relação à orientação, a composição no suporte poderá estar organizada na posição horizontal ou vertical.

Quanto à apresentação, molduras também podem ser utilizadas, mas o desenho também poderá aparecer como uma intervenção no espaço físico do ambiente.

Ao refletirmos sobre esses pontos, chegamos a soluções sobre o formato físico do trabalho, além de considerarmos aspectos relativos à apresentação, muito importantes para um projeto bem-sucedido.

6.5.2 Um diálogo com os espaços expositivos

Como mencionamos no quarto capítulo deste livro, o espaço expositivo pode definir uma parte importante dos resultados de uma obra. Ele acaba por mediar as relações que o espectador pode desenvolver com um trabalho. Por isso, não se trata de uma instância neutra, ou seja, que não faz diferença alguma nos resultados do trabalho. Por exemplo, existe uma diferença entre uma obra exposta na parede sobre uma tela e outra criada na própria parede? O que há de específico?

Em cada caso, criam-se relações diversas com o espaço. Em virtude disso, em seu projeto, proponha onde você prevê expor seu trabalho. Reflita a respeito dos efeitos que essa escolha poderá causar com relação ao espectador. Seu trabalho será uma obra participativa, isto é, o espectador poderá tocá-la? Ou sua proposta precisa de certo distanciamento físico por parte do observador? Pense a esse respeito. Cada detalhe pode interferir nos resultados finais do trabalho.

6.5.3 Um momento de reflexão

No fim deste estudo, fica claro que um processo poético ocorre pelo conjunto de relações que vamos criando desde a concepção do trabalho.

Ao longo desse processo, é comum nos depararmos com incertezas a respeito de nossas escolhas conceituais e técnicas, tais como: "Os objetos apropriados vão gerar efeitos esperados?", "O material foi suficiente?", "A cor escolhida foi adequada?". As incertezas fazem parte da própria natureza da prática artística, pois permeiam qualquer processo criador.

Entretanto, não deixe de buscar o que Luigi Pareyson (1989) chama de "êxito" no processo criador. Por *êxito* o filósofo entende aquele momento em que nos sentimos satisfeitos como o nosso próprio trabalho. Esse desejo de satisfação é a "regra" que regula nossas decisões em uma obra.

Não se trata de fecharmos os olhos para a crítica, mas de sabermos lidar com as nossas próprias expectativas. O caminho de criação pode ser marcado por dúvidas. Contudo, a prática e o conhecimento sobre o seu processo o farão mais preparado para lidar com questões que por ventura apareçam.

Outro ponto a ser considerado é a escrita sobre o próprio processo. Essa é uma importante ferramenta de conhecimento e reflexão sobre o seu trabalho. Afinal, na arte de nossos dias, a relação do artista com a escrita é muito próxima, embora não seja uma prática recente, como destaca Sandra Rey (2008).

Assim, experimente escrever suas impressões, especialmente em um diário secreto, pois elas certamente o ajudarão na compreensão de seu processo poético, conforme destacamos a seguir.

Ideia de trabalho
Pesquisa em processos poéticos: o diário secreto como recurso

Muitas vezes, os diários de artista como formas de registrar os processos são marcados pela precariedade de desenhos e textos, que parecem mais com esboços. Eles são registros das ideias do artista, realizados por meio de intervenções diárias.

Sandra Rey (1996) destaca os diários secretos como elementos de pesquisa do processo poético. O artista conta com tal recurso para construir seu arcabouço artístico, especialmente quando tem a intenção de desenvolver textos teóricos ou poéticos sobre o seu trabalho. Assim, a pesquisadora ressalta:

> Então, manter um diário de anotações (secreto) durante o processo de elaboração do trabalho prático, no qual possamos escrever todos os nossos pensamentos, sem censura, tem-se confirmado como ótima estratégia para a redação de qualquer texto teórico e/ou poético. Também é fundamental a elaboração de fichas de anotações sobre suas próprias obras e as de artistas que são referenciais para a pesquisa. Igualmente importante é fichar conceitos que possam ser colocados em relação com o trabalho realizado. (Rey, 1996, p. 90)

Além disso, Rey menciona a importância de escrever nesse material as datas dos registros: "Na organização do diário é preciso datar cada intervenção, anotar o que fazemos e o que queremos fazer, o que lemos, e escrever tudo o que passa pela cabeça, sem censura. Por esta razão ele é secreto" (Rey, 1996, p. 90).

Mediante essas anotações, será mais fácil elaborar por escrito os conceitos e as referências pertinentes em seus processos. Portanto, recomendamos que escolha um caderno e o carregue consigo, anotando tudo que possa ser interessante quando estiver produzindo um trabalho. Ele será muito útil para que você conheça melhor seu processo poético. Nele, você deverá inserir esboços, imagens que julga interessantes, frases de que gosta, relatos sobre sua prática, enfim, tudo que lhe for pertinente.

Síntese

Nesta etapa final de nossos estudos, discutimos alguns aspectos teóricos e filosóficos sobre o processo artístico. Nesse percurso, estudamos maneiras pelas quais você pode refletir sobre os pequenos detalhes envolvidos nas escolhas necessárias para realizar seu projeto pessoal, tais como a opção por um tema, o olhar para sua trajetória como elemento de conhecimento a respeito de seus interesses e os modos de apresentação do trabalho. Ainda, analisamos as múltiplas possibilidades de processos que os artistas propõem, as quais podem ser encaradas como percursos ou obras propriamente ditas.

Além disso, conferimos ênfase especial ao hábito da pesquisa em seu próprio fazer poético. Para isso, comentamos a importância de coletar referências e da prática da escrita, como mecanismos de reflexão para seus processos poéticos.

Atividades de autoavaliação

1. Preencha os espaços da segunda coluna de acordo com a primeira:

    (1) referências
    (2) tema
    (3) conteúdo
    (4) forma

    ( ) Os conceitos são parte do _____ de uma obra.
    ( ) As _____ podem ser entendidas como teorias e poéticas por meio das quais identificamos conexões com nossas pesquisas em artes visuais.
    ( ) A parte física – a aparência externa – é identificada como a _____ de uma obra.
    ( ) O _____ diz respeito ao assunto abordado em uma obra.

    A seguir, indique a alternativa correta:

    a) 4, 3, 1, 2.
    b) 4, 2, 1, 3.
    c) 3, 1, 4, 2.
    d) 3, 4, 1, 2.

2. A respeito da pesquisa em processos poéticos, assinale o item correto:
    a) A pesquisa em artes visuais é marcada exclusivamente pela subjetividade. Afinal, o objeto de estudo é a arte, a qual está relacionada às escolhas pessoais do artista em seus processos poéticos.
    b) Tanto a objetividade quanto a subjetividade precisam ser levadas em conta nas investigações sobre nossos processos poéticos.
    c) O conceito é a parte mais importante de uma pesquisa em artes visuais. Não importa refletir sobre a nossa condução das técnicas e dos materiais na concretização da forma.
    d) Os escritos de artista não contribuem para a pesquisa em artes visuais; são meras tentativas de interferir na interpretação que o público fará da obra.

3. Leia um fragmento do texto "Por uma abordagem metodológica da pesquisa em artes", de Sandra Rey (2002, p. 123):

> A arte contemporânea levanta a questão da ausência de parâmetros rigidamente estabelecidos. Não existe um corpo teórico, nem regras universalizadas que possam estabelecer uma conduta traçada *a priori* pelo artista. A arte requer um processo no qual o artista, ao criar a obra, "invente o seu próprio modo de fazê-la" (Pareyson, 1989 p. 59). O artista contemporâneo, para fazer frente a habilidades e conhecimentos tão diversificados que se apresentam de forma imbricada no processo de criação, passa a constituir a arte como um campo fecundo para a pesquisa e a investigação.

Considerando essa perspectiva, assinale (V) para os itens verdadeiros e (F) para os falsos:

( ) O texto destaca a atual multiplicidade das escolhas nos processos poéticos, cabendo ao artista conduzir as relações que constituirão a sua obra.
( ) O trecho reflete os novos cânones da arte contemporânea, marcada pela clara definição entre as linguagens visuais envolvidas.
( ) A arte contemporânea toma a investigação como um importante elemento nos processos poéticos.
( ) A pesquisa em artes visuais ocorre exclusivamente sobre a obra pronta. A partir de então, o artista inicia suas reflexões sobre o que está feito.

A seguir, indique a alternativa correta:

a) V, F, F, F.
b) V, F, V, F.
c) F, V, V, V.
d) F, V, F, F.

4. A respeito da pesquisa em artes visuais, é correto afirmar:
   a) Significa o estudo sobre as obras de outros artistas, não sendo adequado ao próprio criador escrever sobre o seu processo.
   b) É exclusiva da área acadêmica e se restringe aos estudos sobre artistas convencionalmente consagrados pelos historiadores da arte.
   c) Os escritos dos artistas, como as cartas e os diários, são ignorados pelos pesquisadores em artes visuais, por serem unanimemente consideradas fontes viciadas.
   d) Caracteriza-se também pela investigação do processo poético em suas relações com as referências históricas e contemporâneas, bem como com as escolhas pessoais do artista.

5. Relacione a segunda coluna de acordo com a primeira:

   (1) Acaso
   (2) Apropriação
   (3) Apresentação
   (4) Formato

   ( ) Refere-se às escolhas relativas ao modo de expor o trabalho ao público.
   ( ) Diz respeito ao modo de operação no qual o artista toma objetos ou imagens e os ressignifica em seus processos poéticos.
   ( ) Embora inesperado, pode ser um elemento incorporado por alguns artistas em certas ocasiões.
   ( ) Relaciona-se a opções relativas às configurações de um trabalho.

   A seguir, indique a alternativa correta.

   a) 4, 2, 1, 3.
   b) 3, 1, 4, 2.
   c) 3, 2, 1, 4.
   d) 4, 3, 2, 1.

Atividades de aprendizagem

Questões para reflexão

1. Reflita e responda: como você entende a diferença entre a pesquisa **sobre** arte e a pesquisa **em** arte?
2. Na sua opinião, em um projeto de trabalho, todos os aspectos podem ser plenamente previsíveis para o artista ou poderão ser necessárias reformulações dos aspectos práticos?

Atividade aplicada: prática

Nesta última atividade, você produzirá um trabalho de escolha pessoal. Por isso, não propomos algo fechado.

Você poderá trabalhar com a linguagem (ou as linguagens) que preferir (desenho, pintura etc.), sobre o suporte que quiser (papel, tecido etc.) e com o tema que desejar. O importante é desenvolver um trabalho com base em seu próprio percurso. Por isso, pense sobre sua trajetória em trabalhos bidimensionais e proponha algo com o qual se identifica nesse sentido.

Antes disso, você deverá construir um projeto escrito contendo as principais informações pertinentes ao seu trabalho. Esse projeto deve conter de uma a duas laudas, pois é espaço suficiente para fundamentar sua conduta no processo poético. Não há uma receita de como você deve começar a pensar nos detalhes, mas o importante é que, ao final, consiga perceber todos os aspectos levantados em sua pesquisa.

Não deixe de anotar todas as impressões sobre seu processo de construção da obra, pois isso ajudará na escrita de seus resultados ao fim do trabalho.

A seguir, apresentamos um modelo com base no qual você poderá elaborar esse projeto.

Projeto de trabalho em linguagens bidimensionais

Criando um projeto pessoal: da intenção à obra

Temas e conceitos

Um dos aspectos que deve ser pensado ainda no início de seu projeto é a temática a ser abordada. A partir dela, os conceitos que nortearão sua pesquisa também aparecerão. Assim, você pode iniciar mencionando as ideias que estão por trás de sua ideia. Quais questões são interessantes? O que lhe incomoda e o que gostaria de discutir, abordar em um trabalho?

Seguem dois exemplos de como essa parte pode ser iniciada.

- Exemplo 1: "Com este projeto, proponho discutir aspetos relativos ao universo feminino, pensando nos papéis que a mulher contemporânea desempenha na vida social...";
- Exemplo 2: "Com a minha pesquisa, quero dar destaque ao espaço urbano, pensado como um lugar de preservação do bem comum...".

A composição da obra

Nesta etapa, você deve falar sobre a natureza da obra, mencionando as principais características dela.

Enquanto pensa no tema, reflita também sobre a conformação física da obra e, depois, descreva o trabalho propriamente dito. Como você imagina o objeto final? Quais serão as linguagens envolvidas (desenho, colagem, pintura, gravura, fotografia etc.)? Recorrerá a quais materiais (tintas, materiais perecíveis, lápis etc.)? Qual será o suporte (tela, papel, parede, madeira, vidro etc.)? E as dimensões, serão em centímetros ou maiores? Enfim, desbrave ao máximo sua ideia.

A seguir, apresentamos mais exemplos de como elaborar essa etapa.

- Exemplo 1: "Este trabalho se concretizará pela linguagem do desenho, tendo como objeto final um conjunto de imagens que irão ser sobrepostas em um mesmo suporte – nesse caso, as páginas de um livro antigo de receitas, remetendo ao universo feminino. Os desenhos (de mulheres trabalhando, cuidando dos filhos etc.) vão aparecer como intervenções sobre o livro antigo de receitas...";
- Exemplo 2: "O trabalho será uma intervenção urbana por meio da linguagem da pintura. A intervenção consiste em distribuir pequenas obras no espaço público, pinturas sobre papel, que serão entregues aos passantes em uma praça. Essas pinturas serão de lugares degradados da cidade, que serão chamados de não 'paisagens...'".

Planejamento

Nesta etapa, recomendamos que você descreva, passo a passo, o que fará e quanto tempo levará para concluir suas ações.

- Exemplo 1: "A princípio, vou criar os desenhos em esboços e, na sequência, passá-los para o livro de receitas com o lápis. Em seguida, cobrirei os desenhos com caneta nanquim, reforçando os detalhes. Preciso de 15 desenhos – porque são 15 páginas – e pretendo interferir em todas. Além dos desenhos, vou escrever palavras (nomes de objetos e afazeres domésticos)";
- Exemplo 2: "Vou iniciar tirando fotos dos lugares mais feios que eu encontrar em minha cidade, espaços com lixo ou descuidados. Depois, vou selecionar as que eu quero e fazer os desenhos. A ideia é ter 20 pinturas pequenas. As imagens podem se repetir, depois que eu pintar as 'não paisagens'. Em seguida, abordarei as pessoas para perguntar se elas aceitam um trabalho de arte. Vou observar as reações delas".

Espaço expositivo: manuseio e montagem

Na penúltima parte do projeto, você deve descrever como seria melhor expor seu trabalho. Isso não significa que deverá expor; estamos apenas sugerindo que você imagine e descreva essa situação hipotética. Se essa descrição for de difícil compreensão para o espectador, você pode até desenhar um esboço, que ilustre, de maneira aproximada, como a obra ficará disposta no espaço expositivo.

- Exemplo 1: "Este trabalho deverá ser exposto em um espaço privado, como uma galeria ou um museu. Trata-se de um livro que poderá ser manuseado pelas pessoas que visitarem a exposição. Poderá estar em um suporte, como uma mesa pequena e discreta...";
- Exemplo 2: "Este trabalho precisa ser exposto por meio de fotografias que mostrem a reação das pessoas ao receberem as 'não paisagens' ou, mesmo, ao serem expostas em ambientes públicos. É possível também apresentar as pinturas e, ao lado, as imagens da ação em um espaço privado".

Análise do processo

Na etapa final de seu projeto, acrescente suas impressões sobre o processo. Quais elementos você observou de interessante? Do projeto teórico, o que se concretizou e o que mudou? Aconteceu algo de inusitado no percurso? O que você mudaria?

- Exemplo 1: "Neste processo, percebi que foi interessante criar ilustrações para um livro pronto. Observei que é possível falar sobre a mulher atual trazendo elementos relacionados às mulheres de outras gerações, tais como livros de receitas que encontrei em um sebo comum. Poderia ser também um livro de etiqueta ou bordado, atividades tradicionalmente comuns à educação das mulheres de gerações anteriores...";
- Exemplo 2: "Foi interessante notar como as pessoas ficaram surpresas em receber as 'não paisagens'. Acho que esperavam algo belo de uma obra, ou sequer entenderam do que se tratava. Entendo que um trabalho de arte pode ser também provocador, levar a reflexões. Talvez, tenha ficado mais surpreso diante das pessoas que não esboçaram nenhuma reação. Será que não perceberam a provocação, ou simplesmente não se importaram?".

Enfim, siga os exemplos, crie seu projeto e realize sua obra. Bom trabalho!

Considerações finais

Ao final deste livro, esperamos que os temas estudados tenham contribuído de modo significativo para sua formação profissional. Conduzimos nossas análises em torno de possibilidades poéticas na produção de trabalhos bidimensionais, entendendo como fundamental em sua formação a associação entre prática e teoria, bem como entre o fazer e o refletir.

Nesse percurso, conferimos especial ênfase às linguagens predominantemente bidimensionais, a exemplo do desenho e da pintura, em diálogo com as demais. Compreendemos como válidas as conexões entre as linguagens no contexto da arte contemporânea. Nesse sentido, exploramos aspectos relativos aos processos artísticos como uma das facetas a serem compreendidas pelo estudioso de artes visuais, na medida em que ele opera em seu ofício não apenas com aspectos técnicos, mas também poéticos.

Assim, para além de uma visão que se reduz à condução técnica dos materiais, esperamos que você tenha aprendido a ser também um propositor e mediador das relações não apenas com os objetos de arte já produzidos, mas ainda com os seus próprios processos criadores.

Diante disso, podemos concluir que múltiplas são as possibilidades de abordagem em linguagens bidimensionais, tanto na dimensão conceitual (ideias) quanto na formal (configuração física), bastando-nos a liberdade de pesquisar e experimentar.

Por isso, sugerimos a você que se aprofunde nos estudos, busque conhecer mais referências, faça anotações, colecione desenhos e conduza seu processo poético do ponto de vista do artista enquanto alguém que vivencia o processo, bem como do ponto de vista do pesquisador, ou seja, daquele que conhece sobre o que faz.

Desse modo, unindo essas facetas imprescindíveis em sua formação, você certamente ampliará cada vez mais suas possibilidades de ação enquanto estudioso e educador em artes visuais.

Referências

ABREU, S. R. de. Autorretrato: inventando a si mesmo. In: ENCONTRO NACIONAL DA ASSOCIAÇÃO DE PESQUISADORES DE ARTES PLÁSTICAS – SUBJETIVIDADE, UTOPIAS E FABULAÇÕES, 20., 2011, Rio de Janeiro. **Anais**... Rio de Janeiro: Anpap, 2011. Disponível em: <www.anpap.org.br/anais/2011/pdf/chtca/simone_rocha_de_abreu.pdf>. Acesso em: 19 set. 2016.

AJZENBERG, E. **Acervo**: roteiros de visita. Disponível em: <http://www.macvirtual.usp.br/mac/templates/projetos/roteiro/PDF/44.pdf>. Acesso em: 27 set. 2016.

ALZUGARAY, P. Estudos sobre a vizinhança. **IstoÉ**, n. 2.333, 8 ago. 2014. Disponível em: <http://istoe.com.br/376803_ESTUDOS+SOBRE+A+VIZINHANCA/>. Acesso em: 26 set. 2016.

AMARAL, A. A. (Org.). **Museu de Arte Contemporânea da Universidade de São Paulo**: perfil de um acervo. São Paulo: MAC; USP; TECHNIT 19, 1988.

ANDERSSON, K. M. **Bomb Magazine**, New York, n. 100, 2007. Entrevista. Disponível em: <http://bombmagazine.org/article/2905/mamma-andersson>. Acesso em: 21 set. 2016.

ANJOS, A. **Todos os sonetos**. Porto Alegre: L&PM Editores, 2001.

ARBACH, J. M. I. **O fato gráfico**: o humor gráfico como gênero jornalístico. 246 f. Tese (Doutorado em Ciências da Comunicação História) – Universidade de São Paulo, Escola de Comunicação, São Paulo, 2007.

ARCHER, M. **Arte contemporânea**: uma história concisa. São Paulo: M. Fontes, 2001.

_____. **Arte contemporânea**: uma história concisa. Tradução de Alexandre Krug e Valter Lellis Siqueira. 2. ed. São Paulo: M. Fontes, 2012.

ARGAN, G. C. **Arte moderna**. Tradução de Denise Bottmann e Frederico Carotti. São Paulo: Companhia das Letras, 2010.

ARNHEIM, R. **Arte e percepção visual**: uma psicologia da visão criadora. Tradução de Ivonne Terezinha de Faria. São Paulo: Cengage Learning, 2011.

BARALDI, P. de L. Parangolé: o vestível como Arte (anti) Arte. In: COLÓQUIO DE MODA, 9., 2013, Fortaleza. **Anais**... Fortaleza: Universidade Federal do Ceará, 2013. Disponível em: <http://www.coloquiomoda.com.br/anais/anais/9-Coloquio-de-Moda_2013/COMUNICACAO-ORAL/EIXO-7-FICURINO_COMUNICACAO-ORAL/PARANGOLE-o-vestivel-como-Arte-anti-Arte.pdf>. Acesso em: 19 set. 2016.

BARBOSA, E. O corpo representado na arte contemporânea: o simbolismo do corpo como meio de expressão artística. In: ENCONTRO DA ASSOCIAÇÃO NACIONAL DE PESQUISADORES EM ARTES PLÁSTICAS "ENTRE TERRITÓRIOS", 19., 2010, Cachoeira. **Anais**... Cachoeira: Anpap, 2010. Disponível em: <http://www.anpap.org.br/anais/2010/pdf/cpa/eduardo_romero_lopes_barbosa.pdf>. Acesso em: 19 set. 2016.

BARJA, W. Intervenção/terinvenção: a arte de inventar e intervir diretamente sobre o urbano, suas categorias e o impacto no cotidiano. **Revista Ibero-americana de Ciência da Informação** (RICI), v. 1, n. 1, p. 213-218, jul./dez. 2008.

BARTHES, R. **A câmara clara**. 3. ed. Rio de Janeiro: Nova Fronteira, 2011.

BATISTA, S. D. **O corpo falante**: as inscrições discursivas do corpo na pintura acadêmica brasileira do século XIX. 287 f. Tese (Doutorado em História) – Universidade Federal do Paraná, Setor de História, Curitiba, 2011.

BIRCH, H. **Desenhar**: truques, técnicas e recursos para a inspiração visual. São Paulo: Ed. Gustavo Gili, 2015.

BLAUTH, L.; POSSA, A. C. K. Arte, grafite e espaço urbano. **Palíndromo**, Florianópolis, n. 8, p. 146-163, 2012. Disponível em: <http://www.revistas.udesc.br/index.php/palindromo/article/download/3458/2479>. Acesso em: 19 set. 2016.

BONTCÉ, J. **Tecnicas y secretos de la pintura**. Barcelona: Leda, 1975.

BOURDON, D. **Christo**. Nova York: Harry N. Abrams Publishers, 1970.

BRASIL, L. T. **David Libeskind**: ensaio sobre as residências unifamiliares. São Paulo: Romano Guerra Editora; Edusp, 2007.

CAETANO, R. O.; FARIA, N. V. da F. **Marcel Duchamp e o colapso da arte**. 2012. Disponível em: <http://portaldoprofessor.mec.gov.br/fichaTecnicaAula.html?aula=40616>. Acesso em: 23 set. 2016.

CAIAFA, J. **Nosso século XXI**: notas sobre arte, técnica e poderes. Rio de Janeiro: Relume Dumará, 2000.

CANEVACCI, M. **A cidade polifônica**: ensaio sobre a antropologia da comunicação urbana. Tradução de Cecília Prada. 2. ed. São Paulo: Studio Nobel, 2004.

CANONGIA, L. (Cur.). **Vik Muniz**: o tamanho do mundo. Rio de Janeiro: Imago Escritório de Arte, 2014.

CANTON, K. **Do moderno ao contemporâneo**. São Paulo: M. Fontes, 2009a. (Coleção Temas da Arte Contemporânea).

____. **Espaço e lugar**. São Paulo: M. Fontes, 2009b. (Coleção Temas da Arte Contemporânea).

CARLSSON, B.; LOUIE, H. **Street art**: técnicas e materiais para arte urbana – grafite, pôsteres, adbusting, estêncil, jardinagem de guerrilha, mosaicos, adesivos, instalações, serigrafia, perler beads. Tradução de Denis Augusto Fracalossi. São Paulo: Ed. Gustavo Gili, 2015.

CARTAXO, Z. Arte nos espaços públicos: a cidade como realidade. **O Percevejo Online**, Rio de Janeiro, v. 1, n. 1, 2009. Disponível em: <http://www.seer.unirio.br/index.php/opercevejoonline/article/view/431/381>. Acesso em: 4 set. 2016.

____. **Pintura em distensão**. Rio de Janeiro: Oi Futuro; Secretaria do Estado de Cultura do Rio de Janeiro, 2006.

CASCARDO, A. B. S. Grafite contemporâneo: da espontaneidade urbana à sua cooptação pelo mundo da arte. **Revista Musear**, Ouro Preto, ano 1, n. 1, p. 93- 109, jun. 2012.

CATALDI, B. **Storyboard**: o quadro a quadro da história. 2012. Disponível em: <http://www.animamundi.com.br/storyboard-o-quadro-a-quadro-da-historia/>. Acesso em: 27 set. 2016.

CAUQUELIN, A. **A invenção da paisagem**. Tradução de Marcos Marcionilo. São Paulo: M. Fontes, 2007.

CAVALCANTI, J. D. **Parangolé**: anti-obra de Hélio Oiticica. 2002. Disponível em: <http://www.digestivocultural.com/colunistas/coluna.asp?codigo=856&titulo=Parangole:_anti-obra_de_Helio_Oiticica>. Acesso em: 23 set. 2016.

CHAPMAN, J. M. Processo de criação: entre a ciência e a intuição. In: ENCONTRO NACIONAL DA ASSOCIAÇÃO DE PESQUISADORES DE ARTES PLÁSTICAS – DINÂMICAS EPISTEMOLÓGICAS EM ARTES VISUAIS, 16., 2007, Florianópolis. **Anais**... Florianópolis: Anpap, 2007. Disponível em: <http://www.anpap.org.br/anais/2007/2007/artigos/160.pdf>. Acesso em: 19 set. 2016.

CHARTIER, R. **A aventura do livro**: do leitor ao navegador. Tradução de Reginaldo de Moraes. São Paulo: Ed. Unesp; Imprensa Oficial do Estado de São Paulo, 1999.

CHIPP, H. **Teorias da arte moderna**. São Paulo: M. Fontes, 1999.

CLARK, L. Breviário sobre o corpo. **Arte&Ensaios**, Rio de Janeiro, [S.d.]. Disponível em: <http://www.ppgav.eba.ufrj.br/wp-content/uploads/2012/01/ae16_Lygia_Clark-.pdf>. Acesso em: 23 set. 2016.

CLINCH, M. **Esboço de ambiente**. [S.d.]. Lápis sobre papel. 35,5 × 45,4 cm.

COHEN, R. **Performance como linguagem**: criação de um tempo-espaço de experimentação. São Paulo: Perspectiva, 2002.

CORTEZ, J. **Curso completo de desenho artístico**. São Paulo: Divulgação Artística, [S.d.].

DALCOL, F. **Artista brasileiro de destaque no Exterior, Vik Muniz apresenta sua primeira exposição em Porto Alegre**. 2014. Disponível em: <http://zh.clicrbs.com.br/rs/entretenimento/noticia/2014/05/artista-brasileiro-de-destaque-no-exterior-vik-muniz-apresenta-sua-primeira-exposicao-em-porto-alegre-4504198.html>. Acesso em: 26 set. 2016.

DANIEL, L. C. Obra estática: um *bicho* de Lygia Clark na Pinacoteca do Estado de São Paulo. In: ENCONTRO NACIONAL DE ESTUDOS DA IMAGEM, 3., 2011, Londrina. **Anais**... Londrina: UEL, 2011. Disponível em: <http://www.uel.br/eventos/eneimagem/anais2011/trabalhos/pdf/Larissa%20Chagas%20Daniel.pdf>. Acesso em: 23 set. 2016.

DANTO, A. Obras de arte e meras coisas reais. In: _____. **A transfiguração do lugar-comum**: uma filosofia da arte. São Paulo: Cosac Naify, 2005. p. 33-72.

DANTON, G. **Como escrever quadrinhos**. Paraíba: Marca de Fantasia, 2015.

DICIONÁRIO MICHAELIS. **Superfície**. Disponível em: <http://michaelis.uol.com.br/busca?r=0&f=0&t=0&palavra=superf%C3%ADcie+>. Acesso em: 3 out. 2016.

DONDIS, D. A. **Sintaxe da linguagem visual**. Tradução de Jefferson Luiz Camargo. 2. ed. São Paulo: Martins Fontes, 1997.

DUVE, T. de. Cinco reflexões sobre o julgamento estético. **Revista Porto Arte**, Porto Alegre, v. 16, n. 27, p. 43-65, nov. 2009. Disponível em: <http://seer.ufrgs.br/PortoArte/article/download/18187/10698>. Acesso em: 19 set. 2016.

EBY, D. **Pain and Suffering and Developing Creativity**. Disponível em: <www.http://talentdevelop.com/2810/pain-and-suffering-and-developing-creativity/>. Acesso em: 22 set. 2016.

EDIJANTO, E. **Guardians of the Night**. Disponível em: <http://eliciaedijanto.tumblr.com/post/136811103863/guardians-of-the-night>. Acesso em: 21 set. 2016.

EDWARDS, B. **Desenhando com o lado direito do cérebro**. 4. ed. Rio de Janeiro: Ediouro, 2002.

EISNER, W. **Quadrinhos e arte sequencial**. Tradução de Luís Carlos Borges. São Paulo: M. Fontes, 1999.

ELLIOT, J. **Esboço**. [S.d.]. Caneta de esboço recarregável. 35 × 28, 5 cm.

ENCICLOPÉDIA ITAÚ CULTURAL. **Assemblage**. Disponível em: <http://enciclopedia.itaucultural.org.br/termo325/assemblage>. Acesso em: 19 set. 2016a.

_____. **Renascimento**. Disponível em: <http://enciclopedia.itaucultural.org.br/termo3637/renascimento>. Acesso em: 19 set. 2016b.

ENTLER, R. **Acidentes e encontros na criação artística**: poéticas do acaso. 202 f. Tese (Doutorado em Artes) – Universidade de São Paulo, Escola de Comunicações e Artes, São Paulo, 2000.

EPOCH TIMES. **Ron Mueck, escultor trabalha hiperrealismo em diferentes proporções**. 2013. Disponível em: <https://www.epochtimes.com.br/ron-mueck-esculturas-hiperrealistas/#.V-QaLShn2Un>. Acesso em: 22 set. 2016.

FABRIS, A. O debate crítico sobre o hiper-realismo. **ArtCultura**, Uberlândia, v. 15, n. 27, p. 233-244, jul./dez. 2013. Disponível em: <http://www.artcultura.inhis.ufu.br/PDF27/9.2_O_debate_critico_sobre_o_HiperRealismo.pdf>. Acesso em: 19 set. 2016.

FALBO, C. V. R. Movimentos do corpo na arte: discurso, representação, presença e transgressão. **Intersemiose** – Revista Digital, ano 1, v. 1, n. 1, jan./jul. 2012. Disponível em: <http://www.neliufpe.com.br/wp-content/uploads/2012/06/03.pdf>. Acesso: 15 fev. 2016.

FATORELLI, A. **Fotografia contemporânea**: entre o cinema, o vídeo e as novas mídias. Rio de Janeiro: Senac Nacional, 2013.

FELIPPE, M. L. Casa: uma poética da terceira pele. **Psicologia & Sociedade**, v. 22, n. 2, p. 299-308, 2010. Disponível em: <http://www.scielo.br/pdf/psoc/v22n2/10.pdf>. Acesso em: 22 mar. 2016.

FER, B.; BATCHELOR, D.; WOOD, P. **Realismo, racionalismo, surrealismo**: a arte no entreguerras. São Paulo: Cosac Naify, 1998. (Arte moderna: práticas e debates).

FERREIRA, M. A. Arte urbana no Brasil: expressões da diversidade contemporânea. In: ENCONTRO NACIONAL DE HISTÓRIA DAS MÍDIAS, 8., 2011, Guarapuava. **Anais**... Guarapuava: Unicentro, 2011.

FERVENZA, H. Formas da apresentação: documentação, práticas e processos artísticos. In: ENCONTRO NACIONAL DA ASSOCIAÇÃO NACIONAL DE PESQUISADORES EM ARTES PLÁSTICAS – PANORAMA DA PESQUISA EM ARTES VISUAIS, 17., 2008, Florianópolis. **Anais**... Florianópolis: Anpap, 2008. Disponível em: <http://www.anpap.org.br/anais/2008/artigos/157.pdf>. Acesso em: 19 set. 2016.

FIALHO, D. M. Arte e cartografia: algumas definições. In: SEMINÁRIO ARTE & CIDADE, 1., 2006, Salvador. **Anais**... Salvador: UFBA, 2006. Disponível em: <http://www.arteecidade.ufba.br/st3_DMF.pdf>. Acesso em: 19 set. 2016.

FIGUEIREDO, L. (Org.). **Lygia Clark – Helio Oiticica**: cartas – 1964-1974. Rio de Janeiro: Ed. da UFRJ, 1996.

FIGUEIREDO, V. B. **Diário de luto**: poéticas da memória. 86 f. Dissertação (Mestrado em Cultura Visual) – Universidade Federal de Goiás, Faculdade de Artes Visuais, Goiânia. 2012.

FONSECA, J. da. **Caricatura**: a imagem gráfica do humor. Porto Alegre: Artes & Ofícios, 1999.

FREDDI, H. E. da S. A poética e o pesquisador: reflexões sobre as reverberações subjetivas na pesquisa acadêmica em artes. **Revista Belas Artes**, v. 6, p. 1-11, 2011. Disponível em: <http://www.belasartes.br/revistabelasartes/downloads/artigos/6/a-poetica-e-o-pesquisador.pdf>. Acesso em: 4 set. 2016.

FREITAS, C. E. R. **Leonilson, 1980-1990**. 145 f. Dissertação (Mestrado em Artes Visuais) – Universidade de São Paulo, Escola de Comunicação e Artes, São Paulo. 2010.

FUREGATTI, S. Os monumentos temporários do artista Christo Javacheff. **Visualidades**, Goiânia, v. 12, n. 1, p. 111-131, jan./jun. 2014. Disponível em: <http://revistas.ufg.br/VISUAL/article/download/33695/17822>. Acesso em: 18 fev. 2016.

GALERIA RABIEH. **Em tramas**. 2015. Disponível em: <http://www.galeriarabieh.com.br/exposicao.php?expo=Em-Tramas>. Acesso em: 23 set. 2016.

GARCIA-BERMEJO, J. M. F. (Org.). **René Magritte**. Tradução de Berta Rodrigues Silveira. Rio de Janeiro: Civilização Brasileira. 1995.

GELB, I. J. **Pour une théorie de l'écriture**. Paris: Flammarion, 1973.

GOODING, M. **Arte abstrata**. São Paulo: Cosac Naify, 2002.

GOMBRICH, E. H. **A história da arte**. Tradução de Álvaro Cabral. Rio de Janeiro: LTC, 1999.

GRANDO, A.; ALMONFREY, J. Cildo Meireles: um relativizar do conhecimento do mundo. In: CONGRESSO INTERNACIONAL DA ASSOCIAÇÃO DE PESQUISADORES EM CRÍTICA GENÉTICA, 10., 2012, Porto Alegre. **Anais**... Porto Alegre: PUCRS, 2012. Disponível em: <http://ebooks.pucrs.br/edipucrs/anais/apcg/edicao10/Angela.Grando.pdf>. Acesso em: 19 set. 2016.

GUEDES, F. **Fractais**. Disponível em: <http://escolakids.uol.com.br/fractais.htm>. Acesso em: 4 set. 2016.

GUIDON, N.; MARTIN, G. Arte global num único destino: a sobrevivência. In: GLOBAL ROCK ART, 2009, São Raimundo Nonato. **Anais**... São Raimundo Nonato: Fumdham, 2009.

HALLAWELL, P. **À mão livre**: a linguagem e as técnicas do desenho. 2. ed. São Paulo: Melhoramentos, 1997.

HELDER, H. **Photomaton & Vox**. Lisboa: Assírio & Alvim, 2006.

HOVENKAMP, J. B. **A escultura em pedra**: os escultores em Portugal – os escultores, a matéria e a técnica. 184 f. Dissertação (Mestrado em Escultura) – Universidade de Lisboa, Faculdade de Belas Artes, Lisboa, 2013.

INFOARTSP. **A casa**. 2016. Disponível em: <http://www.infoartsp.com.br/agenda/a-casa/>. Acesso em: 27 set. 2016.

JOLY, M. **Introdução à análise da imagem**. 11. ed. Campinas: Papirus, 2007.

JUSTINO, M. J. A admirável complexidade da arte. In: CORDI, C. et al. (Org.). **Para filosofar**. São Paulo: Scipione, 1997.

KAHLO, F. **O diário de Frida Kahlo**: um autorretrato íntimo. Tradução de Mário Pontes. 3. ed. Rio de Janeiro: J. Olympio, 2012.

KRAUSS, R. **Caminhos da escultura moderna**. São Paulo: M. Fontes, 1998.

KENSKI, V. M. **Educação e tecnologia**: o novo ritmo da informação. Campinas: Papirus, 2007.

KUITCA, G. **Guillermo Kuitca**: filosofia para princesas – obras 1980-2013. Exposições. Pinacoteca do Estado de São Paulo, 2014. Disponível em: <http://www.pinacoteca.org.br/pinacoteca-pt/default.aspx?c=exposicoes&idexp=1227&mn=537&friendly=Exposicao-Guillermo-Kuitca-Filosofia-para-princesas-Obras-1980-2013>. Acesso em: 19 set. 2016.

LANEYRIE-DAGEN, N. Apresentação. In: LICHTENSTEIN, J. (Org.). **A pintura**: textos essenciais – os gêneros pictóricos. São Paulo: Ed. 34, 2006. v. 10.

LEE, B. [Sem título]. [S.d.]. Papel recortado.

LICHTENSTEIN, J. (Org.). **A pintura**: textos essenciais – da imitação à expressão. São Paulo: Ed. 34, 2006. v. 5.

LITTIG, S. V. **Reflexões sobre a apropriação de objetos na arte contemporânea**. 2015. 63 f. Dissertação (Mestrado em História da Arte) – Universidade Federal do Espírito Santo, Centro de Artes da Universidade Federal do Espírito Santo, Vitória, 2015.

LONG, R. **River Avon Mud Slow Hand Spiral**. 2011. Lama e tinta acrílica sobre parede. Diâmetro 448 cm. Disponível em: <http://www.therichardlongnewsletter.org/page/show/kendal-special-2011>. Acesso em: 22 set. 2016.

LOPES, R. P. A. Leonilson: bordado como expressão. **Revista do Colóquio**, Vitória, v. 1, n. 1, 2011. Disponível em: <http://periodicos.ufes.br/colartes/article/download/7733/5433>. Acesso em: 23 set. 2016.

MAC – Museu de Arte Contemporânea. Universidade de São Paulo. **A casa**. Disponível em: <http://www.mac.usp.br/mac/expos/2015/casa/home.htm>. Acesso em: 27 set. 2016.

MACEDO, W.; BORTOLLI JUNIOR., O. MoMA PS1 e o espaço expositivo da arte contemporânea. In: ENCONTRO DA ASSOCIAÇÃO NACIONAL DE PESQUISA E PÓS-GRADUAÇÃO EM ARQUITETURA E URBANISMO – ARQUITETURA, CIDADE E PROJETO: uma construção coletiva, 3., 2014, São Paulo. **Anais**... São Paulo: Anparq, 2014. Disponível em: <http://www.anparq.org.br/dvd-enanparq-3/htm/Artigos/SC/ORAL/SC-CDR-037_MACEDO_BORTOLLIJR.pdf>. Acesso em: 19 set. 2016.

MACHADO, A. (Org.). **Made in Brasil**: três décadas do vídeo brasileiro. São Paulo: Iluminuras; Itaú Cultural, 2007.

MARIA, S. L. S. **Joias urbanas**: renda na Street Art por NeSpoon. 2014. Disponível em: <http://agendawhite.com.br/2014/08/joias-urbanas-renda-na-street-art-por-nespoon/>. Acesso em: 23 set. 2016.

MARTIN, J. **Dominando a técnica do esboço**: curso completo em 40 lições. Tradução de Waldéa Barcellos. São Paulo: WMF Martins Fontes, 2014.

MATESCO, V. **Corpo, imagem e representação**. Rio de Janeiro: J. Zahar, 2009.

MAYER, R. **Manual do artista**. São Paulo, M. Fontes, 1999.

MUECK, R. Entrevista cedida à Sarah Tanguy. **International Sculpture Center**: Publisher of Sculpture Magazine, v. 22, n. 6, July/Aug. 2003. Disponível em: <http://www.sculpture.org/documents/scmag03/jul_aug03/mueck/mueck.shtml>. Acesso em: 19 set. 2016.

NADEAU, M. **História do surrealismo**. Tradução de Geraldo Gerson de Souza. São Paulo: Perspectiva, 1985.

NOGUEIRA, L. **Luz e sombra**: estrutura da luz e sombra. Blog Desenhe Tudo. Disponível em: <http://desenhetudo.blogspot.com.br/p/luz-e-sombra.html>. Acesso em: 4 set. 2016.

O LEGADO de Leonilson. Direção Cacá Vicalvi. Brasil: SESC TV, 2003. Documento Vídeo Brasil. 25 min. Disponível em: <http://tal.tv/video/o-legado-de-leonilson/>. Acesso em: 23 set. 2016.

OITICICA, H. **Aspiro ao grande labirinto**. Rio de Janeiro: Rocco, 1986.

OLIVEIRA, R. de. **Pelos jardins Boboli**. Rio de Janeiro: Nova Fronteira, 2008.

PAREYSON, L. **Os problemas da estética**. Tradução de Maria Helena Nery Garcez. São Paulo: M. Fontes, 1989.

PASSERON, R. A poiética em questão. **Porto Arte**, Porto Alegre, v. 1, n. 21, p. 9-15, jul./nov. 2004. Disponível em: <www.seer.ufrgs.br/PortoArte/article/viewFile/27885/16492>. Acesso em: 19 set. 2016.

_____. Da estética à poiética. **Porto Arte**, Porto Alegre, v. 8, n. 15, p. 103-116, nov. 1997. Disponível em <http://seer.ufrgs.br/index.php/PortoArte/article/view/27744/16346>. Acesso em: 19 set. 2016.

PEREIRA, J. C.; FAVERO, F. A experiência na paisagem: a vivência estética, o sublime e o menor. **Textura**, v. 16, n. 30, p. 107-123, jan./abr. 2014. Disponível em: <http://www.periodicos.ulbra.br/index.php/txra/article/download/1130/876>. Acesso em: 19 set. 2016.

PEVSNER, N. **Academias de arte**: passado e presente. Tradução de Vera Maria Pereira. São Paulo: Companhia das Letras, 2005.

PINTO, C. do C. de S. **Paisagem industrial em Cubatão-SP**: o caso da Companhia Fabril e da Usina Hery Borden. 194 f. Dissertação (Mestrado em Teoria e História da Arquitetura) – Universidade de Brasília, Faculdade de Arquitetura e Urbanismo, 2015.

PIRES, B. **O corpo como suporte de arte**: piercing, implante, escarificação, tatuagem. São Paulo: Senac, 2005.

PLAZA. J. O livro como forma de arte (I). **Arte em São Paulo**, São Paulo, n. 6, p. 19-34, abr., 1982. Disponível em: <http://www.mac.usp.br/mac/expos/2013/julio_plaza/pdfs/o_livro_como_forma_de_artel.pdf>. Acesso em: 19 set. 2016.

PORTO ALEGRE. Prefeitura Municipal. **Exposição fotográfica na Usina enfoca Campos de Cima da Serra**. Disponível em: <http://www2.portoalegre.rs.gov.br/acessibilidade_smarty/default.php?projeto_sec=144&p_secao=3&pg=131&p_reg=158456>. Acesso em: 19 set. 2016.

PRATA, S. **Anatomia artística**. Curitiba: Fundação Cultural, 2000.

QUINTANA, M. **Apontamentos de história sobrenatural**. Porto Alegre: Globo; Instituto Estadual do Livro, 1976.

_____. Quem disse que eu me mudei? In: _____. **Preparativos de viagem**. São Paulo: Objetiva, 2013.

RAMOS, P. E. Piadas e tiras cômicas: semelhanças entre gêneros. **Revista USP**, São Paulo, n. 88, p. 50-59, dez./fev. 2010-2011. Disponível em: <http://www.revistas.usp.br/revusp/article/download/13851/15669>. Acesso em: 19 set. 2016.

_____. **Tiras cômicas e piadas**: duas leituras, um efeito de humor. 431 f. Tese (Doutorado em Letras) – Universidade de São Paulo, São Paulo, 2007.

REY, S. A dimensão crítica dos escritos de artistas na arte contemporânea. **Revista Pós**, Belo Horizonte, v. 1, n. 1, p. 8-15, maio 2008. Disponível em: <http://www.eba.ufmg.br/revistapos/index.php/pos/article/viewFile/2/1>. Acesso em: 20 abr. 2016.

_____. Da prática à teoria: três instâncias metodológicas sobre a pesquisa em artes visuais. **Porto Arte**, Porto Alegre, v. 7, n. 13, p. 81-95, nov. 1996. Disponível em: <http://seer.ufrgs.br/index.php/PortoArte/article/download/27713/16324>. Acesso em: 19 set. 2016.

_____. Por uma abordagem metodológica da pesquisa em artes visuais. In: BRITES, B.; TESSLER, E. (Org.). **O meio como ponto zero**: metodologia da pesquisa em artes plásticas. Porto Alegre: E. Universidade; UFRGS, 2002, p. 123-140.

ROCHEFORT, C. C. **A marca corporal como registro de existência e a pele como superfície de experiência**: o contato como paradigma para as imagens impressas do corpo. 139 f. Dissertação (Mestrado em Artes Visuais) – Universidade Federal do Rio Grande do Sul, Instituto de Artes, Porto Alegre, 2010. Disponível em: <http://www.lume.ufrgs.br/bitstream/handle/10183/27879/000767217.pdf?sequence=1>. Acesso: 2 dez. 2016.

ROLNIK, S. Subjetividade em obra: Lygia Clarck, artista contemporânea. In: LINS, D.; GADELHA, S. (Org.). **Nietzsche e Deleuze**: o que pode o corpo. Rio de Janeiro: Relume Dumará; Fortaleza: Secretaria da Cultura e Desporto, 2002. p. 131-148.

ROSENBERG, H. **A tradição do novo**. São Paulo: Perspectiva, 1974.

SA, E. **Lindas ilustrações por Morgan Davidson**. 2014. Disponível em: <http://www.zupi.com.br/lindas-ilustracoes-por-morgan-davidson/>. Acesso em: 21 set. 2016.

SALLES, C. A. Crítica dos processos criativos. In: ENCONTRO NACIONAL DA ASSOCIAÇÃO NACIONAL DE PESQUISADORES DE ARTES PLÁSTICAS – DINÂMICAS EPISTEMOLÓGICAS EM ARTES VISUAIS, 16., 2007, Florianópolis. **Anais**... Florianópolis: Anpap, 2007. Disponível em: <www.anpap.org.br/anais/2007/2007/artigos/013.pdf>. Acesso em: 19 set. 2016.

_____. **Gesto inacabado**: processo de criação artística. 2. ed. São Paulo: Fapesp; Annablume, 2004.

_____. **Redes da criação**: construção da obra de arte. São Paulo: Horizonte, 2008.

SANTAELLA, L. **Leitura de imagens**. São Paulo: Melhoramentos, 2012.

SANTIAGO, D. **Espaço fluido**. 86 f. Dissertação (Mestrado em Artes Visuais) – Universidade Estadual de Santa Catarina, Programa de Pós Graduação em Artes Visuais, Florianópolis, 2007.

SANTOS NETO, F. A. **Diário de passagem**: uma poética do desenho. Londrina: Ed. UEL, 1995. v. 1.

_____. Modelo vivo: a nova velha história II. In: ENCONTRO NACIONAL DA ASSOCIAÇÃO DE PESQUISADORES DE ARTES PLÁSTICAS – SUBJETIVIDADE, UTOPIAS E FABULAÇÕES, 20.,. 2011, Rio de Janeiro. **Anais**... Rio de Janeiro: Anpap, 2011. Disponível em: <http://www.anpap.org.br/anais/2011/pdf/ceav/fernando_augusto_dos_santos_neto.pdf>. Acesso em: 19 set. 2016.

SANTOS, J. M. P. Breve histórico da "Performance Art" no Brasil e no mundo. **Revista Ohun**, ano 4, n. 4, p. 1-32, dez 2008. Disponível em <http://www.revistaohun.ufba.br/pdf/ze_mario.pdf>. Acesso em: 19 set. 2016.

SCHILLER, M.; SCHILLER, S. Prefácio. In: CARLSSON, B.; LOUIE, H. **Street art**: técnicas e materiais para arte urbana – grafite, pôsteres, adbusting, estêncil, jardinagem de guerrilha, mosaicos, adesivos, instalações, serigrafia, perler beads. Tradução de Denis Augusto Fracalossi. São Paulo: Ed. Gustavo Gili, 2015.

SCHULTZ, M. Materiais para iniciar seus estudos com Lettering. **Choco La Design**, mar. 2014. Disponível em: <http://chocoladesign.com/materiais-para-iniciar-seus-estudos-com-lettering>. Acesso em: 4 set. 2016.

SILVA, C. de A. **Hélio Oiticica**: arte como experiência participativa. 135 f. Dissertação (Mestrado em Ciência da Arte) – Universidade Federal Fluminense, Instituto de Arte e Comunicação Social, Niterói, 2006. Disponível em: <http://www.bdtd.ndc.uff.br/tde_arquivos/34/TDE-2006-10-02T131916Z-391/Publico/UFF-Dissert-CinaraSilva.pdf>. Acesso em: 19 set. 2016.

STRUMIELLO, F. Caderno de insônia. In: _____. **Caderno de artista**. 2010. Aquarela. 28 × 21 cm. Disponível em: <http://fabiannastrumiello.blogspot.com.br/2010/10/caderno-de-insonia-2010-caderno-de.html>. Acesso em: 20 set. 2016.

SOBRE Body Art. Disponível em: <http://ocorponaarte.weebly.com/body-art.html>. Acesso em: 23 set. 2016.

SONTAG, S. **Sobre fotografia**. São Paulo: Companhia das Letras, 2004.

SOUSA, I. M. de; SILVA, M. E. S. da. René Magritte: pintor-escritor-crítico. **Revista FronteiraZ**, São Paulo, n. 8, jul. 2012. Disponível em: <http://www.pucsp.br/revistafronteiraz/download/pdf/Artigo_21_MariaElianeSouza_versaofinall.pdf>. Acesso em: 4 set. 2016.

THE GUARDIAN. **Sara Fanelli – a Life in Picutres**. 2011. Disponível em: <https://www.theguardian.com/childrens-books-site/gallery/2011/mar/31/childrens-books-7-and-under#/?picture=372987785&index=11>. Acesso em: 27 set. 2016.

THEODORO, G. **Histórias em quadrinhos e tirinhas**. Nerds & Otome Universe, 2014. Disponível em: <http://nerdseotomeuniverse.blogspot.com.br/2014/08/historias-em-quadrinhos-e-tirinhas.html>. Acesso em: 4 set. 2016.

TIBERGHIEN, G. **Nature, Art, Paysage**. Paris: Actes Sud, 2001.

TJABBES, P. **O mundo mágico de Escher**. Brasília; Rio de Janeiro; São Paulo: Centro Cultural Banco do Brasil, 2010. Disponível em: <http://www.bb.com.br/docs/pub/inst/img/EscherCatalogo.pdf>. Acesso em: 21 set. 2016.

TOMIELLO, F. **Fotografia sequencial e fotomontagem**: alternativas para o estudo da dinâmica da paisagem urbana. 131 f. Dissertação (Mestrado em Arquitetura e Urbanismo) – Universidade Federal de Pelotas, Faculdade de Arquitetura e Urbanismo, 2015. Disponível em: <http://prograu.ufpel.edu.br/uploads/biblioteca/dissertacao2015final_entrega.pdf>. Acesso em: 29 set. 2016.

TORRES, F. L. O monocromo por Yves Klein: o pintor demonstra o vazio como o "valor real" do quadro. In: ENCONTRO DE HISTÓRIA DA ARTE, 4., 2008, Campinas. **Anais...** Campinas: IFCH; Unicamp, 2008. Disponível em: <http://www.unicamp.br/chaa/eha/atas/2008/TORRES,%20Fernanda%20Lopes%20-%20IVEHA.pdf>. Acesso em: 19 set. 2016.

TRINCHÃO, G. M. C.; OLIVEIRA, L. dos R. A história contada a partir do desenho. In: GRÁPHICA 98: Congresso Internacional de Engenharia Gráfica nas Artes e no Desenho; SIMPÓSIO NACIONAL DE GEOMETRIA DESCRITIVA E DESENHO TÉCNICO, 12., 1998, Feira de Santana. **Anais...** Feira de Santana: UEFS; ABPGDDT, 1998, p. 35-43.

UNICAMP – Universidade de Campinas. Laboratório de Ensino de Óptica. **Dicas básicas de fotografia digital**. Disponível em: <http://sites.ifi.unicamp.br/lf22/files/2012/11/dicas5.pdf>. Acesso em: 26 set. 2016.

VITTI, E.; FOLCHI, M. **Il meccanismo della visione**: saper leggere le immagini dell'arte e della comunicazione. Bologna: Italo Bovolenta Editore, 1999.

WOLFF, F. Por trás do espetáculo: o poder das imagens. In: NOVAES, A. (Org.). **Muito além do espetáculo**. São Paulo: Senac, 2005. p. 16-45.

XILOGRAVURA – Técnica de gravação, impressão e arte. Disponível em: <http://www.tvsinopse.kinghost.net/art/x/xilogravura.htm>. Acesso em: 2 out. 2016.

ZEEGEN, L. **Principios de ilustración**. Barcelona: Ed. Gustavo Gili, 2009.

Bibliografia comentada

CAUQUELIN, A. **A invenção da paisagem**. Tradução de Marcos Marcionilo. São Paulo: M. Fontes, 2007.

> Nessa obra, a autora destaca a gênese do conceito de paisagem natural como algo culturalmente construído. Cauquelin menciona, ainda, uma possível ausência desse conceito para os antigos gregos e chega à ideia de paisagem como gênero pictórico no Renascimento. O livro pode contribuir para uma compreensão mais profunda sobre os caminhos desse tema na história da arte.

MAYER, R. **Manual do artista**: de técnicas e materiais. 2. ed. São Paulo: M. Fontes, 1999.

> O material indicado é um interessante recurso para os estudantes de arte. A obra destaca aspectos técnicos sobre as linguagens do desenho e da pintura, como o pastel, a aquarela, o guache e o óleo. Com uma linguagem acessível e uma organização bastante didática, o livro tangencia aspectos históricos sobre métodos artísticos em várias épocas da humanidade.

BIRCH, H. **Desenhar**: truques, técnicas e recursos para inspiração visual. São Paulo: Ed. Gustavo Gili, 2015.

> Essa obra apresenta algumas dicas e possibilidades práticas para projetos visuais por meio da linguagem do desenho. Trata-se de um livro pequeno que proporciona várias imagens e sugestões para a prática de desenhos manuais e gráficos, o que pode ser útil para projetos em bidimensional. A obra, ilustrada, ainda conta com uma linguagem bastante acessível.

CANTON, K. **Do moderno ao contemporâneo**. São Paulo: M. Fontes, 2009. (Coleção Temas da Arte Contemporânea).

> A obra faz parte da coleção "Temas da Arte Contemporânea", de Katia Canton. Nesse volume, a autora reflete sobre os sentidos da arte moderna, especialmente nos séculos XIX e XX. Indicamos esse livro como recurso para uma maior familiarização com as mudanças ocorridas no cenário artístico nesses séculos.

PRATA, S. **Anatomia artística**. Curitiba: Fundação Cultural, 2000.

> Essa obra apresenta ilustrações e conselhos para os estudantes de anatomia artística. Mesmo que utilize termos técnicos, Prata consegue preservar uma linguagem bastante acessível.

EDWARDS, B. **Desenhando com o lado direito do cérebro**. 4. ed. Rio de Janeiro: Ediouro, 2002.

> Essa obra sugere uma metodologia de aprendizado do desenho pautada em uma breve discussão sobre os processos psicológicos. Além disso, Betty Edwards apresenta alguns exercícios práticos que podem contribuir com a experiência nessa linguagem.

ARCHER, M. **Arte contemporânea**: uma história concisa. São Paulo: M. Fontes, 2001.

> Essa obra discute alguns aspectos históricos da arte contemporânea por meio de uma linguagem acessível. O autor parte das experiências da *pop art* e do minimalismo na década de 1950 e segue investigando os desdobramentos dessas vertentes modernas na arte contemporânea a partir da década de 1970.

FER, B.; BATCHELOR, D.; WOOD, P. **Realismo, racionalismo, surrealismo**: a arte no entreguerras. São Paulo: Cosac Naify, 1998. (Arte Moderna: Práticas e Debates).

> Esse livro faz parte da coleção "Arte Moderna: Práticas e Debates", publicada em quatro volumes, que trata da arte do final do século XIX e do início do XX. No caso dessa obra, os autores se aprofundam na discussão de como essas correntes operaram no período entreguerras.

MARTIN, J. **Dominando a técnica do esboço**: curso completo em 40 lições. Tradução de Waldéa Barcellos. São Paulo: M. Fontes, 2014.

> Essa obra apresenta sugestões e dicas práticas para a produção de esboços de observação. Judy Martin traz várias imagens de trabalhos e as discute ao longo do texto, além de comentar materiais e possibilidades de aplicação de esboços no universo da arte, da moda, do *design* etc. A linguagem é bastante acessível, e o livro, ricamente ilustrado.

CARLSSON, B.; LOUIE, H. **Street art**: técnicas e materiais para arte urbana – grafite, pôsteres, adbusting, estêncil, jardinagem de guerrilha, mosaicos, adesivos, instalações, serigrafia, perler beads. Tradução de Denis Fracalossi. São Paulo: Ed. Gustavo Gili, 2015.

> Além dos próprios autores, outros artistas apresentam técnicas e métodos referentes à arte pública. Organizado por categorias, o texto, de linguagem simples, apresenta ilustrações com passo a passo e fotografias de trabalhos realizados em diversos espaços urbanos. A obra contribui na medida em que destaca aspectos técnicos pouco explorados pela literatura especializada.

CANTON, K. **Espaço e lugar**. São Paulo: M. Fontes, 2009. (Coleção Temas da Arte Contemporânea).

> Nesse pequeno livro, a autora propõe um breve apanhado sobre as relações entre a arte contemporânea e o espaço. Transita entre a *land art* e as experiências urbanas no espaço público como mais uma das frentes da arte de nossos dias. Em linguagem acessível, a obra se destaca como uma interessante introdução aos temas da arte contemporânea.

ZEEGEN, L. **Principios de ilustración**. Barcelona: Ed. Gustavo Gili, 2009.

> Esse livro trata de princípios básicos do ofício do ilustrador. Zeegen apresenta objetivamente os aspectos práticos que envolvem essa profissão, permeando o processo de criação desde a concepção de projetos até a inserção do mercado de ilustração. A obra foi originalmente publicada em inglês e em espanhol.

FONSECA, J. da. **Caricatura**: a imagem gráfica do humor. Porto Alegre: Artes & Ofícios, 1999.

> Essa obra inicia apresentando ao leitor alguns conceitos sobre a caricatura em suas variáveis, como o cartum, a charge, as histórias em quadrinhos e o desenho animado. Além disso, analisa as técnicas mais tradicionais, a exemplo da ponta-seca, a água-forte, a litografia, a aquarela. O texto também oferece um panorama histórico do desenvolvimento da caricatura, em especial no Brasil, destacando os principais desenhistas que contribuíram com a história dessa expressão gráfica no país.

DANTON, G. **Como escrever quadrinhos**. Paraíba: Marca de Fantasia, 2015.

> Gian Danton, roteirista de quadrinhos, sugere vários aspectos interessantes para os iniciantes na área. O texto relata as experiências do autor e pontua os elementos compositivos desse gênero de leitura – por exemplo, a formatação do roteiro e, a caracterização visual dos personagens. O livro é pequeno e se caracteriza por uma linguagem simples e objetiva.

EISNER, W. **Quadrinhos e arte sequencial**. Tradução de Luís Carlos Borges. São Paulo: M. Fontes, 1999.

> Referência nos estudos sobre quadrinhos e arte sequencial. Will Eisner trata dos quadrinhos como uma forma de leitura em seu potencial expressivo. Esse veículo de diálogo entre a palavra e a imagem é tratado em detalhes na obra. O autor ainda discute aspectos como o tempo e a história, sem se esquecer dos recursos elementares como os balões e os quadros, por exemplo. A linguagem é clara e as páginas apresentam ilustrações comentadas.

SALLES, C. A. Crítica dos processos criativos. In: ENCONTRO NACIONAL DA ASSOCIAÇÃO NACIONAL DE PESQUISADORES DE ARTES PLÁSTICAS – DINÂMICAS EPISTEMOLÓGICAS EM ARTES VISUAIS, 16., 2007, Florianópolis. **Anais**.... Florianópolis: Anpap, 2007. Disponível em: <www.anpap.org.br/anais/2007/2007/artigos/013.pdf>. Acesso em: 19 set. 2016.

Nesse artigo, apresentado no 16º Encontro Nacional da Associação Nacional de Pesquisadores de Artes Plásticas, Sandra Salles problematiza as relações entre a obra e os processos de criação. A autora ressalta o objeto de arte contemporânea como algo que precisa ser abordado de modo não estático, em virtude da complexidade que os trabalhos produzidos nas últimas décadas apresentam. Trata-se de um texto científico e, por isso, a autora se apoia em uma linguagem adequada aos pesquisadores da área.

REY, S. A dimensão crítica dos escritos de artistas na arte contemporânea. **Revista Pós**, Belo Horizonte, v. 1, n. 1, p. 8-15, maio 2008. Disponível em <http://www.eba.ufmg.br/revistapos/index.php/pos/article/viewFile/2/1>. Acesso em: 20 abr. 2016.

A autora lança luz aos escritos de artistas como recurso de reflexão na produção pessoal no campo da arte. Por meio de uma linguagem de fácil compreensão, destaca, ainda, a importância do preparo teórico para os artistas contemporâneos visando à condução de pesquisas em processos poéticos.

Respostas

Capítulo 1

Atividades de autoavaliação
1. d
2. a
3. b
4. b
5. c

Atividades de aprendizagem

Questões para reflexão

1. Para responder à questão, é preciso saber muito bem a diferença entre o que é um suporte e o que é uma referência. O suporte é a superfície sobre a qual construímos um trabalho. Já as referências significam nosso repertório, ou seja, as bases visuais para construirmos os trabalhos. Você pode citar um exemplo da natureza como suporte e da natureza como referência em um trabalho artístico.
2. Podemos considerar que há uma permanência desse gênero na arte atual. Busque referências desse fato na internet e em bibliografias e cite-as para reforçar seu argumento.

Capítulo 2

Atividades de autoavaliação
1. b
2. c
3. a
4. d
5. a

Atividades de aprendizagem

Questões para reflexão

1. Para Pollock, a ação do artista pode ser considerada a própria obra. Nesse caso, o trabalho carrega o registro dessa ação. Discuta como os movimentos aparecem na pintura.
2. Conforme estudamos, Klein cria uma *performance* na qual as modelos atuam. Reflita sobre a natureza da pintura e da gravura nesse trabalho.

Capítulo 3

Atividades de autoavaliação

1. b
2. d
3. d
4. a
5. c

Atividades de aprendizagem

Questões para reflexão

1. Nessa reflexão, considere os aspectos subjetivos levantados a respeito da obra de Leonilson e busque criar relações entre o autorretrato, como artefato que fala da individualidade, e os objetos do artista, que também parecem cumprir essas proposições conceituais.
2. Para essa questão, sugerimos as seguintes reflexões: Você acredita que o ferro de passar roupas exposto na obra de Man Ray cumpre com o mesmo papel na vida social? O que os diferencia? As funções práticas são a mesma coisa das funções estéticas? Você pode considerar, também, o travesseiro bordado de Leonilson: ele serve, na arte, aos mesmos propósitos pelos quais é útil na vida comum?

Capítulo 4

Atividades de autoavaliação

1. d
2. b
3. b
4. b
5. d

Atividades de aprendizagem

Questões para reflexão

1. Para responder a essa questão, reflita: Como um espectador apreciaria um quadro, uma pintura, como a de Van Gogh? Ele poderia observar vários aspectos do trabalho, mas o faria em um movimento de até 180°, não é mesmo? Era essa a intenção do pintor naquele momento?
   E no caso da instalação, obra contemporânea, existem limites para o movimento do espectador? Quais foram os objetivos da obra de Meireles ao sugerir uma apreciação mais relacional, do ponto de vista da participação do visitante? Pense a esse respeito.

2. Você estudou que um trabalho apresenta determinados códigos visuais que podem ser percebidos pelo espectador. Por estar ciente desse fato, Van Gogh considerava o potencial simbólico das cores para criar os efeitos sensoriais pretendidos.

Capítulo 5

Atividades de autoavaliação

1. b
2. c
3. a
4. c
5. d

Atividades de aprendizagem

Questões para reflexão

1. A imagem não é o próprio objeto, mas configura-se enquanto uma representação, isto é, enquanto algo que se coloca no lugar daquele a quem faz referência.
2. Como Chartier destaca, cada elemento em um meio impresso – uma revista, um livro etc. – pode contribuir para diferentes modos de interpretação pelo leitor. Por exemplo, se determinada imagem ocupa todo o espaço em uma página de revista, tal tipo de organização pretende tornar a imagem um elemento discreto ou decisivo para a leitura do suporte?

Capítulo 6

Atividades de autoavaliação

1. c
2. b
3. b
4. d
5. c

Atividades de aprendizagem

Questões para reflexão

1. Para Sandra Rey (1996), há diferenças entre esses dois casos de pesquisa. Enquanto a pesquisa em arte relaciona-se ao estudo dos processos poéticos (geralmente do próprio artista, enquanto pesquisador), a pesquisa sobre arte ocorre no estudo da arte com ênfase na teoria crítica e na história. Isto é, neste caso, o artista-pesquisador estuda as obras de outros artistas, de um ponto de vista histórico-crítico.
2. Em um processo criador, é comum haver variações não pensadas pelo artista. Elas podem ser interpretadas como caminhos que não devem ser seguidos. De outro modo, também podem ser encaradas como positivas e, por isso, agregadas ao trabalho. Afinal, como Sandra Rey ressalta, "Então o projeto na pesquisa em artes visuais, equivaleria a um **projétil**, algo que é lançado como uma mira. Mas, o caminho exato que irá percorrer nunca sabemos" (Rey, 1996, p. 84, grifo do original).

Sobre a autora

Amanda S. Torres Cunha é mestre em Educação (2015) e graduada em Artes Visuais (2013) pela Universidade Federal do Paraná (UFPR).

Foi professora do Quadro Próprio do Magistério do Paraná, atuando na educação em Arte nos ensinos fundamental e médio. Atualmente, leciona Desenho e Fundamentos do Ensino da Arte nos cursos de bacharelado e licenciatura em Artes Visuais do Departamento de Artes da UFPR.

Desenvolve pesquisas e materiais para o ensino acadêmico em artes visuais, além de integrar o Grupo de Pesquisa História Intelectual e Educação (GPHIE/UFPR).

Os papéis utilizados neste livro, certificados por instituições ambientais competentes, são recicláveis, provenientes de fontes renováveis e, portanto, um meio responsável e natural de informação e conhecimento.

FSC
www.fsc.org
MISTO
Papel produzido a partir de fontes responsáveis
FSC® C103535

Impressão: Reproset
Setembro/2018